Claus Farnberger/Gerald Simon

Europameister: Österreich

Claus Farnberger/Gerald Simon

Europameister: Österreich

und andere kühne Fußballfan-Träume

mit einem Vorwort von Richard Reich

Molden Verlag

Mit Unterstützung von:

BUNDESKANZLERAMT KUNST

für Gaby und Karin

Die Deutsche Bibliothek – CIP Einheitsaufnahme
Claus Farnberger/Gerald Simon
Europameister: Österreich
und andere kühne Fußballträume
www.fussballfan.at
Wien: Molden Verlag 2007
ISBN 978-3-85485-210-0

www.molden.at

Umschlaggestaltung: Emanuel Mauthe
Lektorat: Marion Mauthe
Druck: Theiss GmbH, St. Stefan

ISBN 978-3-85485-210-0

Inhaltsverzeichnis

Anhang

Schluss

Zum Geleit

Gerald Simon

Verriss-Muster an Stelle eines Vorwortes (nach Friedrich Torberg, Die Erben der Tante Jolesch)

»Zweite Bände oder Fortsetzungen, wenn sie nicht von vornherein angekündigt oder zumindest geplant waren, haben immer etwas Verdächtiges an sich, etwas von unlauterer Spekulation auf einen vorangegangenen Erfolg.« Soweit Friedrich Torberg am Beginn seiner *Erben der Tante Jolesch* – dem Nachfolgeband von *Die Tante Jolesch oder der Untergang des Abendlandes in Anekdoten* – von Selbstzweifel und schlechtem Gewissen gebeutelt. Dieser bei Literaten hoch stehende kritisch-ethische Zugang gegenüber ihrem eigenen künstlerischen Schaffen ist lobenswert, dürfte aber irgendwo zwischen dem Café Herrenhof der 30er Jahre und *Rambo VI* auf der Strecke geblieben sein. Diesen Luxus kann man sich in einer Zeit der Fortsetzungen und Spin-Offs erfolgreicher Produktionen gar nicht mehr leisten. Aus dem *Kaisermühlen Blues* ist der *Trautmann* herausgestiegen, und ich hätte mir noch ein weiteres Spin-Off mit dem Abgeordneten Grünsteindl gewünscht, möglicherweise eine Semidoku über Politikerleid und Politikerfreud. Aber davor ist selbst Ernst Hinterberger zurückgeschreckt. Wir tun das nicht!

Die günstige Konstellation – die zur schönen Leich' verblichene Fußball-WM 2006 in Deutschland und die bereits in den Geburtswehen liegende Europameisterschaft 2008 in Österreich und der Schweiz – schreit jedenfalls auch nach spekulativer Ausbeutung im Bereich der Fußballliteratur. Danach sind derartige Großereignisse auf Jahrzehnte wieder aus dem deutschsprachigen Kulturraum verschwunden. Weltmeisterlich geht es 2010 voraussichtlich nach Südafrika, europameisterlich 2012 nach Polen und in die Ukraine. Könnten wir uns auf Englisch und Afrikaans möglicherweise noch radebrechend verständlich machen, müssten wir beim ersten Zulu-Dialekt bereits die Segel streichen, ebenso bei Polnisch oder Ukrainisch. Sind wir mit unserem »Beruf: Fußballfan« noch verhältnismäßig unbedarft und eher zufällig in einen braven Erstlingserfolg hineingetaumelt, muss jetzt – auf Deutsch gesagt – noch einmal ordentlich geschnitten werden, solange der Rasen hoch ist.

In weiterer Folge wird selbst Torberg im Verlauf seines Vorwortes zunehmend kecker und legt dem Leser der *Erben* nahe, auch den Kauf der vorangegangenen *Tante Jolesch* zum besseren Verständnis vorzunehmen. Auch wir sind definitiv der Meinung beide sind besser als nur eines! Und zwar, wie wir hoffen, zu Ihrem Vergnügen. Zu unserem in jedem Fall!

Für Kritiker und Feuilletonisten der alten Schule und der überkommenen Moralvorstellungen bieten wir gleich zu Beginn – wie Torberg – eine nützliche und Arbeit sparende Serviceleistung. Wir schlagen drei Verriss-Muster vor, die im Bedarfsfalle schablonenhaft verwendet werden können und nur mehr durch kleine persönliche Anmerkungen angereichert werden müssen. Im besten Falle enthebt es die Kolleginnen und Kollegen von der beurteilenden Zunft der Mühsal, den vorliegenden Band überhaupt lesen zu müssen.

Verriss-Muster I (Zielrichtung Autoren)

Das musste ja so kommen! Wenn Autoren – die bis vor Kurzem höchstens durch schlecht besuchte, sporadische Leseabende selbstgeschnitzter Lyrik eben nicht aufgefallen waren – einen kleinen Zufallserfolg landen, wollen sie das natürlich ausnützen und aus der kärglichen Öffentlichkeitswirkung, die sie erzielt haben, alles nur Mögliche herausholen. Farnberger und Simon bitten also die

Leserinnen und Leser ihres halberfolgreichen »Beruf: Fußballfan« ein zweites Mal zur Kasse. Man merkt die Absicht und ist verstimmt.

Hinterher ist man es erst recht. Auf 250 Seiten hecheln die beiden Autoren den halb witzigen und halb halbwitzigen Fan-Betrachtungen ihres ersten Buches hinterher. Man sieht den Texten die heraushängende Zunge der Autoren buchstäblich an.

Ein paar amüsante G'schichtln und die – sogar für die Satire – weit überhöhte Prognose, dass Österreich Fußballeuropameister wird, rechtfertigen zu keinem Zeitpunkt das Erscheinen dieses müden Zweitlings eines nur bedingt agileren Erstlings. Farnberger und Simon hätten besser daran getan, die wenigen halbwegs brauchbaren Geschichten aus »Europameister: Österreich« in einer Neuauflage von »Beruf: Fußballfan« nachzutragen. Für ein eigenes Buch reichen sie bei weitem nicht aus.

Verriss-Muster II (Zielrichtung Verlag)

Die überaus umtriebige Geschäftsführerin des Molden Verlages Marion Mauthe, die beständig bemüht ist, dem etwas angestaubten Verlag wieder ein frisches und trotzdem literarisches Gesicht zu verpassen, dürfte einer Fehlinformation aufgesessen sein. Nämlich, dass es Fußballfans Spaß machen würde, so etwas wie »Europameister: Österreich« lesen zu dürfen. Viel zutreffender ist sicherlich nach wie vor der altbekannte Allgemeinplatz, dass Fußballfans überhaupt nicht lesen können.

Darüber hinaus ist der Lektor Christoph Mauz selbst begeisterter Hobbykicker. Offensichtlich gebrach es ihm genau aus diesem Umstand an einer objektiven Einschätzung des ihm vorliegenden Manuskriptes.

Nachdem die beiden armen Autoren Farnberger und Simon vom skrupellosen Kabarett-Tycoon Thomas Tröbinger in Bühnenanzüge gesteckt und mit »Fußball oder Leben?« – einem kabarettistischen Leseabend – vor der WM 2006 als peinliche tipp3-Litfaßsäulen über sämtliche Kleinkunstbühnen Österreichs gejagt wurden, dachte man sich offensichtlich auch beim Molden Verlag, der Zeitpunkt vor der Heim-EM wäre günstig, um aus den beiden Autoren noch das Letzte herauszupressen.

Und es ist auch das Letzte geworden! War es den beiden Autoren schon nicht gelungen, mit »Beruf: Fußballfan« echte Stadionatmosphäre in die Herzen der Leserinnen und Leser zu zaubern, ist die Stimmung im vorliegenden Band nun auf das Niveau der 1. Klasse Waldviertel gesunken, wenn das Nachzüglerduell Eibenstein gegen Thaya auf dem Programm steht.

Einerlei, ob hier von »geschäftstüchtigen« Verlegerinnen Autoren verheizt werden oder nicht, die hätten sich ja noch rechtzeitig wehren können. Der Leidtragende ist einmal mehr der Fußballfan, dem hier, neben Eintrittskarten und Merchandisingprodukten, auch noch durch ein weitgehend entbehrliches pseudoliterarisches Druck- und Machwerk ein weiteres Mal Geld aus der persönlichen Bierkasse gezogen werden soll.

Verriss-Muster III (Zielrichtung Verriss-Muster)

Es ist schlimmer als ein Ärgernis. Es ist fast schon ein Skandal. Dass Farnberger und Simon, durch den artigen Erstlingserfolg von »Beruf: Fußballfan« positiv enflammiert, nicht an sich halten konnten und unbedingt eine Fortsetzung haben wollten, kommt für jene, die die beiden und ihre Persönlichkeitsstrukturen etwas näher kennen, sicherlich nicht überraschend. Und dass ihre Verlegerin sie nicht auf die Ersatzbank setzen würde, sondern im Gegenteil, sie in die Startaufstellung für die Herbstsaison 2007 nehmen würde, war erst recht vorauszusehen. So weit, so schlecht! Aber, unter Nachsicht aller Taxen, menschlich noch verständlich. Dann wäre halt »Europameister: Österreich« verdientermaßen durchgefallen, die Hoffnung mit »elf Freunden« an große Vorbild-Reihen wie etwa den »Fünf Freunden« von Enid Blyton anzuknüpfen gar nicht erst aufgekeimt. Sicherlich hätten die beiden auf Grund ihrer persönlichen Kontakte den Lokalredakteur der Niederösterreichischen Nachrichten, Ausgabe Bezirk Gmünd, dazu gebracht, ihren, in seine Feder diktierten, lobhudelnden Sermon zu veröffentlichen. Vielleicht wäre der vorliegende Band auch einem seriösen Literaturkritiker in die Hände gefallen, der sich kurz mit dem läppischen Elaborat auseinandergesetzt und es anschließend verdientermaßen in den literarischen Orkus gestoßen hätte.

Nun soll hier aber von den Autoren ein so genannter Trick 17 zur Anwendung kommen, der aber leider – Torberg schau oba – zu einem abgegriffenen Anserschmäh degeneriert. Das ist des Schlechten denn doch zuviel: Farnberger und Simon liefern in ihrem Vorwort gleich »Verriss-Muster« mit, die die zu erwartenden vernichtenden Kritiken von vornherein entkräften sollen. Diese Rechnung geht jedoch ebenso wenig auf wie die billige Spekulation um einen schäbigen zweiten Aufguss. Sie sagen es ja selbst, meine Herrn Farnberger und Simon. Und Sie haben vollkommen recht!

So, wir glauben, da ist jetzt für jeden, der so etwas sucht, etwas dabei. Alle anderen, die sich trotzdem nicht abschrecken lassen und die im reinen Geldverdienen noch nicht zwingend etwas moralisch Verwerfliches sehen, denen sei viel Vergnügen gewünscht.

Claus Farnberger, Gerald Simon, Gmünd, im Juni 2007

Claus Farnberger

Europameister: Österreich (nur für österreichische Leser)

»Liebe Mitbürgerinnen und Mitbürger!«

Eigentlich sind wir ein komisches Volk! Da prägen wir seit Jahrhunderten die Welt der Musik, päppeln mit unserer Muttermilch ruhmreiche Terminatoren und Herminatoren auf, stellen nach Belieben UNO-Generalsekretäre, Universum-Missen, Showmaster und Tatort-Kommissare, kurz: hüllen die ganze zivilisierte Welt in zartes Rotweißrot, – und dann schaffen wir es einfach nicht, in einer der wesentlichsten Disziplinen der Menschheit unseren Fähigkeiten gemäß zu triumphieren.

Obwohl wir die schönsten Gebirgsseen, die liebreizendsten Gletscherschmelzen, die lustigsten parlamentarischen Untersuchungsausschüsse, die hübschesten alleinerziehenden Mütter und die begnadetsten Athleten beheimaten, sind wir noch niemals Fußballweltmeister geworden. Noch nicht einmal Europameister!

Zumindest Letzteres wird sich schlagartig ändern. Denn nun sind wir erstmals für eine EM qualifiziert. Diese Qualifikation geschah zwar nicht auf dem Spielfeld, aber eine sportliche Leistung stellte sie allemal dar. Dank monatelanger Überzeugungsarbeit österreichischer Politiker und Funktionäre und anderer Lichtgestalten an allen maßgeblichen Hoteltheken Europas und dank einer Charme-Kampagne, gegen welche sich die »Reblaus«-Offensive während der Staatsvertragsverhandlungen wie ein laues Heurigenlüfterl ausnimmt, haben wir die Euro 2008 ins eigene Land gebracht.

Da wir nicht über genügend Geld verfügten und auch zu wenige Stadien für die Ausrichtung aller Spiele hatten, suchten wir nach einem möglichst potenten, möglichst verlässlichen, möglichst dummen Partner. Dieser bot sich in der Gestalt des schweizerischen Nachbarn an, der schnell bereit war, alles zu geben und wenig zu nehmen. So ließen sich die netten Herrschaften vom Schweizerischen Fußballverband rasch davon überzeugen, dass das Finalspiel ja eigentlich nicht so wichtig sei, weil in dieser späten Turnierphase – bis auf zwei Mannschaften – ohnedies schon wieder alle Teams zu Hause seien. Da könne man das Endspiel ruhig in Wien ausrichten.

Naja, was will man von einem Volk erwarten, dass all seine kollektive Kreativität mit der Entwicklung von Kinkerlitzchen wie Toblerone-Rippen, Eibisch-Pastillen, der Neutralität und einem funktionierenden Bankenwesen verplempert hat?

Schlau wie wir sind, werden wir im Juni 2008 auch die ebenso arroganten wie zahlungskräftigen deutschen Fußballfans ins Land locken. Erstmals hoffen wir inständig, dass sich die DFB-Elf für ein wichtiges Fußballturnier qualifizieren möge. Nach dem schneearmen Winter 2007 muss dringend frisches Geld in den österreichischen Tourismus-Säckel. Sollen sie kommen, die Sportfreunde aus Buxtehude, Schweinfurt und Pforzheim! Sollen sie schauen, genießen, konsumieren, zahlen – und dann geschwind wieder heimfahren!

Selbstbewusst wie wir sind, werden wir die Deutschen jedenfalls um nichts bitten, schon gar nicht um sportliche Schonung. Das haben wir nämlich wirklich nicht notwendig.

Dieses Büchlein, das aus rein marktwirtschaftlichen Gründen auch in unseren Nachbarländern vertrieben wird, soll dem österreichischen Fandenken den letzten optimistischen Feinschliff verpassen. Ja, Österreich wird Europameister 2008!

Sollten Sie unser epochales Druckwerk schon vor Turnierbeginn lesen, werden unsere zündenden Thesen vielleicht zu Beginn noch Ihr zweckpessimistisches Inneres irritieren, Kapitel für Kapitel wird Ihre Zuversicht aber genährt werden und sich schließlich in von Vorfreude durchdrungene Gewissheit verwandeln.

Sollten Sie hingegen erst nach der EM 2008 dazukommen, dieses Buch zu lesen, dann werden natürlich schon alle Spatzen von den Dächern gepfiffen haben, dass Österreich tatsächlich Europameister geworden ist. Dann werden Sie sich ärgern, dass es den Autoren gelungen ist, mit einer so simplen Anhäufung vorhersehbarer Banalitäten ihr Geld gemacht zu haben. Und man wird Ihnen nicht widersprechen können…

Noch ein kleiner Tipp zum Schluss: Möglicherweise wird nicht jeder Österreicher den Siegerpokal in Händen halten können. Aus diesem Grunde haben wir dementsprechende Vorkehrungen getroffen. Da der neue, erstmals 2008 überreichte, Henri Delaunay-Pokal ohnedies nur bescheidene 60 Zentimeter Höhe aufweist, haben wir ein unwesentlich verkleinertes Abbild auf der Vorderseite unseres Buches platziert. Dieses müssen Sie nach dem gewonnenen Endspiel einfach nur ausschneiden und stolz in die Höhe recken. Einziger Nachteil: Trinken können Sie daraus nicht!

Richard Reich

Achtet auf euren Rücken!
Oder: Sachdienliches zur Schweizer Schlachtordnung

Der Hauptgrund, warum die Schweiz und Österreich die idealen Co-Veranstalter für Grossveranstaltungen wie Fussball-Europameisterschaften oder Fernseh-Volksmusik-Galas sind, liegt auf der Hand: Die Schweiz und Österreich sind die am wenigsten voneinander wissenden Länder der Welt. Diese reziproke Ignoranz ist der unfehlbare Garant dafür, dass man einander, quasi Rücken an Rücken, rund um die Euro 08 beim Organisieren, Repräsentieren und Absahnen nicht in die Quere kommt. Jeder zieht sein Ding durch, und alle hundert Tage macht man eine Pressekonferenz, an der die beiden OK-Präsidenten (plus ein paar unterbeschäftigte Sportminister) vor laufenden Kameras so tun, als ob sie noch wüssten, wo und warum genau man sich schon mal gesehen und worüber man gesprochen hat.

Länder wie Deutschland und Frankreich sind einander seit ehedem in genuinem Hass zugetan. Ihre gut abgehangene Abneigung beruht auf einer profunden gegenseitigen Kenntnis, die nur in dreissigjährigen Kriegen gedeihen und nur mittels permanenter Spionage und Gegenspionage kultiviert werden kann. Spanien und Portugal misstrauen einander so hingebungsvoll, als ob paniberische Inquisition und grenzübergreifende Bürgerkriege nie aufgehört hätten. Holland und Belgien beäugen einander, als ob der eine dem andern die Tulpenzwiebeln stibitzen, der andere dem einen aber die Pommfritten fladern würde. Aber Österreich und die Schweiz? Abgesehen vom peinlichen Wettstreit um die Vorherrschaft in zwei, drei aussterbenden Sportarten wie Ski alpin, Faustball oder Dressurreiten kommen wir uns nicht in die Quere. Und daher sind wir uns auch herzlich egal.

Eigentlich hatten wir ja wirklich ideale Voraussetzungen, um miteinander eine wirklich vitale, auf alle Ewigkeiten angelegte

Feindschaft aufzubauen. Allein schon die Tatsache, dass Österreichs Stammschloss, die armselige Habsburg, mitten in der Schweiz liegt und noch dazu im übelst beleumundeten Kanton Aargau, hätte doch Anlass oder Vorwand genug geboten, um 999 Jahre gegeneinander Krieg zu führen. Doch alles, was wir zustande brachten, waren ein paar marginale Gemetzel, ein paar kaum bluttriefende Randnotizen der Weltgeschichte, die zudem grösstenteils vor mindestens einem dreiviertel Jahrtausend über die Hinterbühne der Historie gingen. Der olle Rudi von Habsburg lässt sich heutzutage nicht einmal mehr in den Kindergärten von Uri, Schwyz und Unterwalden als Unterdrücker und Bösewicht verkaufen. Und in Kärnten oder dem Burgenland dürfte man Willy W. Tell bestenfalls für den vorletzten amerikanischen Präsidenten halten, oder dann für den nächsten.

Nun, immerhin bieten an sich absolut sinnfreie Mega-Sportanlässe wie die Euro bekanntlich die einmalige Chance, dem fussballverrückten Fussvolk da und dort einen Gratis-Crashkurs zum Thema «fremde Länder, andere Sitten» unterzujubeln. So ergreife ich hier und jetzt die Gelegenheit, um dem P.T. Publikum einige Hinweise zum besseren Verständnis der Eigenart der schweizerischen Eidgenossenschaft im Speziellen sowie der helvetischen Aborigines im Allgemeinen zu vermitteln. Derlei Kenntnisse könnten sich sowohl für jene Sportfreunde als dienlich erweisen, die aus unerfindlichen Gründen auf die abwegige Idee kommen, zwecks Besuch eines EM-Spiels unsere berüchtigten Grenzkontrollen über sich ergehen zu lassen, als auch für aktuelle Aktivfussballer, die das Pech haben, unsere weltweit gefürchtete Nationalmannschaft als EM-Gegner zugelost zu erhalten oder gar im Viertel-, Halb- oder Ganzfinal auf unsere präalpinen Desperados zu treffen.

Um unser ureigenstes Wesen allgemeinverständlich zu illustrieren, greife ich auf eine der wenigen wirklich originellen Partien zurück, die sich Österreichs Nationalteam und unsere Landesauswahl je geliefert haben. Ich spreche von der Schlacht am Morgarten. Diese ging im Jahre 1315 auf einem idyllischen Spielfeld am schönen Ägerisee über die Bühne und stellte einen Höhe- und Wendepunkt in der Entwicklungsgeschichte der Angriffsauslösung dar. Sie steht nämlich sittengeschichtlich für das Ende des Fairplays.

Die Sache war nun die, dass Herzog Leopold mit einem nicht elf-, sondern elftausendköpfigen Team, bestehend aus erstklassig ausgebildeten habsburgischen Nationalspielern, auf unsere Schweizer bzw. Schwyzer Feierabendkicker loszog, dies natürlich wie immer im Mittelalter, um den Feind Mores zu lehren, sprich: um uns basisdemokratischen Freaks etwas Gehorsam, Unterwürfigkeit etc. zu lehren.

Nun gebrach es unserem damaligen Nationalteam zwar an Technik, doch erwies sich das am Ende eher als Vor- denn als Nachteil. Statt auf die feine Klinge verliess man sich zum Beispiel lieber auf die Hellebarde, eine Kreuzung aus einer Axt und einer Mistgabel, die unsere Leute eigens zu Ehren des habsburgischen Besuchs ersonnen hatten – mit im Wortsinne durchschlagendem Erfolg! Zudem hatten unsere Leute schon damals eine Eigenschaft, derer wir uns mit Fug und Recht bis heute rühmen dürfen: Wir Schweizer kennen unsere Grenzen – was es im Ernstfall deutlich leichter macht, dieselben umso entschlossener zu verteidigen.

So erkannten auch unsere Vorfahren anno 1315, dass es sinnlos sein würde, der österreichischen Übermacht, wie es damals Sitte war, auf einem geräumigen, übersichtlichen Schlachtfeld entgegenzutreten, um sich dort unter Einhaltung des kriegerischen Fairplaygedankens nach allen Regeln der Kunst abschlachten zu lassen. Stattdessen empfingen wir die Habsburger eben nicht auf dem eigentlichen Spielfeld, sondern wir fingen sie quasi im Kabinengang ab: in einem Hohlweg, wo es so eng und zappenduster war, dass nicht einmal Ronaldinho ausreichend Platz für ein ordentliches Dribbling gefunden hätte, geschweige Österreichs Adel genügend Raum für seine elaborierten Fecht- und Reiterspiele. Resultat: Habsburgs stolzes Team ging kläglich ein und unter – ein krasser, aber nicht unverdienter eidgenössischer Aussenseitersieg.

Was kann dieses Exempel aber Besucher und Gegner der Schweiz im Hinblick auf die bevorstehende Fussball-Europameisterschaft lehren? Nun, Besucher Helvetiens sollten sich bewusst sein, dass sie sich in einem Land aufhalten werden, das nur in dieser Form überleben konnte, weil es sich seit über 900 Jahren weder an Spielregeln noch an Konventionen hält. Und unsere Gegner auf dem Felde tun gut daran, sich nie mit Grauen von uns abzuwenden, bloss weil wir auch 692 Jahre nach Morgarten nicht der gepflegten Ballstafette, sondern der Blutgrätsche den Vorzug geben.

Denn wer sich von uns abwendet, bietet uns naturgemäss seinen Rücken an.

Richard Reich ist 1961 im Kanton Bern geboren, aufgewachsen in Zürich. Studien in Schauspiel, Geschichte und Nordistik in Wien und Zürich.
1984 bis 1999 Redaktor bei NZZ, Facts und Das Magazin.
1999 Gründer und bis 2002 erster Leiter des Zürcher Literaturhauses Museumsgesellschaft. Seit Sommer 2002 freier Schriftsteller und Kolumnist.

Träger des Zürcher Journalistenpreises (2000). Kulturelle Auszeichnung des Kantons Zürich für die Gründung des Zürcher Literaturhauses (2000). Annerkennungspreis der Stadt Zürich für die Erzählung »Das Gartencenter« (2003).

Soeben ist sein viertes Buch, der Roman ‚Codewort Laudinella', im Buchhandel erschienen. Ausserdem sind seine Kolumnen zu lesen in: NZZ am Sonntag (»Klubraum«, alle 14 Tage), NZZ Folio («Sportmärchen«), Berner Zeitung (alle 6 Wochen jeweils samstags) und im Stadtblatt Winterthur (monatlich).

Im Radio ist Richard Reich regelmässig auf DRS 1 in der Rubrik «Morgengeschichten« zu hören.

Weiter Informationen unter www.provinz.ch.

Um die Authentizität des hier veröffentlichten Textes zu wahren, wurde die Schweizer Rechtschreibung (ohne ß) respektiert. Weiters ist Richard Reich als ehemaliger Spitzenfußballer eine wesentliche Stütze des Schweizerischen Autorennationalteams, was die österreichischen Kollegen (obwohl Farnberger und Simon aus unerfindlichen Gründen dort kein Leiberl haben – Fachlektor Mauz hingegen hütet das österreichische Tor und konnte von Richard Reich auch bereits einmal bezwungen werden) auch nicht davon abhält, das Schweizer Autorenteam regelmäßig zu schlagen.

Claus Farnberger

Vom Unfug eine vierte Rolex erwerben zu wollen (nur für deutsche Leser)

Liebe deutsche Nachbarn, verehrte große Brüder, bewunderns- und nachahmenswerte Lehrmeister des gehobenen Fußballs:

Ihr habt sie genossen, eure Fete 2006. Ein praller Sommertraum war das. Fast wäre er gut ausgegangen, aber dann habt ihr euch doch fürs Halbfinale qualifiziert (kleiner Scherz).

Aber im Ernst – ihr hattet das Zeug dazu, Weltmeister im eigenen Land zu werden. Ihr habt das Herz in die Hand genommen – doch es hat nichts geholfen. Erst als ihr den Ball in die Hand nahmt und ein halbes Jahr später Handballweltmeister wurdet, erst dann war der Triumph perfekt.

Aber ich wollte eigentlich etwas ganz anderes sagen: Wisst ihr, ich komme aus Österreich, und auch bei uns wird Fußball gespielt. »Nach der WM ist vor der EM«, habt ihr unmittelbar nach Turnierende in Abwandlung eines klassischen Sepp Herberger-Sagers gesungen – und da hattet ihr verdammt Recht! Aber jetzt haben *wir* die Party auszurichten, wir Österreicher ganz allein (naja, zugegeben, die Schweizer helfen uns ein bisschen dabei), und wir sind stolz darauf. Deshalb ist es vielleicht ratsam, wenn dies nicht zu vorlaut erscheint, dass ihr euch verdammtnochmal ein wenig mit dem seltsamen Gastgeber vertraut macht.

Halt – ich will euch nicht Unrecht tun! Bestimmt habt ihr eure Recherchen über den österreichischen EM-Hausherren schon hurtig vorangetrieben. Vermutlich ist euch bereits bekannt, dass wir nicht vor allem deshalb auf der Welt sind, um euch eure sauer verdiente Ex-Deutsch-und-Ost-Mark aus der Tasche zu ziehen. Ja, wir haben schöne Berge, können aber beispielsweise nicht alle jodeln. Wir leiden auch nicht alle unter einem durch älplerisches Dauergrinsen kaschierten Tourismus-Burn out-Syndrom. Wenn ihr in die alte Kaiserstadt Wien zum EM-Finale anreist, werdet ihr sehen, dass wir unser Burn out-Syndrom auch ohne Dauergrinsen ertragen können. Aber was soll ich euch über das Ost-West-Gefälle erzählen!

Geehrte deutsche Nachbarn, wir wissen so viel über euren Fußball, ihr so wenig über den unsrigen! Wir können im Schlaf den 18 Mann-Kader von Hannover 96 aufsagen, kennen die aktuellen Top Ten der Bundesliga-Torschützenliste und den Biorhythmus von Kevin Kuranyi auswendig und vergrämen unsere liebe Erbtante Herta, indem wir unseren arglosen Weihnachtsbrief mit »liebe Tante Hertha« einleiten. Ihr hingegen kennt höchstens unseren Rekordmeister Rapid Wien, dessen Namen ihr aber leider völlig falsch aussprecht, die Weichheit der österreichischen Zunge nicht kennend. »Rahppppit« sagt ihr, so wie John Cleese von Monty Python einen Hasen benennen würde. Wart ihr schon einmal bei der Vierschanzentournee der Schispringer in Oberstdorf oder Garmisch? Ja? Dann habt ihr sicher früher euren Thoma, Weisflog, Schmitt oder Hannawald entsprechend angefeuert. »Zieeeeh«, habt ihr dann sicher während des Fluges des Springers gerufen. Seht ihr, und so wie dieses »Zieeeeh«, so muss man den Namen »Rapieeeed« idiomatisch korrekterweise dehnen. Aber entschuldigt, ich wollte nicht belehrend sein. Mir liegt eben einfach viel daran, dass ihr euren hinkünftigen Gastgeber fußballerisch ein wenig ernst nehmt.

Wisst ihr, dass die erste Begegnung unserer beiden Länder bereits 1908 (genau 100 Jahre vor unserer Heim-EM) ausgetragen wurde? Wisst ihr, wer gewonnen hat? Österreich! 3:2 (kommt euch das Resultat irgendwie bekannt vor?). Wisst ihr, wer die zweite Begegnung gewonnen hat? (Österreich – 2:1 in Dresden) – die dritte? (Österreich – 5:1 bei den Olympischen Spielen in Stockholm) – die vierte? (Österreich – 1920 in Wien, wieder 3:2).

Erst 1922 konntet ihr uns erstmals schlagen, um ein knappes Jahrzehnt später von unserem Wunderteam zweimal gehörig eins auf die Mütze zu bekommen (und zwar 1931, einmal 0:6 in

Berlin und ein halbes Jahr später immerhin ein etwas weniger bitteres 0:5 in Wien). Wir haben euch damals regelrecht paniert – wie wir es heutzutage nur mehr mit unseren Wiener Schnitzeln tun (die wir übrigens mit Erdäpfelsalat essen, ihr meist mit knorker Tomatentunke – aber gut, ich persönlich liebe Labskaus mit Semmelknödeln).

Okay, okay, dann ging es mit uns bergab – sportlich und politisch. Von 38 bis 42 spielten wir sogar miteinander (wie später nur mehr ein einziges Mal, 1982 bei der WM in Gijon, mehr will ich darüber nicht sagen).

47 lange Jahre konnten wir euch nicht bezwingen – bis am 21. Juni 1978 35.000 Zuschauer vor Ort und hunderte Millionen vor den meist noch in Schwarzweiß flimmernden Fernsehgeräten das Wunder von Cordoba empfingen. Ich will euch nicht reizen, nach vielen Jahrzehnten kostspieligster Verhaltenstherapie kann ich heute der Versuchung locker widerstehen, bei der Wiedergabe des Berti-Vogts-Eigentores die Faust zu ballen. Jede Häme ist mir mittlerweile so fremd wie einem Tiroler Gastronom ein Schihütten-Nepp.

Es war übrigens auch galant von euch, dass ihr uns 1986 anlässlich unserer Praterstadion-Neueröffnung (heute Ernst Happel-Stadion, dort, wo wir euch 2008 bezwingen werden) mit 4:1 gewinnen ließt. Und wäre Toni Polster 1992 nicht kurz zuvor beim Friseur gewesen, hätte er beim Wettstreit in Nürnberg knapp vor Spielende das 0:0 noch in einen neuerlichen Triumph verwandelt. »Ein Hoch auf die österreichische Coiffeur-Innung«, werdet ihr nun wahrscheinlich dankbar in euren Leserbart murmeln.

Ihr habt ja die Neigung, Gutes wie Schlechtes aus Österreich zu importieren: ebendiesen Toni Doppelpack, der von euren frohnatürlichen Rheinländern adoptiert wurde und lange Jahre schelmisch über einen Hofstaat von Thekenschlampen wachen durfte, den grantelnden Ernst Happel, der den spröden post-seelerschen HSV in einen Meister und Europacupsieger verwandelte, den Merkel Max, der den »Club« lange vor Hans Mayer zum Erfolg peitschte, den lockigen Pezzey Bruno, den dicken Ettmayer Buffi, den schwarzen Starek Gustl – und natürlich »Herzilein«. Ganz Deutschland liebte Bremen-Meistermacher Andi Herzog! Selbst Olli Kahn ließ ihn in sportmännischer Größe während dessen Bayern-Kurzgastspiel am Leben und würgte ihn nur ein wenig (und biss ihn auch niemals). Selbst unser Teamchef Hickersberger durfte sich in Offenbach seine Brötchen verdienen. Nur zwei unserer Ikonen blieb der deutsche Klubfußball verwehrt: dem »Goleador« Hans Krankl, eurem früheren Cordoba-Peiniger, der dieses Manko aber mit einem schönen Kurzauftritt als Trainer bei Fortuna Köln wettmachte, und dem »Schneckerl« Prohaska, der als bester nicht-deutschsprachiger TV-Kommentator der Welt seit gefühlten 60 Jahren beim Österreichischen Rundfunk agiert. Aber wer weiß, vielleicht bekommen die beiden auch noch Lust auf euch. Sollte sich Jürgen Klopp einmal nicht mehr von einer seiner samstäglichen Wahnsinnsattacken erholen, dann steht hier allemal hochwertiger Kabarettisten-Ersatz bereit!

Geliebte deutsche Mitbürger, ich will zum Ende kommen, weil ich allmählich fürchte, ihr könntet meine liebevollen Worte in die falsche Kehle bekommen.

Blicken wir über den Walserberg, so entdecken wir viele Vorbilder. Gut, den Kaiser Franz haben wir ohnedies schon in Kitzbühel angesiedelt, der Breitner Paul ist angeblich auch viel bei uns und dem großen Blonden »Ex-Rebellen am Ball« von der ARD werden wir unsere Alpenrepublik auch noch andienen. Die größten Vorbilder sind uns aber eure Fans! Dieses Büchlein ist vor allem deshalb geschrieben worden, um eben diesen frohen Botschaftern des Fußballs die Reise ins EM-Land schmackhaft zu machen. Wir freuen uns schon auf euch!

Noch ein kleiner Denkanreiz zum Schluss: Versetzt euch kurz in die Gedankenwelt eines sozialen Aufsteigers, der all sein Streben danach richtet, soviel Geld zu erwirtschaften, dass er sich eine Rolex leisten kann! Stellt euch vor, er schafft dies irgendwann!

Was tut er dann? Er wird aufgrund eingefahrener Routine ebenso fleißig weiterarbeiten, bis er sich eine zweite Rolex kauft. Gut, man hat ja immerhin zwei Hände. Die dritte erwirtschaftete Rolex kann er sich in Reserve halten, wenn ihm eine der beiden anderen einmal versehentlich vom Arm fällt. Spätestens aber dann braucht er mit Sicherheit keine weitere Rolex mehr.

Ihr wart bereits dreimal Europameister. Wir noch nie. Wir wollen und brauchen die Rolex! Also, überlasst sie uns diesmal mit großer nachbarschaftlicher Geste. Seid gute Gäste und lasst euch besiegen! Dann wird unsere Liebe zu euch endgültig sein. Echt!

Teil I: So werden wir Europameister

Claus Farnberger

Die großen Jungs

Wieder einmal hat der verehrte deutsche Fußballreporter Marcel Reif, der seit neuestem übrigens die Doppelfunktion eines Premiere-Chefs und Adoptivvaters von Boris Becker einnimmt, etwas Lehrreiches, Herzerwärmendes, schlicht Wahres von sich gegeben:

Als die Klinsi-Equipe bei der letzten WM im Halbfinale gegen die Italiener durch zwei späte Nackenschläge von Grosso und Del Piero verlor, da stimmte er nicht in das allgemeine Wehklagen mit ein, sondern konstatierte bei aller Betroffenheit gleichermaßen messerscharf wie realistisch: »Sie wollten mit den großen Jungs mitspielen und sind gescheitert!« Was konnte sich Reif dafür anhören! Die allgemeine Kritik traf nicht die patzende deutsche Abwehr, sondern die tränenüberströmten Fernsehzuschauer machten den weisen Kommentator wutschnaubend zum Sündenbock. Was redete der? Da hatte sich mitten in den Lauf der deutschen Welt, wo Hartz IV, ewiger Aufbau Ost, Wirtschaftsflaute und Totenschädel fleddernde Bundeswehrsoldaten die nationale Seele betrübten, von den Göttern herab gesandt und den Schwaben Klinsmann und Löw feierlich überantwortet, ein Zaubermonat in den tristen Kalender geschummelt, da hatten sich alle Staatsbürger von Cuxhaven bis Passau einmal in einem wunderschönen Märchen tummeln dürfen und realisierten gerade zauderlich-traurig, dass dieses Märchen letztlich doch nicht optimal ausgegangen war – und dann wurden diese entsetzten Fans nicht durch salbungsvolle Worte behutsam in die bittere Realität zurückgeführt, sondern mit knallhartem

Reifschem Pragmatismus belästigt! Die können uns doch mal, die großen Jungs!

Diese Wut kennen wir alle!

Wir alle sind ja, bevor uns besonders helle und feinfühlige Küchensoziologen in verschiedenste Kästchen, also kleine Kasten, verbannen, zu allererst einmal im Sandkasten aufgewachsen. Immer gab es schon dort eine Chefpartie, die uns die Schaufel nicht überließ, woraufhin wir hilflos ergrimmt mit ansehen mussten, wie die Sandburg wuchs und wuchs – ganz ohne unser Zutun. Die großen Jungs ließen uns einfach nicht mitspielen. (Kein Wunder, seit dem letzten Nationalratswahlkampf wissen wir, dass sich in diesem Milieu mindestens ein zukünftiger österreichischer Bundeskanzler bevorzugt aufhielt).

Wenn wir Landeier, seien wir in Mecklenburg-Vorpommern, im Wallis oder gar im Waldviertel aufgewachsen, schließlich mit unseren krypto-bäuerlichen Lodenjacken und mit hagebuttenpeinlichem Rot an den Wangen, ohne jegliche Erfahrung in aggressiver Anmach-Rhetorik, den wahlweise hundsgesichtigen oder haselmäusigen Landpomeranzen gegenübertraten (die Schöneren unter ihnen trauten wir uns von vornherein nicht anzureden), dann mussten wir sehr bald feststellen, dass selbst diese schon gebucht waren – von den großen Jungs.

Als wir uns später unter Druck des Elternhauses durch die Lehrlingsausbildung oder den zivilcouragearmen Schulunterricht geschleppt hatten, als wir reif waren für die große Welt, da mussten wir erkennen, dass diese große Welt schon besetzt war – von den großen Jungs. Natürlich waren wir nicht dumm, begriffen und lernten schnell, versuchten durch Nachahmung unsere Ziele zu erreichen und verwendeten daher in den großen Städten, wo nun unsere Ausbildungs- oder Arbeitsplätze lagen, plötzlich schicke Worte und Phrasen, die nie zuvor ein Kuhstall, nie zuvor der Steinbruch unserer Väter, niemals die Nähstuben unserer Mütter vernommen hatten. Unsere ruralen Lippen formten Silben des New Age-Jargons, zu deren Abhütung unsere Großmütter mehrtägige Rosenkranz-Marathons auf sich genommen hätten. Dennoch hatten wir gegen die kessen Großstadtjungs keine Chance. Diese hatten Schauspielerinnen als Mütter und Box-Weltmeister als Väter. Sie trugen Jeans, die wir nur von den Modeseiten der einst heimlich unter der Bettdecke gelesenen »Bravo« kannten. Wir trugen Trevira-Hosen, an denen Stallgeruch haftete, selbst wenn sie von der Stange irgendeines metropolen Massenkaufhauses erstanden worden waren.

Als einige von uns – allen Fährnissen zum Trotz – soweit waren, die ersten Sprossen einer Karriereleiter zu besteigen, da blies uns der Wind noch stärker entgegen. Eigentlich ging es uns wie den armen Schispringern der ersten Startgruppe: Im Prinzip waren wir mindestens so talentiert wie unsere Kontrahenten, doch wir hatten ungünstigere Startverhältnisse. In der Startgruppe der weniger Angesehenen gibt es, wie wir aus jahrzehntelanger Beobachtung der Vierschanzen-Tournee wissen, meist schlechteren Wind. Das ist zwar meteorologisch nicht erklärbar, ist aber so. Wenn es einmal anders sein sollte, wenn die Schlechtergestellten bessere Verhältnisse haben als die Bessergestellten, dann wird eben abgebrochen und von vorne begonnen. Selten schafft es deshalb einer, der nicht zu den »großen Jungs« gehört, ins Finale oder gar aufs Podest. Die Sunnyboys (eigentlich Windyboys) mit ihren aerodynamischen, stets gut sitzenden und bestens gebügelten teuren Anzügen überflügeln uns in 99 von 100 Fällen.

Schispringen oder auch das Leben an sich wirken aber vergleichsweise wie gerechte und um Ausgleich bemühte Parallel-Wirklichkeiten zum grausamen Kosmos des Fußballs. Mögen andernorts manchmal noch der Sozialstaat oder ein anderes gesellschaftliches Korrektiv wirken, so ist in der Dschungelwelt des Fußballs die Dominanz der großen Jungs stets unumstritten. Das spüren die Kleineren schon am eigenen Leib, wenn sie auf der Ersatzbank schmachten oder – viel schlimmer noch – von der Tribüne aus zusehen müssen. Wie verwünschen sie jedes Kabinettstückerl der Privilegierten, das so vieles kokettes

Augengezwinker der begeisterten Klassenkolleginnen einbringt, wie hassen sie deren präpubertäres Getue nach jedem Torerfolg, das sie hilflos mit ansehen müssen! Wie wird ihnen dabei ihre eigene Erbärmlichkeit bewusst, wodurch sie nur eines perfektionieren: die Kunst sich selbst zu hassen.

Einfältige Erzähler, wie es beispielsweise die Autoren dieses Buches nun einmal sind, stellen sich den bunten Weltfußball gerne als großes Schulturnier vor. Da gibt es die wirklich großen Jungs, wie beispielsweise die Brasilianer, Argentinier, Franzosen, Italiener (vormals auch die Deutschen und Engländer). Dann gibt es im Prinzip die gleich großen Jungs, die aber insgeheim immer ein bisschen an ihrer Größe zweifeln, auch wenn, oder gerade weil es ihnen an Selbstvertrauen keineswegs mangelt (Spanier, Portugiesen, mittlerweile auch Deutsche und Engländer). Dann gibt es die an sich großen – meist skandinavischen – Jungs, die der Öffentlichkeit zumeist verheimlichen, was sie von sich halten, und deshalb oft zu Überraschungen fähig sind. Dann die eigentlich sehr sympathische Gruppe der verspielten Jungs (Afrikaner, Osteuropäer, Asiaten), die noch nicht die Größe haben, auf den Erfolg zu schielen. Nicht zu vergessen die ernsten Jungs (Schweizer), die auch immer irgendwie eine Rolle spielen, meist, weil ihr Vater der Schuldirektor ist. Ebenfalls erwähnenswert die Buben, die noch vom Ruhm ihrer Väter zehren (Ungarn, Uruguay). Schließlich die Kleinen und ganz Kleinen. Österreich gehört zur letzten Gruppe, manchmal auch zur allerletzten (wohlmeinenderweise könnte man uns aber auch zu den »Von-den-Vätern-Zehrenden« zählen).

Aber es ist nicht alles eine Frage der Größe. Eine Gabe ist jedermann in gleichem Maße in die Wiege gelegt – die Gabe zu träumen. Der Große träumt den ganz Großen zu bezwingen, der Kleine träumt den Großen zu bezwingen, und manchmal träumt sogar der ganz Kleine den ganz Großen zu schlagen.

Wichtig ist wie gesagt, dass einen die großen Jungs überhaupt mitspielen lassen. Das kommt selten genug vor. Eine der wenigen

Möglichkeiten hat man dazu, wenn einem der Ball gehört. Die rührseligsten Fußballer-Biographien beginnen mit Sätzen folgenden Zuschnitts: »Ich wuchs in der hintersten Halde des finstersten Ruhrgebiets auf. Es gab nur Fußball und Not. Doch die großen Nachbarjungs ließen mich nicht mitspielen. Bis ich plötzlich einen Lederball mein eigen nannte (wahlweise von der reichen Tante geschenkt, im Wald gefunden, in einem Care-Paket aus Amerika zugesandt). Ich kam in die lokale Vereinsauswahl, in die Bundesländerauswahl, ins Nationalteam, nach Spanien, Italien, zu »New York Cosmos«, in die Weltauswahl, wurde Ministerpräsident, Kanzler, Astronaut, schließlich FIFA-Präsident…«

Lange standen wir Österreicher am Spielfeldrand und beäugten ehrfürchtig die Mannschaften der großen Jungs. Ganz selten stellten wir ihnen einmal das Haxl. Im letzten Jahrzehnt probierten wir es seltener und seltener (und bereuten es nach Niederlagen wie dem 0:9 in Valencia bitterlich). Aber jetzt wird alles anders, jetzt ist etwas eingetreten, was wir eigentlich nicht für möglich gehalten haben. Wir haben den Ball, und die großen Jungs werden mit diesem – *unserem* – Ball spielen – und wir mit ihnen. Endlich können wir wieder in den Spiegel sehen, und wenn wir ganz, ganz nahe an ihn herantreten, dann gefällt uns plötzlich das, was wir erblicken, gar nicht so schlecht, und schüchtern flüstern wir: »Vielleicht sind wir doch gar nicht so klein?!«

Gerald Simon

Wir werden Europameister

»Papa, wir werden Europameister!«, eröffnete mir die mittlerweile elfjährige Unfrucht meiner Lenden nach einem Trainingsnachmittag mit all den anderen U12-Früchtchen.

»In welcher Sportart?«, mischte sich überraschend seine, um 6 Jahre ältere, Schwester ein. Ich unterdrückte einen leicht aufkeimenden Anfall von Jähzorn, den diese Zwischenfrage meiner Tochter in mir auslöste. Seit feststand, dass die kommende Fußballeuropameisterschaft in Österreich stattfinden würde, wurde innerhalb der Familie andauernd über Chancen und Möglichkeiten des österreichischen Fußballnationalteams spekuliert. Offensichtlich waren diese Diskussionen vollkommen spurlos an meiner Tochter vorübergezogen. Nur halbwegs beherrscht konnte ich mich dann der kühnen Behauptung meines Knaben widmen:

»Wer sagt das? Die Fußballexperten Joni und Tobi?«

»Auch! Aber ist doch logisch! Wir haben nur Heimspiele, sogar das Finale wäre ein Heimspiel«, entgegnete der Fußballfansohn euphorisch.

»Wieso haben wir nur Heimspiele? Das ist doch ungerecht.« Meine Tochter hat ein ausgeprägtes, feines Gefühl für Diskriminierungen – Spezialgebiet Frauenfragen – und hielt meinem bösen Blick mit dem Selbstbewusstsein der ahnungslosen Jugend locker stand.

»Das ist ein Argument«, sagte ich möglichst freundlich, mit äußerster Selbstbeherrschung, wieder meinem Sohn zugewandt. Was konnte der Sohn auch für seine Schwester? Ich stand kurz davor, dem Wort Sippenhaftung eine völlig neue Bedeutung zu geben. »Aber bedenke, Knabe, durch die Setzungen bei der Auslosung und unseren schlechten Ranglistenplatz werden sich in unserer Vorrundengruppe mindestens zwei, wenn nicht gar drei, unüberwindbare Hürden bereits auf dem Weg ins Viertelfinale vor uns aufbauen.«

»Wieso Setzungen? Das ist doch ungerecht!«, sagte nicht mein Sohn.

»Weil sonst vielleicht Deutschland, Frankreich, Italien und Brasilien in einer Gruppe spielen würden!«, brüllte ich meine Tochter an.

»Brasilien liegt nicht in Europa!«, bekundete mein Sohn überraschende Geographiekenntnisse.

»Gusch!«

»Na und!« erklärte mir meine Tochter in aller Ruhe. »Du sagst doch eh immer, bei solchen Großveranstaltungen zählt eh nur der Titel. Ist doch eh egal, wann man ausscheidet, wenn man eh nicht gewinnt!«

»Eh, eh, eh, ohnehin oder ohnedies, heißt das!« Ich beobachtete eine Zeitlang interessiert kleine konzentrische rote Kreise, die vor meinen Augen tanzten. Als sie verschwunden waren, wagte ich einen nächsten Versuch:

»Schau, Prinzessin, es ist doch im Interesse des Turniers, die Spannung während des gesamten Verlaufes möglichst hoch zu halten, um die Aufmerksamkeit der Medien und das Zuschauerinteresse sukzessive zu steigern. Deshalb ist es nicht gut, wenn Mitfavoriten bereits früh nach Hause fahren müssen.«

»Also, Gewinnmaximierung durch öffentlich abgesegnete Manipulation!«, fuhr mir dieses aufmüpfige, pubertätslinke Würstchen in die Parade. Mein Gutmenschenherz legte zwei, drei Wechselschritte ein, automatisch steigerte sich die Frequenz meiner Atmung.

»Setzlisten entstehen nicht manipulativ, sie sind der Spiegel wohlerworbener Meriten von Sportlern und Mannschaften!«, hechelte ich.

»Sie sind der Spiegel einer leistungsorientierten, neoliberalen Termitengesellschaft!«, variierte meine Tochter geschickt einen Ausspruch Franz Münteferings und schien plötzlich Spaß an dieser Diskussion zu haben. Fast schien es, sie delektiere sich an meiner rapid dahinschwindenden Gesundheit – so wie andere Kleingeister sich an der momentan gesund dahinschwindenden Rapid delektieren.

»Hallo, wir werden Europameister, was sagt ihr?« Kind Nummer zwei fühlte sich zu recht vernachlässigt.

»Also, wenn sich maßgebliche, kompetente Herren der FIFA und der UEFA die Köpfe zerbrechen, wie große Turniere am besten abgewickelt werden, brauchen wir rückständigen Hascherln sicherlich nicht mehr darüber nachdenken, zumal wir schon Schwierigkeiten haben, ein Provinzturnier mit sechs teilnehmenden Mannschaften halbwegs, ohne Massenschlägerei, über die Bühne zu bringen. Und überhaupt du, die du bis zum 10. Lebensjahr geglaubt hast, der Fußball sei ein Teil der Fußsohle…«

»Ja, sicher! Und Joseph Blatter ist der Robin Hood des Weltfußballs!«

Woher kannte sie plötzlich diesen Namen? Um mir meine Verblüffung nicht anmerken zu lassen, sagte ich aber:

»Woher kennst du eigentlich diesen Namen?«

»Also ich glaube, Österreich wird Europameister!« Der Sohn wurde langsam ungeduldig.

»Du hast jetzt Pause, du g'scheckerter Koffer[1]!« spielte ich elegant auf die neu gemeschte Haartracht meines Sohnes an und belehrte meine Tochter: »Das ist einfach so, und damit basta!« Der Grad meiner Erregung näherte sich seinem Höhepunkt.

»Zum Fußball gehört eben auch Tradition …«

»… genauso wie Geschäftemacherei, Schiedsrichtermanipulationen, überhöhte Spielerhandgelder, unseriöse Spielervermittler, Vereinskonkurse …«

Geschickt wich sie meinem Mobiltelefon aus, das sich plötzlich mit Wucht wie von selbst aus meiner Hand gelöst hatte und anschließend hinter ihr an der Wand zerschellte. Hohnlachend und erhobenen Hauptes verließ die Siegerin den Raum, wahrscheinlich, um sich mit anderen grünen Spinnern bei einem Trommelworkshop zu treffen, und ihnen maliziös mitzuteilen, dass man ihren Vater momentan nur über das Festnetz erreichen könne.

»Wir werden Europameister!«, insistierte mein Sohn.

»Halt endlich die Pappen[2]!«, röhrte ich waidwund, während ich die Einzelteile meines Handys einsammelte. »Habt ihr kleinen Idioten nichts anderes zu tun, als so hirnrissige Behauptungen aufzustellen?«

[1] Übersetzung für bundesdeutsche Leser: getupftes Gepäckstück, im übertragenen Sinn Döskopp!

[2] Übersetzung für bundesdeutsche Leser: Fresse!

Gerald Simon

Das Glücksschwein Werner – So werden wir Europameister I

Geneigte Leserin, geneigter Leser! An dieser Stelle bin ich gezwungen, Ihnen etwas zu verraten, das weit reichende Auswirkungen auf Erfolg oder Misserfolg unseres Fußballnationalteams bei der EURO 2008 haben wird. Der österreichischen Weltöffentlichkeit ist es offenbar entgangen – oder es wurde geflissentlich übersehen – wie viel ich bereits für unser Fußballteam geleistet habe. Dieser Umstand zwingt mich aus meinem stillen, bescheidenen Kämmerchen heraus, mich vor einer publizitären Allgemeinheit zu bekennen. Der legendäre Erfolg 1978 gegen Deutschland bei der WM in Argentinien wäre beispielsweise gar nicht möglich gewesen, hätte ich nicht schon, ab dem Zeitpunkt des Bekanntwerdens dieses speziellen Aufeinandertreffens, vermieden, bei meinen zahlreichen Fußwegen auf die Zwischenräume der Pflastersteine zu treten.

Nach letzten Umfragen sind 51 % der Europäer abergläubisch. Also, wir wurden schon von Vertretern wesentlich kleinerer Interessensgruppen regiert. Mir hat – bis auf ein einziges Mal – meine Neigung zu rituellen Handlungen, zahlenmystischen Deutungen oder auch nur spleenigen Gewohnheiten immer viel mehr genützt als geschadet. Und das eine Mal, bei dem ich etwas in die Bredouille geraten bin, war ein klassischer Unglücksfall. Da habe ich nämlich vor einem Wiener Derby einem Austria-Fan, dem ich durch dreimaliges über die Schulter spucken, fairerweise, einen guten Spielverlauf wünschen wollte, bereits beim ersten Versuch irrtümlich mitten ins – von mir aus gesehen – linke Auge geschlatzt. Dieser muss meine versöhnliche Geste vollkommen missverstanden haben und hat mir umstandslos eine auf mein – von ihm aus gesehen – rechtes Auge gegeben.

Abgesehen von diesem einen, kleinen, unglücklichen Zwischenfall – dass ich bereits als aktiver Jugendspieler die ganze Saison mit ein und demselben ungewaschenen Paar Socken eine ganze Saison durchgespielt habe, hat uns jedenfalls den Meistertitel eingebracht. Trotz anfänglicher Feindseligkeiten meiner Mitspieler und einem haltlosen Gefasel von olfaktorischen Übergriffen. Das Wort »olfaktorisch« habe ich nachträglich hier einfließen lassen. Ich glaube damit könnte ich auch heute noch den einen oder anderen ehemaligen Nagelberger Teamkameraden zu Tode erschrecken. Der damalige Kabinen-O-Ton war wesentlich bodenständiger: »Oida, wosch da deine Sockn, sunst werma olle hi, do herinnan!«. Vierblättrige Kleeblätter in den Fußballschuhen erhöhen die persönliche Torausbeute enorm und eine schwarze Katz' von hinten ist mir immer noch lieber als eine graue Maus von vorne.

Glaubt man der offiziellen FIFA-WM 2006 Website, befinde ich mich im Übrigen mit meinen kleinen irrationalen Angewohnheiten offenbar in bester Gesellschaft. Für Mario Zagallo – ehemaliger brasilianischer Teamchef und 2006 noch einmal als technischer Koordinator mit dabei – ist die Zahl 13 eine absolute Glückszahl, und der spanische Stürmerstar Raúl handelte sich von seinem damaligen Trainer Luis Aragonés einen schweren Rüffel ein, weil er zum Training mit einem gelben Trikot erschienen war, wo doch die Farbe Gelb Unglück bringt. Wie die Brasilianer mit ihren kanariengelben Dressen mehrmaliger Weltmeister werden konnten, ist selbst mir ein Rätsel und spricht nur noch umso beredter von deren wahrer Überlegenheit.

Der ecuadorianische Schamane Tzamarenda Naychapi hat im Zentralstadion Leipzig ein Reinigungsritual gesprochen. «Ich bin nach Leipzig gekommen, um diesen wichtigen Ort für die Fußball-WM zu reinigen und die gute Energie der Natur hierher zu bringen. Derjenige, der am meisten Geist und die beste Verbindung mit der Energie hat, soll die WM gewinnen«, wünschte sich der Schamane aus Ecuador. Der argentinische Torhüter Sergio Goycochea hat große Erfolge damit gefeiert, dass er vor Strafstößen stets auf den Platz urinierte. Hier wären nachträgliche Reinigungsrituale möglicherweise eher angebracht gewesen.

Laut dem »Daily Star« wollte Englands Vorrundengegner Trinidad/Tobago dem englischen Team mit einem Voodoo-Zauber schwere Beine machen. Die Karibik-Bewohner haben angeblich in geheimen Zeremonien junge Hühner geopfert. Die Köpfe der Vögel seien in der Nähe der Wohnungen der englischen Star-Spieler vergraben worden. Immerhin hielten die Kariben bis zur Pause ein 0:0 und verloren nur verhältnismäßig knapp mit 0:2. Vielleicht müsste man beim nächsten Mal Köpfe konditionsstärkerer Tiere vergraben. Mein Vorschlag: Emus! Und wenn man sich David Beckhams Frau genauer anschaut, dürfte das ein Hühner-Voodoo mit unkontrollierbaren Nebenwirkungen gewesen sein.

Im westafrikanischen Togo gehört Voodoo zum Alltag. Von solchen Riten will Messan Kodjo Attolou allerdings nichts wissen. Wenn man dem Sprecher des togolesischen Fußballverbandes glauben will, dann findet Voodoo im staatlichen Fußball nicht statt. »Gut, manche Fans vielleicht, aber das Team selber besucht keine Féticheure.« Nach langem Hin und Her räumt aber auch Attolou ein, dass einer der letzte Trainer – Stephen Keshi, ein Christ aus Nigeria – so entsetzt von den Voodoo-Ritualen vor jedem Spiel war, dass er schließlich einen Pfarrer engagierte, um vor dem Anstoß einen Gottesdienst zu halten[3]. So geht´s natürlich auch nicht, so ein Ritual-Mischmasch kann nicht zum Ziele führen, man muss sich schon für eine Methode entscheiden.

Und weil wir schon beim Christentum sind, einer der fulminantesten Hauptrichtungen des Aberglaubens: Giovanni Trapattoni sah man öfters angeblich geheiligtes Wasser aus einer Flasche verspritzen, die er von seiner Schwester, einer Nonne, erhalten hatte. Wenn man bedenkt, dass bereits das Bierbrauen in den Klöstern erfunden wurde, kann man sehr konkrete Vermutungen anstellen, was sich wirklich in Trapattonis Fläschchen befindet. Und zieht man auch noch den emotionalen Zustand des Meisters und seine ausladenden Gesten bei der legendären Pressekonferenz des FC Bayern München in Betracht, erscheint nicht weiter verwunderlich, dass auch dort eines seiner Hauptprobleme im Zusammenhang mit einer »Flasche, leer« stand.

Aber man sieht, was von uns mit typisch europäischer Arroganz verlacht und verhöhnt wird, ist in anderen Kulturkreisen gang und gäbe. Und dass der afrikanische Fußballsport in den letzten Jahren enorme Fortschritte gemacht hat, wird wohl niemand in Frage stellen. Raymond Domenech – der französische Teamchef bei der WM 2006 – stellt seine Mannschaft gar nach astrologischen Gesichtspunkten auf. Was für einen Vizeweltmeister recht ist, muss doch für uns zumindest billig sein. Ich lade deshalb dringend unseren Fußballpräsidenten Friedrich Stickler zu einem Gespräch ein, bei dem ich ihm folgenden Erfolg versprechenden Fünfstufenplan vorschlagen kann:

Stufe 1 – Weiterbildung des Teamchefs: Um die Verunsicherung der Spieler nach besonders intensiven Traumerlebnissen in den Griff zu bekommen und um endlich Aufschluss über die rätselhaften, morgendlichen Flecken am Laken Roman Wallners zu erhalten, wird Josef Hickersberger zum *Studienlehrgang über Träume und Traumdeutung* ans Institut für Traumanalyse im Brünlihof in Ermatingen in der Schweiz entsandt. Es steht jedoch zu befürchten, dass der eidgenössische Teamchef unseres Mitveranstalters und ersten Widersachers Köbi Kuhn diesen Heimvorteil längst genützt hat. Aber besser spät, als nie!

Stufe 2 – Bereinigung der Rückennummern: Von den 22 Rückennummern des Spielerkaders werden folgende Trikots aufgrund neuester Erkenntnisse der Zahlenmystik eliminiert: Die 2 (als weibliche Zahl, Zahl des Teufels), die 11 (Zahl der Sünde), die Unglückszahl 13 wird durch 12b ersetzt, die Rückennummer 14 (Zahl der bösen Dämonen und des sicheren Todes) und die 18 (Codezahl für Adolf Hitler in Neonazikreisen). An ihre

Stelle treten minus 1 (einzige komplexe Zahl der multiplikativen Ordnung), 3,14 (Kreiszahl Pi), 28 (erste vollkommene Zahl), 175 (Sterbealter Abrahams) und die 777, als die göttliche Zahl der absoluten Perfektion. Gegen Gegner aus traditionell-katholischen Ländern wie Spanien, Italien oder Portugal wird aus taktischen Überlegungen zusätzlich noch ein Spieler mit der Rückennummer 666 aufs Feld geschickt. Diese Zahl symbolisiert den Antichrist und wird selbst hartgesottenen Schandmäulern vom Schlage eines Materazzi die Rede verschlagen. Und brennt es im Strafraum lichterloh, sollte es auch noch die Möglichkeit geben, einen Abwehrrecken mit der 122 einzuwechseln, der österreichischen Feuerwehrnotrufnummer.

Stufe 3 – gezielter Einsatz von Glückssymbolen und -bringern: In einem ersten Schritt werden die Punkte- und Siegesprämien der Spieler auf den so genannten *Glücksgroschen* reduziert. Anstelle des Arschgeweihs wird den Spielern ein *vierblättriges Kleeblatt* auf den Rücken tätowiert. In die halblangen Haare Rene Aufhausers werden zwei bis drei *Hasenpfoten* eingeflochten. Als lebendes Maskottchen wird der ehemalige Schirennläufer Werner Grissmann – ein gelernter *Rauchfangkehrer* – engagiert, der sich Funktion und Zimmer jedoch mit *Glücksschwein* Steffi teilen muss. Roland Linz verzichtet auf seine Fußballschuhe und wird einfach mit zwei passenden *Hufeisen* beschlagen.

Stufe 4 – Umgestaltung der Umkleidekabinen: Um sich die Geister der Luft und des Wassers (Wind und Regen) geneigt zu machen, werden die Umkleidekabinen des österreichischen Nationalteams nach den Richtlinien von Feng Shui umgearbeitet. Windspiele, Kristalle, Zimmerbrunnen, Goldsteine, farbige Stoffe und Wasserposter sollen das *Qi*[4] regulierbar machen und es frei fließen lassen.

Stufe 5 – Beschwörungen und rituelle Handlungen: Der Ablauf vor jedem Europameisterschaftsspiel ist immer gleich. Begonnen wird mit einem Übergangsritus, in dem noch einmal festgehalten wird, dass aus allen beteiligten Sportlern tatsächlich Fußballspieler geworden sind. Anschließend murmelt der Teamchef ein paar Beschwörungsformeln, die nach der EM unter dem Titel »Hickersbergers Zaubersprüche« gesammelt im Stadionfanshop erhältlich sein werden[5]. Auf das Vergraben von Tierköpfen wird weitgehend verzichtet, nicht aber auf Tieropfer. Kurz vor dem Spiel wird ein Glücksschwein geschlachtet und bei der zu erwartenden Siegesfeier verkocht. Je weiter das österreichische Nationalteam im Turnier vorankommt, umso mehr ist selbstverständlich auch Werner Grissmann gefährdet. Er ist durch seinen besonders hohen Glücksfaktor für das Finale vorgesehen, gleich nach dem Semifinalschwein Steffi.

Sollte das österreichische Fußballnationalteam Europameister werden, wissen Sie also nun genau, wem Sie das in Wirklichkeit verdanken können. Und wenn es nicht klappt, auch. Aber selbstverständlich können auch wir Fans viel dazu beitragen. Wenn Sie im Zeitraum der EURO 2008 und vor späteren schwierigen Aufgaben unseres Teams einen tempelhüpfenden Amokspringer auf den Pflastersteinen der Wiener Innenstadt sehen, sprechen Sie mich ruhig an und machen Sie gleich mit. Sollte Ihnen öffentliches Gehüpfe zu genierlich sein, können Sie es aber auch mit Paul Gludowatz, dem Trainer unserer sensationell aufspielenden U20-Nationalmannschaft, halten und Ihr frisch gewaschenes Beinkleid vor jedem Spiel im Dreck wälzen. Unser Nationalteam kann wirklich jede Hilfe gebrauchen.

[3] Quelle: Bruno Graber, Glaube und Aberglaube im Fußball

[4] Qi bedeutet Energie, Atem oder Fluidum und hat durch das Einfließen fernöstlicher Philosophien in die mitteleuropäische Lebensweise auch bereits Einzug in unsere Sprache gehalten. Qick bezeichnet beispielsweise eine energiespendende Nikotinstange, Qibuk eine lange Tabakspfeife mit kleinem Kopf und Qinelle ein Schlaginstrument aus Messing mit besonders lautem Fluidum.

[5] Auch der Masseur hat bei Spielerverletzungen unterstützende Formeln zur Hand: Sei es Knochenrenke,/sei es Blutrenke,/sei es Gliedrenke:/Knochen zu Knochen,/Blut zu Blut,/ Glied zu Gliedern,/als ob geleimt sie seien. (Merseburger Zauberspruch zur Pferdeheilung)

Claus Farnberger

Die launische Diva

Ein ausgelutschter Kaugummi bleibt ein ausgelutschter Kaugummi! Ab einem gewissen Zeitpunkt verliert er nicht mehr an Geschmacksgehalt, weil es ganz einfach nichts mehr zu verlieren gibt. Spätestens ab diesem Zeitpunkt kann man getrost weiterkauen, es wird sich nichts mehr zum Schlechteren ändern.

Dasselbe gilt für abgedroschene Phrasen. Sobald sie jeglicher Originalität entledigt wurden, kann man sie wieder getrost im Munde führen. (Im gestrengen »Deutschen Sportfernsehen« ist das freilich anders. Dort wird die Phrasen-Sparsau allsonntäglich fetter, wenn nämlich der vom Vorabend noch ausreichend gelabte Udo Lattek für manche Stehsatz-Girlande mehr Kleingeld opfern muss als er dies wenige Stunden zuvor am Kölsch-Tresen zu tun gezwungen war – aber dies nur am Rande.)

Wenden wir uns also ohne Scheu einer seit Jahrzehnten äußerst beliebten Fußballphrase zu – jener von der »launischen Diva«. Die Wiener Austria beziehungsweise ihre Vorgänger nervten schon als eine solche, als selbst die ältesten Sprosse des Hörbiger-Clans noch in der Schauspielschule steckten. Die »Hertha« war in den Westberliner Fünfzigerjahren »die launische Diva von der Spree«, während der gefürchtete Starkultzertrümmerer Bertolt Brecht in der Parallelwelt der Ostberliner Fünfzigerjahre ambitionierte Schausteller zu nüchternen Darstellungsarbeitern umfunktionierte. Und die Frankfurter Eintracht gilt ohnedies seit Menschengedenken als die »launische Diva vom Main«.

Aber auch einzelnen Kickern hängt man dieses zweifelhafte Attribut gerne um. Leider greift dabei die Vorurteilskraft stets stark um sich! Meistens trifft es die Südamerikaner: Jeder Brasilianer, Uru oder Argentinier, der in der deutschen Bundesliga seinen Fersler-Hattrick vom vergangenen Spieltag nicht eine Woche später reproduzieren kann, kommt – erraten – in die »Launische Diva«-

Schublade. Auf diese Weise vertrieb man in letzter Zeit durchaus charismatische Akteure wie Marcelinho, Alex Alves oder Andres D´Alessandro von den bundesdeutschen Futtertrögen.

In Österreich hingegen ist alles wieder einmal völlig anders. Hier landet ein Südamerikaner von vornherein nur aus Studien-, Herzens- oder Kokaingründen, ganz sicher aber nicht um sich fußballerisch zu entfalten. Klar sind die sich hierzulande tummelnden brasilianischen Fußballer, beispielsweise jene aus der neuen westlichen Sportmetropole Altach, in technischer Hinsicht ihren mitteleuropäischen Spielerkollegen immer noch um Lichtjahre voraus – an der heimatlichen Copacabana sind sie aber vermutlich von Kleinkindheit an von garstigen und talentierteren Gleichaltrigen von der Sandballesterei ausgeschlossen worden, sonst hätten sie wohl nie einen österreichischen Rasen betreten.

Die wahre launische Diva in der Welt des Fußballs ist jedoch die Zeit!

Wie oft hat man auch in mäßig humanistisch gebildeten Fußballerkreisen die Allegorie der Göttin Fortuna bemüht, doch das Glück ist ja zumindest in Österreich ein Vogerl, und ein Vogerl fliegt dem einen zu oder dem anderen, oder es fliegt oder auch nicht, aber wenn es fliegt, dann wohl immer mit der annähernd gleichen Geschwindigkeit. Die Zeit jedoch fliegt immer anders dahin.

Wenn die geliebte Mannschaft fünf Minuten vor Schluss 0:1 zurück liegt, dann sattelt die launisch-göttliche Diva der Zeit alle ihre Himmelspferde, damit diese die verbleibenden 300 Sekunden in Windeseile über das Stadion ziehen. Wenn selbiges Team hingegen 1:0 führt, dann verwandelt sie ihre Zugtiere in träge Gäule, die sich kaum über Sekundenbruchteile hinwegschleppen können. So macht man sich keine Freunde – kein Wunder, dass die Zeit oft einsam ist.

Damit aber noch nicht genug: Die launische Diva der Zeit dreht oft auch innerhalb sehr kurzer Spannen das Obere nach Unten und wandelt das vermeintlich ewig Geltende in plötzlich hoffnungslos Vergangenes, Unzeitgemäßes.

Nehmen wir zum Beispiel wieder einmal den österreichischen Rekordmeister Rapid Wien: Als unser letztes Buch erschien, im Herbst 2005, da hatten die Grünweißen zu mancher Überraschung nach Jahren wieder einmal den rotweißroten Fußballgipfel erklommen und durften sich gar in der Champions League mit Elitemannschaften wie Bayern München und Juventus Turin messen. Ich erinnere mich noch genau, dass ich damals nur mit äußerster Kraftanstrengung meinen Co-Autor davon abhalten konnte, Rapid in unserem Buch als »beste Mannschaft der Welt« zu bezeichnen (wobei mir unser damaliger Lektor, auch ein begeisterter Rapidler, gar keine besonders große Hilfe war).

Und jetzt, da diese Zeilen geschrieben werden, befindet sich Rapid Wien am allerletzten Tabellenplatz der T-Mobile-Bundesliga und zittert den kommenden Aufgaben in der gefürchteten Mattersburger, Innsbrucker und Rieder Fremde entgegen. Eine Momentaufnahme, gewiss, aber auch Marilyn Monroes wehender Rock über dem U-Bahn-Gebläse war eine solche und ist trotzdem noch immer in die Gehirne ihrer Nachfolgegeneration eingebrannt.

Oder nehmen wir meinen Lieblingsverein, den unvergleichlichen LASK: Was musste ich mir noch vor Kurzem anhören, als wir in der tückischen zweiten österreichischen Spielklasse einmal aus Unachtsamkeit 0:9 gegen den FC Kärnten verloren und mit Leoben und Gratkorn um Plätze im unteren Mittelfeld ritterten?! Heute eilen wir von Sieg zu Sieg, weder in Kapfenberg, Lustenau noch in Schwanenstadt hängen uns die Trauben zu hoch, und längst ist der direkte Aufstieg in die erste Liga nur mehr ein lästiger Schritt in Richtung Europacupqualifikation[6].

Oder wenden wir uns unseren deutschen Nachbarn zu! Wer glaubte noch wenige Monate vor Beginn des WM-Sommermärchens 2006, dass Klinsmanns Truppe gegen das vorgruppengegnerische Dreigestirn Polen-Costa Rica-Ecuador einen Punktegewinn erreichen würde? Wenige Monde später hatte die geheimnisvolle Sachwalterin des zeitlichen Ablaufs und Fortlaufs alles ins Gegenteil verkehrt, und wären da nicht ein paar azurblaue posttraumatisierte Wettskandalgeschädigte gewesen, hätte Zinedine Zidane im Finale möglicherweise Per Mertesacker zu Fall gebracht und nicht den mundflinken Marco Materazzi.

Oder wer glaubte noch Anfang 2006, dass Österreich wirklich Europameister 2008 im eigenen Lande werden könnte? Als wir in jenen finsteren Lenzmonaten hintereinander gegen fußballerische Jausengegner wie Kanada, den oft euphemistisch als Erbfeind bezeichneten Matthäus-Nachlass Ungarn und selbst die mäßig begabten ehemaligen Untertanen aus Kroatien unglücklich verloren, da traute man uns nicht einmal das Halbfinale zu. Und als sogar der Wettstreit mit dem südamerikanischen Prügelknaben Venezuela missriet, da schien selbst das Viertelfinale in weite Ferne gerückt. Aber dann wurde alles anders, möglicherweise auch, weil sich die launische Diva der Zeit etwas besonders Abstraktes ausgedacht hatte. Jedenfalls drehten wir urplötzlich ein schon verloren geglaubtes Match gegen die kraftstrotzenden Liechtensteiner Weltkicker und obsiegten wenige Tage später sogar gegen die mächtigen Eidgenossen, die während der WM weder Frankreich, noch Togo, noch Südkorea ein Törchen gestattet hatten. Der Rest ist schnell erzählt! Triumph folgte auf Triumpf: Auf der berüchtigten Pirateninsel Malta erkämpften wir ein international viel beachtetes 1:1, das mächtige Ghana wurde 1:1 geschlagen und das glorreiche Paraguay, das im Südamerika-Cup 2007 erst im Viertelfinale den Argentiniern unglücklich 0:6 unterlag, wurde mit 0:0 bezwungen. Mit einem Male gerieten wir in die Favoritenrolle für die bevorstehende Europameisterschaft. Die Zeit hatte beschlossen für Österreich zu arbeiten.

Ja, sie mag eine launische Diva sein, uneinschätzbar, in ihrem Handeln unberechenbar, einsam sogar! Aber blöd ist sie nicht!

[6] Heute, da wir diese Zeilen lesen, wissen wir die prophetische Gabe des Verfassers erst so richtig zu schätzen.

Gerald Simon

Abbitte

Irren ist menschlich, und ich stehe nicht an, einen Fehler auch zuzugeben, wenn mir einer nachgewiesen wird. Habe ich in »Beruf: Fußballfan« Fußballfunktionäre noch als zwergenwüchsige Choleriker mit einem Napoleonkomplex verächtlich gemacht, weiß ich, was diese edlen Menschen leisten, seitdem ich selbst in ein Funktionärsgefüge eines Provinzvereines eingebunden bin. Napoleonische Zwergenwüchsigkeit fällt als netter Verleumdungsversuch bereits weg, wenn man bedenkt, dass ich selbst einssiebenundachtzig messe und der Obmann des angesprochenen Vereins über einsneunzig. Und ein aufbrausendes, ausfallendes Gemüt ist eine notwendige Tugend, wenn es gilt, in Mannschaftsbesprechungen demotivierte Spieler aufzubauen und an ihre Verpflichtungen dem Verein gegenüber zu erinnern.

Dass diese selbstlosen Geschöpfe – Funktionäre und freiwillige Mitarbeiter eines Fußballvereins – ehrenamtlich, also unentgeltlich, ihre Tätigkeiten verrichten, versteht sich ja von selbst. Darüber hinaus können sie – bei geschickter Ressourcenplanung – auch entsprechend ihren Fähigkeiten bestmöglich eingesetzt werden. Werfen wir beispielhaft anhand des bereits erwähnten Provinzvereins einen Blick auf eine solche ausgeklügelte Personalstruktur:

Beginnen wir ganz oben, bei den Präsidenten. Wenn Sie jetzt glauben, dass hier, wie bei normalen Spitzenvereinen, ein starker Mann genügt, irren Sie gewaltig. Mein Verein hat deren acht! Das mag ein wenig übertrieben sein – sogar bei hartgesottenen Fans ruft diese Tatsache nur verständnisloses Kopfschütteln hervor, – hat aber historische, fusionsbedingte Gründe. Damit wir zu Beginn nicht gleich zu langatmig werden, greifen wir höchstens ein, zwei heraus und betrachten diese näher.

Also, wenn sich der SK Rapid Wien einen ehemaligen Finanzminister als Präsidenten leisten kann, ist zumindest ein politischer Mandatar für meinen Verein nur recht und billig. Was man von ihm erwartet, ist klar: Er soll seine persönlichen, politischen und wirtschaftlichen Kontakte nutzen, um das nötige Kleingeld für den Spielbetrieb aufzutreiben. Dies ist übrigens die einzige Position im Funktionärsgefüge, bei der man nicht unbedingt etwas vom Fußball verstehen muss. Im konkreten Fall handelt es sich nebenbei auch noch um einen Fan des Wiener Sportclubs. Ob das jetzt unbedingt ein Indiz für Fußballkompetenz ist, halte ich persönlich für diskussionswürdig, auf jeden Fall spricht diese Tatsache für Leidensfähigkeit und Belastbarkeit – unabdingbare Eigenschaften für einen Fußballfunktionär. Dass ein zweiter Präsident, beispielsweise, Inhaber einer Baufirma ist, schadet auch nichts, wenn man bedenkt, was es auf einer Sportanlage alles zu reparieren, sanieren, bauen oder umzubauen gibt. Die anderen Präsidenten kommen aus Regionalpolitik und Wirtschaft und unterstützen Präsident Nummer 1 nach Kräften. Dass einer auch Apotheker ist, darf nicht zum voreiligen Schluss führen, wir würden irgendwelche Zaubertränke kennen, womöglich auch noch welche, die verbotene Substanzen enthalten.

Oben bereits erwähnter Obmann ist Angestellter bei der Gewerkschaft der Privatangestellten und vertritt als solcher Arbeitnehmerinnen und Arbeitnehmer bei Übergriffen der Arbeitgeber. Hier lernt er täglich Nützliches an Tricks und Schliche der Arbeitgeber, das er dann ab 16 Uhr (nach Dienstschluss) wunderbar auch beim Verein anwenden kann. So schickte er beispielsweise eine freiwillige Mitarbeiterin, die bereits seit Stunden in der clubeigenen Ausschank gearbeitet hatte und sich fünf Minuten ausruhen und ein wenig mit den Gästen plaudern wollte, mit einem umfangreichen Putzauftrag wieder zurück an ihren Arbeitsplatz:

»Waunnst nix ztuan host, faung au zum Glasln woschn und waunn i a Kastl aufmoch, rieselt ma da Staub entgegen. Gemma, gemma!«

Dass es sich bei der so herzlich Angewiesenen auch noch um die Schwiegermutter des Obmanns handelte, ist vielleicht ein pikantes, familiäres Detail am Rande, zeugt aber von der Entschlossenheit und Objektivität des Vereinsvorstandes. Da gibt es keine Freunderlwirtschaft!

Dass der Obmannstellvertreter Leiter des Bereiches Jugend und Soziales bei der örtlichen Bezirkshauptmannschaft ist, ist kein Nachteil, wenn man hochmotivierte Jugendliche für den Nachwuchsbereich sucht. Diese werden aus verwahrlosten Verhältnissen in eine funktionierende Vereinsstruktur übergeführt und bekommen einen neuen Lebensinhalt. Dass sie später dann aus reiner Dankbarkeit die Kampfmannschaft verstärken und dem Verein treu bleiben, ist der symbiotische Nutzen aus diesem unermüdlichen Engagement dieses sozial denkenden Funktionärs. Dass Punkteprämien über niederösterreichische Sozialbudgets abgerechnet werden, ist eine bösartige Unterstellung Missgünstiger, schon allein deshalb, weil Spielergehälter und Punkteprämien im Amateursport selbstverständlich verboten sind.

Der Kassier ist Mitarbeiter der größten Krankenkassa in Niederösterreich, also eine Art Kurator eines Ersatzteillagers: Krankenkassabrillen, Krankenkassagebisse, Prothesen! Bedenkt man außerdem, dass Konkurse mehrheitlich von Finanzamt und Krankenkassa eingeleitet werden, ist man bei einem ständig an der finanziellen Kippe stehenden Verein froh, dass man bei der Krankenkassa nicht nur jemanden kennt, sondern sogar einen hat, der mit einem im allenfalls sinkenden Boot sitzt.

Auf den ersten Blick eine Fehlbesetzung ist der Sektionsleiter, der schrägerweise von einem Autor lustig gemeinter Fußballbücher bekleidet wird. Zieht man allerdings die zahlreichen Siegesfeiern und die noch zahlreicheren Frustabende nach Niederlagen in Betracht, wo eine gewisse Trinkfestigkeit und Stehvermögen gefragt sind, kommt man sehr schnell drauf, wo dessen Qualitäten liegen. Eigenschaften, die er übrigens mit den meisten anderen Funktionären teilt.

Der Sektionsleiterstellvertreter selbst ist geprüfter Schiedsrichter und kennt natürlich alle anderen Pfeifenmänner persönlich. Ohne jetzt irgendwelche Schiebungsgerüchte zu nähren – aber man selbst ist doch auch froh, wenn man in einer grundsätzlich feindlichen Umgebung ein vertrautes und wohlgesonnenes Gesicht erblickt, oder?

Kommen wir zu den freiwilligen Mitarbeitern: Bei uns ist es so, dass der gesamte gastronomische Bereich vom so genannten Anhängerclub abgewickelt wird. Der Obmann dieses Anhängerclubs ist bei der Niederösterreichischen Arbeiterkammer beschäftigt und wacht natürlich mit Argusaugen darauf, dass das Schankpersonal nicht über 22 Uhr hinaus arbeitet. Sein Stellvertreter ist Wirt, nähere Erklärung überflüssig. Der Mann, der für Schnitzelsemmeln, Leberkässemmeln und Bratwürste zuständig ist – Fred Kombüs genannt –, arbeitet in der Prosektur des Gmünder Krankenhauses und kann hier seine Erfahrungen mit totem Fleisch optimal mit einbringen. Das Anfertigen eines Gefrierschnittes und das Abschneiden einer Schnitte Leberkäse sind keine grundsätzlich verschiedenen Tätigkeiten.

Ein weiterer Vorzug unseres Fußballclubs ist, dass, im angeblich so Männer dominierten Fußballsport, auch viele Frauen integriert sind und fleißig mitarbeiten. Sie machen was sie seit jeher am besten können: Dressen waschen und Gläser spülen. Nur die Frau des menschenfreundlichen Obmanns muss – wahrscheinlich nicht ganz freiwillig – auch bei körperlich anstrengenden Umbauarbeiten mithelfen. Die Söhne – elf und vierzehn – dürfen abwechselnd bei U-23 Spielen als Schiedsrichterassistenten fungieren, wobei sie stets sehr lehrreichen Kommentaren des gegnerischen Publikums ausgesetzt sind.

Gerald Simon

Josef und die elf Zwerge (frei nach den Brüdern Grimm)

Es war einmal ein Fußballtrainer namens Josef. Die Fahne war rot wie Blut und weiß wie seine Weste, und er war klug wie keiner. Dann jedoch kam eine EM-Qualifikation, und Josef verlor gegen elf Zwerge 0:1, was gut passte, weil der Tormann sogar eine Zipfelmütze trug. Danach ging Josef in die Wüste und grämte sich.

Später, in einer anderen Qualifikation, die Punkte waren wieder wenig und fielen nicht von selbst vom Himmel herab. Da gab es einen alternden Goleador, der die Mannschaft trainierte, der hatte einen wunderbaren Spiegel. Wenn er vor den trat und sich darin beschaute, sprach er:

»Pressespieglein an der Wand,
wer ist der Beste im ganzen Land?«

Und der Spiegel antwortete:

»Ihr Goleador, Ihr seid der Beste im Land.«

Da war er zufrieden, denn er wusste, dass der Spiegel die Wahrheit sagte.

Die WM-Qualifikation aber ging verloren, und der alternde Goleador musste von seinem Posten zurücktreten, und ein anderer kam an seine Stelle. Es war wieder jener Josef, der geläutert und erfolgreich aus der Wüste zurückgekehrt war. Nur, dass er jetzt selbst elf Zwerge trainieren musste. Als der alternde Goleador dann einmal den Spiegel fragte:

»Pressespieglein an der Wand,

Wer ist der Beste im ganzen Land?«

Da antwortete er:

»Ihr Goleador, Ihr seid der Beste hier,
Aber der Josef ist tausendmal besser als Ihr.«

Da erschrak der alternde Goleador, er ward gelb und grün vor Neid, und seine Zuckerseite lief rot an vor Zorn. Von Stund an, wenn er Josef erblickte, kehrte sich das Herz im Leibe herum, so hasste er ihn. Und Neid und Hochmut wuchsen wie Unkraut in seinem Herzen immer höher, sodass er Tag und Nacht keine Ruhe mehr hatte. Da gab er viele Interviews und veröffentlichte seine Biografie. Danach dachte er, er wäre wieder der Erste und Allerbeste, trat vor den Spiegel und sprach:

»Pressespieglein an der Wand,
wer ist der Beste im ganzen Land?«

Da antwortete der Spiegel:

»Ihr Goleador, Ihr seid der Beste hier,
Aber der Josef über den Hickersbergen
Bei den elf Zwergen
Ist noch tausendmal besser als Ihr.«

Da erschrak er, denn er wusste, dass der Spiegel keine Unwahrheit sprach, und merkte, dass der Josef in der Öffentlichkeit noch beliebter war als er selbst. Da sann und sann er aufs Neue, wie er ihn medial umbringen könnte, denn solange er nicht der Beste war im ganzen Land, ließ ihm der Neid keine Ruhe. Und als er endlich was ausgedacht hatte, suchte er sich einen Ghostwriter und veröffentlichte eine vergiftete Kolumne. »Nun bist du der Beste gewesen«, sprach er und rieb sich die Hände. Doch die elf Zwerge feierten ihre ersten Erfolge und das Gift der Kolumne konnte Josef nichts anhaben.

Der böse Mann aber ging vor den Spiegel und fragte:

»Pressespieglein an der Wand,
wer ist der Beste im ganzen Land?«

Da antwortete er wie sonst:

»Ihr Goleador, Ihr seid der Beste hier,
Aber der Josef über den Hickersbergen
Bei den elf Zwergen
Ist noch tausendmal besser als Ihr.«

Als er das hörte, lief ihm alles Blut zum Herzen, so erschrak er, denn er sah wohl, dass der Josef medial am Leben geblieben war, und sein Pullover kratzte ihn am ganzen Leibe.

So begann er in großem Stil die Europameisterschaft im eigenen Land und seinen Lieblingsverein und alles was damit zusammenhing schlecht zu machen, und niemand gab mehr einen Pfifferling auf die eigene Mannschaft. Er schien gewonnen zu haben, kein Hahn krähte mehr nach dem Josef.

»Die Fahne rot wie Blut und weiß wie deine Weste und klug wie keiner? Diesmal können dich die elf Zwerge nicht wieder erretten.« Und als er daheim den Spiegel befragte:

»Pressespieglein an der Wand,
wer ist der Beste im ganzen Land?«

so antwortete er endlich:

»Ihr Goleador, Ihr seid der Beste im Land.«

Da hatte sein neidisches Herz Ruhe, so gut ein neidisches Herz

Ruhe haben kann. Da war er zufrieden, denn er wusste, dass der Spiegel die Wahrheit sagte, und nichts war mehr irreregulär.

Doch das Wunder geschah. Josef und seine elf Zwerge gewannen den Europameistertitel und eine große Feier wurde ausgerichtet. Auch der alternde Goleador war eingeladen. Als er sich mit seinem schönsten Armani-Anzug angetan hatte, trat er vor den Spiegel und sprach:

»Pressespieglein an der Wand,
wer ist der Beste im ganzen Land?«

Der Spiegel antwortete:

»Ihr Goleador, Ihr seid der Beste hier,
Aber Josef und die neuen Europameister
sind tausendmal besser als Ihr.«

Da stieß der böse Mann einen Fluch aus. Da ward ihm so angst, so angst, dass er sich nicht mehr zu fassen wusste. Er wollte zuerst gar nicht zu der Feier kommen; doch ließ es ihm keine Ruhe, er musste fort und die neuen Europameister sehen. Als er in den Festsaal trat, waren aber schon eiserne Fußballschuhe über Kohlenfeuer gestellt und wurden mit Zangen hereingetragen und vor ihn hingestellt. Da musste er in die rotglühenden Schuhe treten und so lange ballestern, bis er tot zur Erde fiel.

Gerald Simon

Inteamitäten – So werden wir Europameister II

»Sex vor einem Spiel? Das können meine Jungs halten, wie sie wollen. Nur in der Halbzeit, da geht nichts.«
Hans-Hubert »Berti« Vogts
(gewählter Kirchenvorstand zu St.Dionysius in Kleinenbroich)

Beim Schiweltcup-Opening 2006 im finnischen Levi feierte die aktuelle Lebensgemeinschaft Marlies Schild und Benjamin Raich zwei Siege im Slalom an zwei aufeinander folgenden Tagen. Nachdem wir bereits wenig taugliche Mittel wie Tauschbörsen von österreichischen Schiläufern und brasilianischen Kickern[7] und Organspendevereinbarungen[8] zur sportlichen Verbesserung unserer Fußballnationalmannschaft vorgeschlagen haben, scheint nun der Stein der Weisen gefunden zu sein. Und wieder ist das erfolgreiche österreichische Skiteam das Vorbild: Sex innerhalb der eigenen Mannschaft!

Wenn Sie jetzt meinen, diese Idee ist zu progressiv und sei gesellschaftlich nicht akzeptiert, dann lassen Sie sich sagen, dass diese Praxis beispielsweise im Damentennis bereits seit Jahren gang und gäbe ist.

Nachdem man nicht davon ausgehen kann, dass sich viele österreichische Nationalspieler bereits in funktionierenden gemeinsamen Partnerschaftsmodellen befinden, müsste hier das Los entscheiden. Auch schon allein deshalb, um nicht einem ständigen zügellosen Partnertausch Tür und Tor zu öffnen.

Als ausgesprochenes Lospech – wie man aus stets gut informierten Kreisen weiß – gilt intern bereits Sanel Kuljic. Durch seine chronischen Nasenpolypen ginge ihm bei manchen Praktiken und vor allem beim Küssen stets frühzeitig die Luft aus, hört man. Ausgesprochen beliebt sei hingegen Rene Aufhauser wegen seines schmucken Haarbandes, auch sein entzückendes, leichtes

Stottern störe nicht weiter, sondern wecke in manchen seiner Kollegen sogar eine Art Beschützerinstinkt, hört man weiters.

Auch ganz neue sexuelle Spielarten hätten sich bereits herausgebildet: das beliebte Manninger decken, das auf Schranz hocken sowie das heftige Abstranzln erfreuten sich neuerdings großer Beliebtheit, und Mario wäre überhaupt ein guter Haas, den man nicht versäumeln sollte[9]. Wohingegen man den Ausruf: »In Linz beginnt's!« noch nie vernommen hat! Das ist eine vulgäre Zote und lediglich eine missgünstige Unterstellung von Feinden des Nationalteams.

Problematisch ist diese neue Methode lediglich in der Nachwuchsarbeit. Hier ist strikt darauf zu achten, die Gesetze einzuhalten und junge Spieler nicht vor dem 16. Lebensjahr in den Kader einzubauen. Es hilft uns nichts, wenn wir das Finale der EURO 2008 erreichen und dann aufgrund eines ungustiösen Sexskandals die halbe Mannschaft in Untersuchungshaft sitzt.

Überhaupt ist Wert darauf zu legen, dass die Medien-Geier nicht zuviel Wind von der neuen Methode bekommen. Trainingslager sollten an abgeschiedenen Plätzen stattfinden, an Orten quasi, wo sich Fuchs und Haas ungestört Gute Nacht sagen können.

Ansonsten kann ich nur Vorteile erkennen: Ruhe und Ausgeglichenheit kehrte in die Mannschaft ein, das Problem Spielerfrauen im Teamcamp zuzulassen oder nicht, stellte sich erst gar nicht mehr, Zimmereinteilungen ergäben sich von selbst.

Unterstützung erhält diese – zugegeben einerseits gewöhnungsbedürftige, andererseits jedoch revolutionäre Methode der Leistungssteigerung – von der modernen Sportmedizin, und ist nichts für verzopfte, konservative, bayrische Betonköpfe wie beispielsweise Bastian Schweinsteiger, der trotz seines Kriegsnamens »Schweini« gegenüber dem investigativen Enthüllungsblatt *Bravo Girl* bekannte, dass ihm Tore schießen wichtiger sei als Sex. Mein lieber Schweini, lass dir gesagt sein, dass ein gewisser Dr. Sommer (nein, nicht der von *Bravo,* sondern der angesehene Sportmediziner und Urologe Dr. Frank Sommer, Privatdozent an der Uni Köln) herausfand, dass sich das eine durch das andere noch wesentlich verbessern ließe[10]. Bei seinen Tests fand dieser Dr. Sommer zwar heraus, dass sich Sex zwei Stunden vor dem Sport durch den Testosteronabbau bei Männern[11] negativ auf die Schnellkraft auswirkt (muss man halt auf das Timing achten, man kann eh nicht dauernd), andererseits bringt der Sex vor dem Sport eine Reihe von positiven Auswirkungen für den Fußballspieler. Erstens stellt sich durch erhöhte Herzfrequenz, steigenden Blutdruck und vergrößertes Atemvolumen ein nicht zu unterschätzender Trainingseffekt ein, und zweitens wird durch den Entspannungseffekt, den guter Sex mit sich bringt, die Konzentrationsfähigkeit erhöht. Man trifft einfach besser, lieber Schweini. Und wie sich unbeschwerter Sex unter Mannschaftskameraden ohne Fortplanzungsdruck und ohne Sorge um die Aufzucht der Brut positiv auf die mentale Gesamtsituation der Spieler auswirken könnte, wurde noch gar nicht ausreichend untersucht!

Nach diesen Erkenntnissen fordern wir Teamchef Josef Hickersberger dazu auf, umgehend diesbezügliche Übungen in den Trainingsplan einzubauen, zusätzlich zu den freiwilligen Trainingseinheiten, die die Spieler ohnehin zu leisten bereit sind. Wir – die österreichische Fußballnation – sind sicherlich nicht in der Situation großzügig auf grundsätzlich aussichtsreiche Methoden und viel versprechende Techniken von vornherein zu verzichten. Wir müssen alle Opfer bringen, auch die Spieler. Also meine Herren: Frisch ans Werk, auch wenn es manchmal schwer fällt beim Gruppendospeln Glückshormone auszuschütten, abseits von *dumpfer Triebentladung*[12].

[7] In ihrem kabarettistischen Lehrgang »Fußball oder Leben?« schlugen die Autoren folgende Vorgehensweise zur Verbesserung des Spielerpotenzials der österreichischen Nationalmannschaft vor:
Claus: Wos hoitst du von einer internationalen Tauschbörse?
Gerald: Tauschbörse?
Claus: Ganz einfach: Wir haben eindeutig zu wenig gute Fußballer, aber zu viele gute Schifahrer.
Gerald: Stimmt!

Claus: Die Brasilianer wiederum haben zu viele gute Fußballer und zu wenig gute Schifahrer.
Gerald: Richtig!
Claus: Naja, da wäre ein groß angelegter Tausch die beste Lösung. Wir geben ein paar Rennläufer frei – es muss ja nicht gleich der Hermann Maier sein –, ein brasilianisches Schiteam mit Fritz Strobl, Rainer Schönfelder und Benni Raich wäre plötzlich eine Weltmacht. Die Begeisterung für den Schisport würde sich in ganz Brasilien rasend entwickeln.
Gerald: Ja, genau. Und ein paar Jahre später würde man die Zuckerhut-Trophy in Rio de Janairo in einem Atemzug mit Wengen oder Kitzbühel nennen

Claus: Im Gegenzug bekämen wir vielleicht den Ronaldo oder den Robinho oder gar den Ronaldinho, die sich im brasilianischen Team ohnehin auf die Zehen steigen, – und schon sind wir Fußball-Europameister.
Gerald: Nicht schlecht, den Nigerianern könnten wir ein paar Schispringer wie etwa den Widhölzl geben ... und schon baut unser Eventguru Hupo Neuper in Lagos eine Riesen-Flugschanze. Das würde den afrikanischen Schisprungsport enorm beflügeln.
Claus: Und wir könnten uns über ein paar schwarze Flügelstürmer freuen. Verlockende Vorstellung!

[8] siehe Beruf: Fußballfan, Neue Marketingwege, p49
[9] Großer Gott: No jokes with names! Was haben wir uns nicht darüber mokiert (Beruf: Fußballfan, Schade, Schade, p55). Aber manchmal geht's einfach mit einem durch.
[10] ZDF, Abenteuer Wissen vom 20. 11. 2002
[11] Bei Frauen wird beim Sex interessanterweise Testosteron aufgebaut. Man weiß, dass Testosteron unter anderem die Aggressivität fördert. Das könnte eine Erklärung dafür sein, dass man manchmal nach dem Geschlechtsakt, nachdem man sich sofort elegant abgerollt, traulich und zufrieden seitlich in die Laken gekuschelt hat, eine spontane Genickwatsche von der geliebten Partnerin hinnehmen muss. Meine Herren, machen Sie ihr keinen Vorwurf! Es ist das Testosteron! Auch wir haben uns seit seiner Entdeckung bei verschiedensten Gelegenheiten darauf ausgeredet.
[12] Oswalt Kolle, Das Wunder der Liebe (D 1968)

Gerald Simon

Grundsätzliches von der lieben Familie

»Du bist eine seltsame Erscheinung«, sagt meine 17-jährige Tochter jedes Mal, wenn ich mich anschicke, angetan mit Fanschal, Fanjacke und Fankappe, das Haus zu verlassen. Das sagt meine Tochter, die, stets gehüllt in schwarzes Existenzialistentuch, nur den Kontrast ihres anämisch blassen Gesichts an sich duldet. Und wenn das Vermeiden von gefährlichen Sonnenstrahlen, Sauerstoffmangel durch exzessives Stubenhocken und Eisenmangel durch ausschließlich vegetarische Kost nicht die gewünschte vornehme Blässe erbringen, wird offensichtlich mit einem Vampirschminkset nachgeholfen. Ich mag vielleicht eine seltsame Erscheinung sein. Aber ich bin jedenfalls nicht gefährdet, nach einer allfälligen kafkaesken Verwandlung kopfüber von der Zimmerdecke zu hängen und muss nicht fürchten, dass mein illuminierter Vater nach einem Matchbesuch kurz vor Sonnenaufgang heimkehrend, panisch versucht, mir irrtümlich einen Pfahl ins Herz zu treiben. Nachdem die Zeiten, in denen man diese Art von Backfisch wieder zurück ins Wasser schmeißen konnte, endgültig vorbei sind, muss man sich halt mit seinen genetischen Entgleisungen bestmöglich arrangieren.

Dass einem der Fußballfansohn viel Kummer bereitet, wenn er plötzlich Vereinsvorlieben für dezidierte Feinde entwickelt, diesem Umstand haben wir früher bereits breiten Raum gewidmet. Dass die Fußballfantochter jedoch die Begeisterung für den Fußballsport vollständig vermissen lässt, schmerzt dann doch tief im Herzen drinnen. Ich erinnere mich überhaupt nur an eine einzige Gelegenheit, bei der ich mit meiner Tochter gemeinsam vor dem Fernseher beim Fußball zusah. Und dieses Vergnügen – das, wenn ich mir es recht überlege, eigentlich eine Pein war – dauerte auch nur wenige Minuten. In dieser kurzen Zeit hatte sie alle Klischeefragen, zu der ein weiblicher Mensch fähig ist, gestellt, um nach einer Viertelstunde trocken zu konstatieren: »Dieses Spiel ist saufad!« und sich wieder in ihre Vampirhöhle zurückzuziehen. Und damit meinte sie nicht etwa dieses eine spezielle Spiel, sondern das Fußballspiel an sich. Ich bin der Herausforderung, meiner Tochter diesen Sport schmackhaft zu machen, nicht gewachsen. Das ist pädagogische Sisyphusarbeit, und manchmal bin ich einfach nur noch müde. Nachdem ich ihr erklärt hatte, warum ausschließlich der Tormann den Ball in die Hand nehmen darf, und das auch nicht überall, und nachdem wir uns darauf geeinigt hatten, dass der Schiedsrichter nicht auch noch unbedingt »so ein schickes Fähnchen« braucht wie seine Assistenten, scheiterte ich beim alten Klassiker, der Abseitsregel, fulminant. Obwohl meine Tochter einen heftigen Zug zum räumlichen und analytischen Denken hat, war es ihr unmöglich diese Regel zu verstehen[13]. Ich weiß, ich weiß, ich pflege diese Klischeevorstellung mit der dumpfen Unbelehrbarkeit des Machos. Aber was wahr ist, muss wahr bleiben!

Nicht dass meine Tochter total unsportlich wäre, Schwimmen und Schilauf zählen zu ihren Favoriten, aber erklären Sie einmal so jemandem die Vorzüge eines Teamsports. Der einzige Sport, den sie ausübt, wo mehr als ein Lebewesen beteiligt ist, ist Hundefrisbee. Allerdings gestalten sich die Outdoor-Aktivitäten mit unserem einzigen adeligen Familienmitglied etwas problematisch. Doreen of Northern Forest – eine Irish Wolfhound-Dame von der Größe eines kleinen Kalbes – bevorzugt nämlich beim Tackling eine, ihrem Abstammungsland gemäße Technik aus dem *Gaelic Football*, eine legale Lizenz zur Körperverletzung, von vornehmem Hochadel keine Spur. Lustig ist es eigentlich mit ihr nur, solange sich die Sportgeräte in der Luft befinden. Beim Drachensteigen beispielsweise hat man immer nur genau einen Versuch, es sei denn, man kann die Strecke zum abgestürzten Drachen schneller zurücklegen als Lady Windhund, was theoretisch denkbar, praktisch aber nicht einmal mit einem geländegängigen Moped zu schaffen ist. In den meisten Fällen bleibt vom Drachen nur mehr das übrig, was man gemeinhin Sperrmüll nennt. Und wehe, beim ferngesteuerten Fluggerät werden die Batterien leer! Beim Fußballspiel erlernte mein Sohn sehr früh die ersten Plastikbälle, mit denen er herumkickte, möglichst lange in der Luft zu halten. Bei jeder Bodenberührung war die Hündin früher am Ball, und immer war eine große Enttäuschung die Folge. Und zwar für beide. Die verdutzten Gesichter der Beiden – gleichermaßen von Sohn und Hündin – waren sich, nachdem wieder eine Plastikhaut mit einem lauten Knall ihre Seele ausgehaucht hatte, gar nicht so unähnlich. Aber kann man Doreen of Northern Forest einen Vorwurf machen? Dass sie versucht mit ihrem Fang etwas zu fangen, liegt doch wohl in der Natur der Sache. Andernfalls wäre das ja so, als würden Volksvertreter nicht das Volk vertreten[14], sondern nur sich selbst, ihre eigene Firma oder sonst irgendetwas anderes. So absurde Dinge kommen in der freien Wildbahn nicht vor.

Ihre eigentliche sportliche Höchstleistung vollbringt Doreen aber jedesmal, wenn man die Kühlschranktür öffnet. Egal wo sich der Hund gerade in Haus oder Garten befinden mag, das Geräusch der sich öffnenden Tür, lässt das treue Tier herbeischnellen, sodass man fast den Eindruck hat, Doreen wäre mit einem *Wusch* neben einem aus dem Boden gewachsen, genauso wie die Bäume durch Miraculixens Zaubereicheln.[15]

Meine Frau wiederum hat einen etwas kindlichen Zugang zum Leistungssport – eine Eigenschaft übrigens, die sich Mütter bis ins hohe Alter erhalten können.

»Lieb sind's!«, kommentierte die Fußballfanfrau beispielsweise die Freude des österreichischen Schispringerteams, nachdem diese bei der WM 2007 in Sapporo beim Mannschaftsspringen knapp 50 fulminante Punkte zwischen sich und den Rest der Welt gelegt hatten. Ganz so, als handle es sich nicht um ein Husarenstück vierer Topathleten, sondern um einen Lausbubenstreich, den man gerade noch augenzwinkernd durchgehen lassen konnte. Eine Attitüde, die aus derselben begluckenden Persönlichkeitsecke zu kommen scheint, mit der sie Mütze und Handschuhe für die wichtigsten Trainingsutensilien des Fußballfansohnes hält.

Und wenn es mir manchmal gelingt, diesem ganzen sportiven Wahnsinn zu entgehen und ich mich versuche in meinem Stammwirtshaus zu entspannen, dann hockt dort unter Garantie auch mein chirugischer Schwager herum und tönt, dass er seinerzeit gemeinsam mit seinem Studienkollegen Benno Zifko ein nahezu unschlagbares Tischfußballteam gebildet hätte, bis mir der Geduldsfaden reißt und ich feixe: »Dann dürften die Karrieren aber diametrale Verläufe genommen haben. Während Zifko Rapid-Spieler operiert, vergehst du dich in der Hauptsache an alten Weibern.«

»Ja aber der Outcome, postoperativ gesehen, ist was Fitness und Spritzigkeit betrifft, der gleiche.« Damit bekommt der grünweiße Schreiberling eine Rechnung präsentiert, die sein Budget an Schlagfertigkeit bei weitem übersteigt. Die Chirurgenfrau – meine Schwester – schaut sich ausschließlich Italienspiele an, aus optischen Gründen, wie sie sagt. Weiters hat sie mir erst unlängst gestanden, weite Strecken von *Beruf: Fußballfan* überhaupt nicht verstanden zu haben. Ihre gemeinsame Tochter – mein Patenkind – hingegen ist Bayern München Fan, das sagt wohl alles. Das Fußballexpertenniveau in dieser Familie ist von Haus aus sehr niedrig. Es gibt eigentlich nur mehr einen rettenden Ausweg: Nachdem ich zur religiösen Erziehung meiner Nichte – wie es meine Aufgabe wäre, nicht wirklich etwas beitragen kann, werde ich mich in ihre Fußballfanentwicklung jetzt schonungslos einmischen.

[13] Männer haben 100 Gramm mehr Gehirn als Frauen – da ist unter anderem die Abseitsregel drin. (Dieter Nuhr)

[14] Alberner Kalauer mit tiefer Wahrheit: Was ist der Unterschied zwischen einem Zitronenfalter und einem Volksvertreter? Antwort: Keiner, der Zitronenfalter faltet auch keine Zitronen.

[15] siehe Asterix, Band 17, Die *Trabantenstadt*

Claus Farnberger

Von Ecken und Kanten – so werden wir Europameister III

Allerspätestens seit der Pensionierung von Andreas Herzog und Anton Polster hat das österreichische Nationalteam neben einer Vielzahl anderer Mankos noch eine weitere Schwäche aufzuweisen: den wenig erfolgreichen Umgang mit Standardsituationen. Wollen wir wirklich Europameister werden, so müssen wir diese gleichermaßen eklatante wie peinliche Unzulänglichkeit schleunigst in den Griff bekommen. Schließlich weiß man ja, dass wichtige internationale Spiele, besonders in der Turnierendphase, allzu häufig durch Corner, Freistöße oder gar Elfmeter(schießen) entschieden werden. Wer die letzten 50 Länderspiele Österreichs verfolgt hat, dem wird nun zu recht bange werden.

Es ist ein Faktum, dass der an sich ja hochtalentierte Andreas Ivanschitz bei jedem Eckball, den er in den letzten fünf Jahren getreten hat (geschätzte 500 Stück also), für große Gefahr sorgte. Bei jeder einzelnen Ecke lief er nämlich Gefahr, sich das Cornerfähnchen in die Leibesmitte zu rammen, während sich die gegnerische Abwehr beim Beobachten der wagemutigen Aktion erholen konnte, um kurz darauf den Ball – wenn für Ivanschitz alles gut gegangen war – wieder dankbar in Empfang zu nehmen.

Auch bei der Ausführung von Freistößen war für Österreichs Kicker in den letzten Jahren die Verletzungsgefahr relativ groß. Vergeblich war die Mühe des Herrn Josef in den vielen Trainingslehrgängen in den burgenländischen Pampas! Egal welchen Trick er ersonnen haben mochte, im Augenblick der Bewährungsprobe, wenn also keine pannonischen Pappeln ringsum standen, sondern Abwehrrecken aus ganz anderem Holz, ging dieser einstudierte Spielzug in aller Regel in die Hose. Oft konnte man dabei das Vorhaben der beteiligten Spieler nur erahnen, und wenn dann einmal etwas im Ansatz wirklich gelang, dann war der ballempfangende österreichische Spieler derart überrascht von diesem unvorhersehbaren Ereignis, dass er den Ball verstolperte oder postwendend wieder an den Kontrahenten abtrat.

Elfmeterschießen waren in der langen Geschichte des ÖFB überhaupt bis in die jüngste Vergangenheit völlig unbekannt (ganz einfach deshalb, weil wir bei internationalen Turnieren niemals weit genug kamen). 103 Jahre lang gab es in genau 639 Spielen demzufolge kein einziges Elferschießen mit österreichischer Beteiligung – bis zum 8. Februar 2005: Dieses unser erstes Elferschießen verloren wir prompt, und zwar gegen die nervenstarken Zyprioten. Mag sein, dass damals die besonders widrigen Begleitumstände Schuld an der Niederlage waren, denn schließlich befand man sich mitten in einem hochkarätigen Vierländerturnier in Limassol, an dem sich neben uns und dem Gastgeberland Zypern auch noch die Fußballmächte Lettland und Finnland beteiligten. Die Premiere war jedenfalls verpatzt. Bis zu unserem nächsten Elfmeterschießen mussten wir keine 103 Jahre warten, sondern nur einen einzigen Tag lang. Dann hatte man es gegen besagte Letten zu tun, welche Nerven wie Drahtseile hatten und dem an sich gefürchteten Penalty-Killer Schranz keine Chance ließen. Seitdem warten wir auf eine nächste Bewährungschance.

Sie wird kommen, und wir sind uns wohl alle im Klaren darüber, dass wir uns gezielt darauf vorbereiten müssen, wie übrigens auch auf alle Standardsituationen, die der variantenreiche Spitzenfußball nun einmal bereithält. Leichte Adaptierungen des Fußball-Regelwerks, die wir in Folge vorstellen wollen, würden uns dabei erheblich helfen:

Freistöße

Für uns einigermaßen irritierend war bislang die Ausführung der sogenannten Freistöße. Bisher galt immer folgende simple Faustregel: Es trafen immer nur die Gegner. Hier bedarf es einer kleinen legistischen Spitzbübigkeit.

Man müsste für jedes österreichische EM-Spiel einen maßgeblichen Vertreter einer amtlich beeideten Bau-Kommission bestellen, der neben dem Ersatzschiedsrichter Platz zu nehmen hätte. Anderswo darf man vielleicht allerorten Mauern in beliebiger Höhe errichten – in Österreich aber mit Sicherheit nicht! Bei jedem Freistoß, der für unser Team gegeben würde, müsste der Abgesandte der Bau-Kommission das Spielfeld betreten und die Genehmigung für das Aufstellen einer Mauer erteilen. Wer die österreichische Behördenpraxis kennt, der weiß, dass sich eine solche Bewilligung in die Länge ziehen kann. Der Gegner würde also letzten Endes von der Errichtung einer Mauer Abstand nehmen, und wir hätten leichtes Spiel. Der Umkehrschluss ist freilich nicht zulässig. Wir Österreicher dürften selbstverständlich als freie Bürger im eigenen Lande Mauern in beliebiger Höhe und Breite errichten.

Eckbälle und Out-Einwürfe

Wenn wir schon keine Eckbälle treten können, dann müssen wir uns eben anders behelfen und ganz einfach Verhältnisse schaffen, die unseren ureigentlichen Fähigkeiten entgegen kommen. Was soll´s, andere Völker haben hier auch keine Skrupel! Die Bolivianer zum Beispiel bauten ihre großen Stadien generell an Orten über 4000 Meter Seehöhe, dort, wo an sich eigentlich nur mehr Bergziegen, Kondore und Einheimische ohne Sauerstoffmaske auskommen. Durch diesen taktischen Geniestreich bezwang Bolivien sogar schon einmal die Brasilianer in einem bedeutenden Qualifikationsspiel[16].

Aber was hindert uns daran, unsere EM-Stadien an etwas abschüssigeren Orten zu errichten? Weg mit den brettlebenen Arenen in Wien, Klagenfurt und sonst wo! Noch ist Zeit sie wieder abzureißen und stattdessen auf Gebirgskämmen und Bergplateaus kleine, aber feine Spielfelder zu errichten. Gleich hinter den Seiten- und Tor-Outlinien ginge es hunderte Meter tief hinab. Wir Österreicher kämen als Alpenvolk mit solchen Verhältnissen wohl weit besser zu recht als etwa die wenig höhenerprobten Norddeutschen, Dänen oder gar Niederländer. Es wäre interessant zu beobachten, ob Robert Huth oder Gary Neville dann den Ball mit dem üblichen Schwung einwürfen. Wahrscheinlich würden sie in Anbetracht der Vorstellung, bei der kleinsten Unachtsamkeit in der Ausführung gleich rücklings einen halben Kilometer ins Tal zu stürzen, die gewohnte Präzision vermissen lassen.

Besonders groß wäre wohl die Furcht vor Eckbällen. Wer steht schon gerne gleich nach zwei Richtungen hin zum Abgrund? Die Vermeidung von Cornern wäre plötzlich nicht Ziel der Verteidigung, sondern des Angriffs. Wir sehen schon die gegnerischen Stürmer verzweifelt im Strafraum herumhechten, um die Fehler der österreichischen Verteidiger auszubessern, also alles zu tun, um nur ja keine Ecke treten zu müssen.

Wir Österreicher würden uns hingegen mit gewohnter Gämsenhaftigkeit bewegen, und aus früheren Schwächen könnten urplötzlich nie für möglich gehaltene neue Stärken erwachsen.

Zwei kleine Schönheitsfehler in diesem Denkmodell seien allerdings nicht verschwiegen:

Erstens dürfte Josef Hickersberger nur Spieler aus dem gebirgigen Westen nominieren, also etwa jene des Meisters Red Bull Salzburg, die infolge der klubinternen ausländischen Konkurrenz aber zumeist schon jahrelang keine Spielpraxis mehr aufweisen.

Zweitens müsste die Frage der Zuschauerplätze geklärt werden. Hier bedarf es wohl noch ausführlicher Verhandlungen mit der Ballonfahrer-Innung.

Elfmeter

Die oben beschriebene Neuordnung der Spielfeldbegrenzung könnte, gekoppelt mit der Umkehrung einer beliebten Fußballbuben-Regel, dem österreichischen Team auch bei Strafstößen zum Vorteil gereichen: Es dürfte aber dann nicht heißen »drei Corner – ein Elfer«, sondern »drei Elfer – ein Corner«. Welch fürchterliche Drohung!

Dann würde der Gegner wohl den Teufel tun einen Elfer zu schinden. Die Schwalben würden mit Sicherheit ausbleiben, was ja durchaus im Sinne der UEFA und ein bedeutender Beitrag zu mehr Redlichkeit im internationalen Fußball wäre...

Vielleicht sind all diese skizzierten Innovationsvorschläge in der Kürze der verbleibenden Zeit nicht lückenlos umsetzbar, aber zumindest psychologisch kann man diesbezüglich viel bewegen.

Vielleicht genügt schon alleine die Vorstellung eines vor Höhenangst zitternden Beckham, Pirlo oder Schweinsteiger an der Eckfahne oder nahe des Tor-Outs, damit unsere Spieler bei Standardsituationen ihre eigene Furcht überwinden.

Und damit wäre schon einiges getan!

[16] Kaum sind diese Zeilen geschrieben, hat die FIFA auch schon reagiert: Im Juni 2007 wurde offiziell kundgetan, man überlege hinkünftig keine offiziellen Spiele mehr in einer Seehöhe von über 2500 Metern zuzulassen. Prompt startete Bolivien eine Protestaktion und richtete eine Exhibition auf fast 6000 Metern über dem Meeresspiegel aus. Die in der Sauerstoffschuld taumelnden Akteure erinnerten dabei frappant an die österreichischen Fußballspieler in der EM-Vorbereitungszeit. Mittlerweile wurde diese Weisung freilich wieder zur Gänze zurückgenommen.

Gerald Simon

Der Plan – So werden wir Europameister IV

Am 2. Mai 2006 bringt ein Artikel der »La Gazetta dello Sport« eine Lawine ins Rollen, die ein ungeahntes Ausmaß an Spielmanipulationen in den italienischen Ligen Serie A und Serie B ins Tal bringt. In diesen Skandal, der den Präsidenten und den Vizepräsidenten des italienischen Fußballverbandes zum Rücktritt bewegte, waren der Schiedsrichter-Koordinator, diverse Schiedsrichter und -assistenten und insgesamt neun Vereine mit 50 Funktionären und Vereinsmanagern verwickelt. Die Urteile wurden noch schnell vor der bevorstehenden Weltmeisterschaft in Deutschland gefällt und sind bekannt: So musste beispielsweise Juve in die Serie B zwangsabsteigen und zusätzlich noch die Aberkennung des Meistertitels und Punkteabzüge für die folgende Meisterschaft gewärtigen. Mittlerweile werden die Bilanzen von 71 weiteren Vereinen geprüft und 26 Funktionäre sind noch zusätzlich angeklagt. Knapp drei Monate nach dem Bekanntwerden des Skandals war Italien Fußballweltmeister 2006. So macht man das! Die Deutschen hätten das übrigens auch probiert, aber die Manipulationsgeschichte von Schiedsrichter Hoyzer wurde zu früh angezogen und war insgesamt zu schwach. Deshalb reichte es für die Heimmannschaft auch nur zum dritten Platz.

Korruption, Schiebungen, Manipulationen und Skandale auf der Funktionärsebene, und dann auf der sportlichen unerwartet zuschlagen: Diese spektakuläre und nicht ganz gebräuchliche Methode ein großes Ziel zu erreichen, ließ die Strategen und Taktiker der österreichischen Bundesliga hellhörig werden und in zahlreichen konspirativen Geheimtreffen in – nunmehr – mehrheitlich rauchfreien Hinterzimmern von schlecht beleumundeten Gaststätten wurde ein Plan ausgeklügelt, wie Österreich den Europameistertitel holen könnte, dessen Schläue und Abgefeimtheit ein gutes Jahr vor der EURO 2008 in vollem Umfang zu Tage trat. Aber alles der Reihe nach:

Zu Beginn der Meisterschaft 2006/2007 wurden Mannschaften die Spiellizenzen erteilt, bei denen man genau wusste, die stehen nicht vor dem Abgrund, sondern sie befinden sich bereits im freien Fall. Darunter Sturm Graz, GAK und die Wiener Austria. Hannes Kartnig – Dummrian und ehemaliger Sturmpräsident – wurde beispielsweise in Sicherheit gewiegt und feierte ausgelassen in seiner bekannten Schlichtheit den vermeintlich größten Bluff seiner Präsidentenlaufbahn. Der Kernplan war es, die Meisterschaft so langweilig wie möglich zu gestalten, um die auf diese Weise ausgehungerten Fußballfans heiß auf die Teamspiele währende der EM zu machen und gleichzeitig mögliche gegnerische Beobachter in die Irre zu führen und in Sicherheit zu wiegen. Salzburg wurde es durch geschickte kleinere unauffällige Manipulationen ermöglicht, die Meisterschaft vorzeitig für sich zu entscheiden, um hier die Spannung aus dem Bewerb zu nehmen. Hier ist die Rolle von Salzburg-Berater Franz Beckenbauer noch nicht ganz geklärt, der angeblich bei entscheidenden Spielen mit einer Niko Kovac-Maske aufgelaufen sein soll. Seine Zweikampfbilanz soll bei 80% gewonnenen Duellen tadellos gewesen sein, und angeblich hätte er kein Laufduell mit Roman Wallner verloren.

Die schwächelnden Wiener Großklubs Rapid und Austria hätten den Plan fast vereitelt, indem sie am anderen Ende der Tabelle für einen spannenden Abstiegskampf gesorgt haben. Aber hier erkennt man die Genialität des Planes, der alle Eventualitäten berücksichtigte. Durch die absichtlich leichtfertig vergebenen Spiellizenzen konnte man jetzt entsprechend reagieren. Und hier folgte abermals ein genialer Schachzug. Es wäre ein Leichtes gewesen, den beiden, vom Konkurs bedrohten, Grazer Großklubs so viele Punkte wegzunehmen, damit auch der Abstiegskampf vorzeitig entschieden gewesen wäre. Aber man wartete ab, bis im Fall GAK die FIFA wegen ausstehender Spielergehälter den ersten Schritt machte und den Grazer Athletikern ihrerseits sechs Punkte in der laufenden Meisterschaft abzog. Jetzt konnte man seitens der österreichischen Bundesliga leicht nachziehen, ohne sich den Vorwurf gefallen lassen zu müssen, die Wiener Großklubs hätten sich's wieder gerichtet. Mit bedauernd hochgezogenen Schultern verwies man auf das Urteil der FIFA.

Die Geschichte wäre im letzten Moment noch einmal gekippt, als Bundesliga-Vorstand Georg Pangl aus Objektivitätsgründen dafür plädierte, den beiden Konkurs gefährdeten Grazer Klubs gleich viele Punkte abzuziehen. Nur widerwillig ließ er sich erklären, dass in diesem Fall der Abstiegskampf ja wieder nicht entschieden wäre und so die Meisterschaft teilweise spannend bliebe. So zog man der Sturm Graz, die bereits den Zwangsausgleich hinter sich gebracht hatte, zehn Punkte ab, den Rotjacken vom GAK jedoch 22, weil die noch mitten im Insolvenzverfahren standen, was offenbar das schwerere Vergehen war. Damit hielt Sturm nach 25 Runden bei 19 Punkten und der GAK bei minus einem. Jetzt war alles klar, und die restlichen elf Runden konnten von den Fußballfans nun für beschauliche Wochenendspaziergänge und längere Familienausflüge genutzt werden. Als Ablenkungsmanöver wurde ein tage-, fast wochenlanger, Scheinkampf geführt. Punkte weg, Punkte nicht weg, GAK-Zwangsausgleich durch, GAK-Zwangsausgleich nicht durch, FIFA-Sperre für Österreich ja, FIFA-Sperre für Österreich nein, in Wahrheit war der Plan voll aufgegangen. Die Fans konnten Kräfte sammeln und sich in Ruhe auf die EURO-Saison 2007/2008 mit dem Saisonhöhepunkt Europameisterschaft mit dem Sieger Österreich vorbereiten.

Wir haben hier ein Meisterstück an Verschlagenheit und charmanter Gerissenheit zu bewundern. Anders als in Italien blieb man im Rahmen der Legalität, oder was in Österreich halt als solcher gilt. Hierzulande werden Legalität und Kriminalität ja nicht durch eine scharfe Grenze getrennt, sondern durch ein graues, von beiden Seiten stillschweigend akzeptiertes, gewundenes Toleranzband. Nachdem wir nun wissen, mit welcher List und mit welch taktischem Weitblick führende Fußballfunktionäre bei uns zu Werke gehen, braucht uns um das österreichische Fußballnationalteam nicht mehr bange zu sein. Vielleicht laufen ja bereits im Hintergrund die Vorbereitungen dafür, Franz Beckenbauer einzubürgern und ihn dadurch für die EURO 2008 für Österreich spielberechtigt zu machen. Wer weiß, welche Überraschungen und geschickte Winkelzüge noch aus dem Bundesliga-Thinktank-Headquarter entsteigen werden.

1. Nachsatz: Dass Arnold Schwarzenegger etwas mit dem Niedergang der Grazer Großklubs zu tun hätte, weil man das Grazer Stadion von Arnold Schwarzenegger-Stadion in UPC-Arena umgetauft hat, ist eine krause Verschwörungstheorie und hat im Gegensatz zur oben beschriebenen Sachverhaltsdarstellung eine durchaus kranke Komponente.

2. Nachsatz: Ein bedauerlicher Betriebsunfall war jedoch der Umstand, dass Hannes Kartnig im Zuge der Umsetzung des Planes ins Gefängnis musste. Hier liegt die Vermutung nahe, dass man ihn, von höherer Stelle befohlen, als Bauernopfer ins offene Messer laufen ließ. Jedenfalls ein skandalöser Justizirrtum (was später auch vom Obersten Gerichtshof teilweise bestätigt wurde), der diesem engagierten Funktionär widerfuhr, dessen einziges Vergehen darin bestand, dass er sich über rigide – den österreichischen Fußball behindernde – Vorschriften mannhaft hinweggesetzt hatte, zum Wohle des Sports. Das hat er sich nicht verdient! Wir bewundern diesen Märtyrer des österreichischen Fußballs und widmen ihm allein den Europameistertitel der österreichischen Nationalmannschaft. Er hat gezeigt, wie man zu spielen hat.

Claus Farnberger, Gerald Simon

Die 3D-Philosophie

»Bilaterale Verträge!«, jubelt der Innenminister des kleinen Landes bei einer Pressekonferenz. »Bilaterale Verträge heißt das Zauberwort. Wir lernen aus den Erfahrungen der Kollegen des großen Landes bei ihrer Fußball-WM und nutzen sie bei unserer Heim-EM. Durften unsere Kolleginnen und Kollegen bereits bei der WM hospitieren, so werden uns jetzt sogar Kollegen des großen Landes bei der Bestreifung der Hot-Spots[17] unterstützen. Österreich soll zumindest Sicherheits-Europameister sein. Es werden nur die freundlichsten und qualifiziertesten Kolleginnen und Kollegen eingesetzt. Die Polizei wird nicht länger der Außenfeind der Fußballfans sein, sondern wieder Freund und Helfer.« Tosender Applaus brandet von den eingeschleusten »Botschaftern der Leidenschaft« auf, auch die zahlenmäßig auffällig gut vertretenen Mitarbeiter des Österreichischen Fußballbunds zeigen sich begeistert, uniformierte Sicherheitskräfte schwenken jubelnd ihre Tellermützen. Die Journalisten hingegen stecken ihre Köpfe zwischen die Schultern hinein, ducken sich über ihre Schreibblöcke. Gesunde Skepsis ist hier durchaus spürbar. Die Elefantenhaut des Politikers weist durch diese Bedenken der Medienvertreter keinerlei Irritationen auf, im Gegenteil, seine Euphorie steigert sich noch: »Wir werden nach der 3D-Philosophie agieren: Dialog – Deeskalation – Durchsetzen! Damit werden wir alles im Griff haben!«

Dialog

Spätestens am 8. Juni 2008 wird sich zeigen, ob sich der Optimismus des Innenministers auf eine gesunde Grundlage gestützt hat, nämlich dann, wenn die Mannschaft des kleinen Landes ihr erstes Vorrundenspiel bestreiten wird. Bereits vor dem Spiel wird nach verdächtigen Subjekten Ausschau gehalten werden.

»Was soll das hier, Mann!«, wird der Exekutivbeamte des großen Landes, begleitet von seiner Landsfrau, im Zuge ihrer Bestreifung des Ernst Happel-Stadions den schwankenden Vickerl ansprechen, der gerade neben einem Baum seine Notdurft verrichten wird, sicherheitshalber von seinem Begleiter gestützt. Vickerl wird im Vorfeld der EURO nicht als Problemfan eingestuft worden sein, das wird ihm eine lästige Meldepflicht erspart haben und damit die stete Gefahr einer präventiven Anhaltung[18]. (Weniger Glück wird der jüngere der beiden Autoren gehabt haben, der während der EURO zwar nicht im Kittchen sitzen, jedoch nach einer Weisung seiner Fußballfanfrau unter Hausarrest stehen wird müssen).

»Wos woin de zwa Mistlbocha?«, wird Vickerl seinen Begleiter fragen.

»Des san kane Mistlbocha, des san hechstens Frankfurter, waunns de hessische Polizeischui gmocht haum. Auwa jetzt schau, dass'd fertig wirst«, wird sein Begleiter antworten, und er wird ein entschuldigendes Lächeln in Richtung Amtsorgane versuchen. Beim Wort »Frankfurter« wird dem Vickerl sogleich eine Riesensalzgurke und ein Scherzerl frisches Landbrot vor dem geistigen Auge erscheinen. Das wird seine spontane Emotion gegenüber den beiden Exekutivkräften ein wenig abkühlen, aber nicht genug, als dass er sich nicht bei ihnen mit einem interessierten »Wos is?« nach dem Stand der Dinge erkundigen wird.

»Pullern in der Öffentlichkeit ist ne Verwaltungsübertretung«, wird die Beamtin fürsorglich versuchen dem Wissbegierigen zu helfen, sein Informationsdefizit zu verringern.

Vickerl, von Haus aus mit einer eher langsamen Auffassungsgabe ausgestattet, wird sich vertrauensvoll an seinen Begleiter wenden und ihn fragen:

»Wos wü der Duttelbär?« Und er wird das Glück haben, dass dieser Ausdruck wiederum dem Polizistenpärchen nicht geläufig sein wird. So wird der Beamte nur versuchen, die Ausführungen seiner Kollegin zu präzisieren:

»Erregung öffentlichen Ärgernisses, unsittliche Zurschaustellung…«. In diesem Moment wird sich Vickerl aber den Beiden zuwenden, die Notdurft zwar schon fertig verrichtet, die Garderobe jedoch noch nicht Ordnung gebracht.

»Großer Gott!«, wird es der Beamtin entfahren, und sie wird Vickerl mit einer Mischung aus Ekel und unverhohlenem Interesse betrachten.

»Unsittliche Zurschaustellung«, wird der Beamte seine eigenen Worte fassungslos wiederholen, ebenfalls Wirkung durch Vickerls Erscheinung zeigend.

Deeskalation

Die kurze Verblüffung der beiden Polizisten wird Vickerls Begleiter nutzen, um Vickerls Blöße zu bedecken, eine Entschuldigungsformel zu nuscheln und den Beamten unsicher seinen Flachmann anzubieten. Die Ordnungshüterin wird entschuldigend sagen, dass sie jetzt wirklich dringend einen Schnaps brauche, wird als erste zögernd zugreifen, verstohlene Blicke links und rechts werfen, sich hinter Vickerls Baum vor neugierigen Spechtlern schützen und einen tiefen Schluck aus der Taschenflasche nehmen. Schließlich wird sich auch noch ihr Kollege überreden lassen und einen »Anstandshacker«, wie Vickerl sagen wird, nehmen. Dann wird eine amikale Fachsimpelei über den Fußballsport in beiden Ländern erfolgen, wobei einerseits das Wort Cordoba oft erwähnt werden wird, andererseits die Antworten nicht allzu überheblich ausfallen werden. Nachdem der Flachmann gemeinsam geleert worden sein wird, werden noch überschwänglich die Kontaktadressen ausgetauscht werden, wobei die Gesetzeshüterin besonderen Wert darauf legen wird, dass sie Vickerls Telefonnummer auch wirklich lesen kann. Zum Abschluss wird noch ein gutes Spiel gewunschen und ein Treffen nach der Partie vereinbart werden.

Durchsetzen
Über den Treffpunkt wird es zwar längere Diskussionen geben, schließlich werden sich aber die beiden Beamten durchsetzen, und das Schweizerhaus wird von allen akzeptiert werden.

Beim Betreten des Stadions, als bei der Sicherheitskontrolle Vickerls Begleiter der leere Flachmann abgenommen werden wird, wird dieser dem Gedanken nachhängen, wie die Sache wohl bei seinen anatomischen Voraussetzungen ausgegangen wäre, und er wird zum Schluss kommen, dass er um eine Geldstrafe wohl nicht herumgekommen wäre. Und die ganze erste Halbzeit wird er sich fragen, ob er Vickerl eigentlich beneiden oder bewundern sollte. Obwohl maßgeblich an der Deeskalation beteiligt, wird er trotzdem zum Verlierer geworden sein, denn es wird ja schließlich sein Obstler durch die nachbarländischen Kiebererkehlen[19] geronnen sein.

Der Innenminister des kleinen Landes wird euphorisch bei der Pressekonferenz nach der Heim-EM verkünden, wie sehr sich der bilaterale Vertrag bewährt hätte, die 3D-Philosophie ein voller Erfolg gewesen wäre, kleinere Missverständnisse, die meist von Sprachunterschieden hergerührt hätten, wären durch den in der ganzen Welt bekannten, sprichwörtlichen hauptstädtischen Charme bereits in ihrer Entstehung bereinigt worden.

[17] »Heiße Punkte« – im internationalen Exekutivkauderwelsch der Ausdruck für Fußballplätze und Fan-Meilen

[18] Ohne das Hooligan-Problem verharmlosen zu wollen, erheben wir an dieser Stelle doch Protest gegen überzogene Sicherheitsbestimmungen: Präventive Anhaltung bedeutet nichts anderes, als dass jemand, der durch Fehlverhalten im Rahmen eines Fußballspieles auffällig wurde und deshalb in einem speziellen Register vorgemerkt ist, just während eines Matches von der Exekutive vorgeladen und belehrt wird. Somit wird ihm natürlich die Teilnahme an diesem Spiel unmöglich gemacht. Vielleicht gar keine unwirksame Maßnahme, jedoch eine bedenklich stimmende. Das wäre ja genau so, wie wenn ein einstmaliger Ladendieb am Billa-Aktionstag nicht einkaufen gehen könnte, weil er sich stattdessen zu einer zeitgleichen Belehrung auf der Polizeiwachstelle einfinden müsste.

[19] Hier ist ein kleiner präzisierender Exkurs notwendig: Im östlichen Österreich wird der Polizist landläufig mit dem Spitznamen »Kieberer« versehen. Das ist aber nicht ganz richtig. Der wahre »Kieberer« ist in Wirklichkeit ein nicht uniformiert ermittelnder Kriminalbeamter, wohingegen die uniformierte Exekutive – zumindest in Wien – als »Heh« bezeichnet werden müsste. Uns aber gefällt »Kieberer« besser, zumal es aus dem Mittelhochdeutschen »kîben« für schelten kommt. Oder aber auch aus dem Wiener Rotwelschen »kibitschen« für

besichtigen oder bespitzeln. Um Missverständnisse zu vermeiden, empfehlen wir Ausdrücke zu verwenden, die sich auf die Uniform der Angesprochenen beziehen. Am Unmissverständlichsten: »Spinatwachter«, zumal dieser jetzt nach Zusammenlegen von Gendarmerie und Polizei auch problemlos auf die früher im ländlichen Raum angetroffenen »grauen Mäuse« anwendbar ist.

Gerald Simon

Das was noch fehlt … – So werden wir Europameister V

Auf einer seiner zahlreichen Reisen durch das Land, die in erster Linie dazu dienten, die Werbetrommel für die EURO 2008 zu rühren, verschlug es den Teamchef-Assistenten und Ex-Nationalspieler Andreas Herzog mit seinem gesamten Tross auch ins nördliche Waldviertel. Da am nächsten Tag die Weiterreise nach Oberösterreich auf dem Programm stand – geplant waren Auftritte in den Mühlviertler Metropolen Freistadt, Rohrbach und Afiesl – wurde in einem kleinen Grenzstädtchen erst einmal Quartier im »Goldenen Stern« bezogen. Herzog, der nach dem üppigen Abendessen noch keine Müdigkeit verspürte, hatte noch Lust ein wenig spazieren zu gehen und beabsichtigte eventuell auch noch, wie er sich ausdrückte, allein einen »kleinen Absacker« zu nehmen. Nach ein paar Schritten bereits stand er vor einer kleinen Bar, die sich als »erste Nichtraucherbar Österreichs« auswies. Obwohl er den Inhaber rauchend vor der Türe antraf, schreckte ihn diese Titulierung ab, hatte ihm doch Beppo Mauhart – der Präsident des EURO-Unterstützungsvereins »Österreich am Ball«, der sogenannte »Botschafter der Leidenschaft« durch das ganze Land schickte – vor Reiseantritt noch väterlich ein paar Zigarren zugesteckt, von denen Herzog nun plante, eine – in entspannter Atmosphäre – genüsslich zu rauchen. So lenkte er seine Schritte weiter, am Kino vorbei, und stand alsbald vor einer griechischen Taverne, die ihm auf Anhieb sympathisch war. Warum, vermochte er nicht zu sagen, wahrscheinlich hing das mit seinem früheren Trainervater Rehagel aus seiner Zeit bei Werder Bremen zusammen, der ja im Moment in Griechenland tätig war. Er hatte Zeit und ihm war kalt, drum trat er ein …

Die Aufstellungsleiterin

Drinnen saßen allerdings keine Männer mit schwarzem Haar,

sondern die erste Person, die ihm ins Auge stach, war der Schankbursche, der in diesem Fall eine Frau war. Herzog kam gar nicht dazu, sich darüber zu wundern, warum das Personal in einem griechischen Lokal einen tschechischen Akzent hatte, zu sehr war er von der Oberweite des Schankmädchens irritiert und abgelenkt. Erst die dritte Aufforderung seine Wünsche zu äußern drang in sein Bewusstsein ein.

»Was griiegst du?« böhmakelte die Servierkraft, und Herzog bestellte einen großen Ouzo und ließ sich vor der Schank auf einem der Barhocker nieder. Als er den Ouzo mit dem bereitgestellten Wasser gemischt und den ersten milchigweißen Schluck genommen hatte, blickte er sich erstmals im Lokal um, auch, um nicht dauernd auf den gigantischen Balkon der Kellnerin starren zu müssen. Nicht weit von ihm, auf einem kleinen Tisch, saßen zwei unglaublich dicke Menschen, der eine, schwarzhaarig, mit einer entsetzlichen Hinterkopf-Glatze, die wie ein halbes Hühnerei aus einem unwirklich dichten Haarkranz herausragte und ihm auf seltsame Weise das Aussehen des niederösterreichischen Landesvaters verlieh, der andere, grauhaarig und mit seinem buschigen, ebensolchen Schnurrbart, gemahnte eher an den Großvoda von Gert Steinbäcker, einem Musiker der Betroffenheits-Popband STS. Die Beiden schienen sich über Fußball zu unterhalten. Mit einem Ruck wandte sich Herzog entsetzt dem nächsten Tisch zu, das Letzte, was er in diesem Moment wollte, war, hier in der tiefsten Provinz über Fußball zu diskutieren, noch dazu mit diesen beiden, offenbar nicht mehr ganz nüchter nen, wenig vertrauenserweckenden Gestalten. Sein Blick fiel auf ein weiteres männliches Pärchen, das bereits zu weit weg saß, als dass er die Unterhaltung verstehen hätte können. Er sah jedenfalls den einen immer wieder aufspringen und mit beidbeinigem Absprung neben seinen Sessel hopsen – offenbar versuchte dieser so, seinen Ausführungen größeres Gewicht zu verleihen – während der andere, ein großer Blonder, sitzen blieb, jedoch mit weit ausladenden Gesten in der Luft herumfuchtelte. Durch seine Größe und Spannweite erweckte er den Anschein, er wäre ein Kurzschwanzalbatros, der gerade schwerfällig sein Startmanöver einleitete, jedoch nicht so recht vom Fleck kam. An einem weiteren Tisch saß ein einsamer weißhaariger Mann, der vollkommen geistesabwesend in seinen Ouzo stierte. Ansonsten war das Lokal leer. Ein mulmiges Gefühl beschlich Andreas Herzog, einerseits, weil es nur männliche Gäste zu geben schien, und andererseits, weil er es gewohnt war, überall erkannt zu werden. Die Menschen hier schienen sich überhaupt nicht um ihn zu kümmern, nicht einmal die Beiden, die sich über Fußball unterhielten, nahmen von ihm Notiz. Gerade als er das Lokal wieder verlassen wollte, wurde er von einer nicht mehr ganz jungen, aber doch noch irgendwie attraktiven Blondine angesprochen, die er bis jetzt übersehen hatte, oder die gerade von der Toilette zurückgekommen war.

»Na, Herzilein, ganz allein hier am Arsch der Welt?«

Erleichtert, dass außer dem Schankmädchen noch eine Frau anwesend war, beschloss Herzog seine Reserviertheit aufzugeben. Die Blonde schien hier die einzige halbwegs normale Person zu sein – immerhin hatte sie ihn erkannt (auch die großbusige Tschechin kam ihm nicht ganz koscher vor). So antwortete er voller Esprit wahrheitsgemäß:

»Ja, also eigentlich nein!«

Während des folgenden Gespräches, bei dem Herzogs Gesprächspartnerin zu jedem G'spritzten zusätzlich noch lautstark eine Zitronenscheibe forderte, die sie dann einfach in das Glas plumpsen ließ, stellte sich heraus, dass sie Psychotherapeutin war.

»Welche Fachrichtung?«, fragte Herzog höflich, ohne dass es ihn wirklich interessierte.

»Systemische Familienaufstellungen!«, sagte sie und ließ die nächste Zitrone in das nächste Glas fallen.

Das allerdings erweckte nun doch die Aufmerksamkeit Herzogs. Erstens sagte ihm das Wort »Aufstellung« irgendetwas von früher her, und gleichzeitig fiel ihm wieder Otto Rehagel ein, der seine Spieler wie Söhne behandelte. Wehmütig dachte er an die Bremer Familie zurück und an seine zahlreichen Brüder, Pannen-Olli, Eilts, Hobsch und wie sie alle hießen.

»Familienaufstellung? Was ist das?«, fragte Herzog und war mit einem Male hellwach und konzentriert.

»Familienaufstellung ist die bekannteste Form der sogenannten Systemaufstellung…«

Die Therapeutin blickte in die verständnislosen, angsterfüllten Augen des ehemaligen Fußballstars und schaltete verbalistisch einen Gang zurück.

»… eine Gruppenarbeit, bei der sich eine bestimmte Person über ihre Konflikte und Lösungen dafür klar werden kann. Der springende Punkt ist, dass Personen die realen Menschen vertreten.«

Herzog machte nicht den Eindruck, als ob er alles verstanden hätte.

»Die Gruppenteilnehmer spielen Papa, Mama, Schwester, Bruder, ermordeter Onkel, comprende Herzilein?«

Als Herzog nickte, fuhr die Systemikerin fort.

»Also, die Repräsentanten von… du weißt doch was Repräsentanten sind, Herzilein?«

»Aber sicher! Die hab' ich immer zu befürchten g'habt, wenn ich schlecht g'spielt hab'.«

Die Blonde seufzte nach innen und fuhr fort:

»Pass auf, Mama-Vertreter und Papa-Vertreter werden dann im Raum intuitiv passend aufgestellt und anschließend gebeten, ihre Gefühle zum Ausdruck zu bringen.«

Herzog hätte sich mit der blondierten Therapeutin lieber über eine Abart der Familienplanung nach Alfred Kinsey als über das Familienaufstellen nach Bert Hellinger unterhalten – ohne je von diesen beiden Persönlichkeiten gehört zu haben. Obwohl ihm der mittlerweile vierte Ouzo gerade eine Kreuzung der blonden Systemikerin und der großbusigen Kellnerin vor sein geistiges

Auge gemalt hatte, fragte er trotzdem artig:

»Was?«

»Man geht davon aus, dass der, der mit einem Problem kommt, die Lösung seiner Konflikte und Troubles bereits kennt oder ahnt und sie durch die Aufstellungsarbeit aus dem Unterbewussten oder verdrängten Zustand an die Oberfläche des Bewussten bringen kann.«

Jetzt war Herzog mit einem Male, wie man so sagt, wirklich der Knopf aufgegangen, und war er bis jetzt interessiert gewesen, wirkte er plötzlich wie elektrisiert.

»Kann man das auch mit Teams machen? Sagen wir einmal, mit einer Fußballmannschaft?«

Die weintrinkende Blonde nickte heftig.

»Sicher, Herzilein, sicher! Es gibt sogar eine Spezialform, die teaminterne Aufstellung. Hier werden Beziehungsdynamiken innerhalb eines Teams veranschaulicht. Und das Beste dabei ist, man braucht hier keine Vertreter, die Teammitglieder stehen für sich selbst.«

Bis zur Sperrstunde referierte die Therapeutin über Möglichkeiten und Anwendung der systemischen Teamaufstellung beim österreichischen Fußballnationalteam, gab hilfreiche Tipps und unterzog Andreas Herzog einem Schnellsiedekurs für Aufstellungsleitung. Herzog sog alles auf wie ein Schwamm und entwickelte eine Vision, wie dieser psychotherapeutische Ansatz alle Probleme der Fußballnation Österreich lösen und sie zu einstiger Größe rückführen könnte.

Weit nach Mitternacht ins Hotel zurückgekehrt, konnte Andi Herzog es gar nicht erwarten, seinem Teamchef von diesen Plänen zu berichten. Er ließ für die bevorstehende Mühlvierteltour Edi Krieger und Willy Kreuz – zwei Recken der 78er Erfolgsmannschaft – als Ersatz-Botschafter der Leidenschaft einfliegen, die er praktischerweise zu dieser späten Stunde noch zusammen in einem Simmeringer Café erreichte. Anschließend machte er sich umgehend auf den Rückweg in die Bundeshauptstadt.

Der Anliegenbringer
Teamchef Josef Hickersberger, den Herzog bei seiner Ankunft bereits um fünf Uhr früh aus dem Bett klingelte, zeigte sich zunächst gegenüber den neuen Trainingsmethoden seines Assistenten eher skeptisch, zumal Herzog noch eine erbärmliche Ouzo-Fahne hatte und überhaupt roch, als hätte er in einem Anisfeld übernachtet. Aber je länger der kluge nationale Übungsleiter seinem Andreas zuhörte, je intensiver sich dessen Bäckchen euphorisch röteten, umso mehr konnte Hickersberger dieser Idee etwas abgewinnen.

»Hilft's nix, schadt's nix!«, meinte er diplomatisch und sagte Herzog zu, dass er bei der nächsten Trainingseinheit eine systemische Teamaufstellung anleiten dürfe. Der Assistent war überglücklich.

Beim nächsten Trainingstermin war es soweit. Andreas Herzog hatte seinen Trainingsanzug gegen eine schwarze Hose und einen schwarzen Rollkragenpullover eingetauscht und nannte sich plötzlich Andreas Herzog von Kibéd, nach einem großen Lehrmeister der systemischen Therapeuten. Teamchef Hickersberger kratzte sich besorgt hinter seinem linken Ohr, ließ aber seinen Zauberlehrling gewähren. Herzog informierte die österreichische Fußballnationalmannschaft mit getragener Stimme über den Ablauf der heutigen Trainingseinheit.

»Wir beginnen mit einer kleinen Übung zur Einstimmung und damit wir uns besser kennen lernen. Nehmen Sie ein Blatt Papier und einen Stift, das werden Sie brauchen.«

Die Spieler blickten sich verunsichert an, von Schreiben stand nun wirklich nichts in ihren Spielerverträgen, und von Schreibenkönnen schon gar nichts. Herzog ignorierte die aufkeimende Unruhe und fuhr wertschätzend, aber bestimmt fort.

»Stellen Sie sich vor, eines Tages erscheint Ihnen eine gute Fee und bietet Ihnen an, Sie hätten einen Wunsch frei, den sie Ihnen sofort erfüllen würde, mit der Einschränkung, dass nur zwei Auswahlmöglichkeiten gegeben seien: Erstens, die Fee macht, dass

Sie der beste Fußballspieler *werden*, oder zweitens, sie macht alle Leute *glauben*, dass Sie der beste Fußballer sind. Für welche der beiden Varianten würden Sie sich entscheiden? Notieren Sie Ihre Antwort.«

Es stellte sich heraus, dass man Papier und Stift wirklich nicht brauchte.

»Des is uns eigentlich wurscht!«, erscholl es nämlich spontan und unisono aus allen Kehlen, »D'Hauptsoch wir kriagn net dauernd ane in de Gosch'n.«

Herzog stemmte sich gegen den regressiven Sog, der drohte, ihn auf die Stimmungslage dieses depressiven Haufens hinunterzuziehen, und machte unbeirrt weiter, obwohl er im Moment auch nicht genau wusste, welche Hoffnungsszenarien er anbieten sollte. Das würde harte Arbeit werden, therapeutische Knochenarbeit! »Totaler Schlafentzug als stimmungshebendes Element vor jedem Match«, durchfuhr es ihn kurz, aber dann verwarf er diese Idee gleich wieder. Erst einmal sollten die Beziehungsgeflechte und Konflikte in einer teaminternen Aufstellung sichtbar gemacht werden.

»Herr Hickersberger, Sie sind der Anliegenbringer, was ist ihr Anliegen?« Herzog von Kibéd war jetzt ganz in seinem Element.

Herr Hickersberger schaute bereits etwas enerviert, spielte aber mit.

»Naja, ich möchte, dass wir besser spielen.«

»Sehr gut!« Herzog forderte den Anliegenbringer auf, die Teammitglieder auf dem Spielfeld aufzustellen. Das endlich kam dem Teamchef bekannt vor, und er gab seine Anweisungen routiniert und sachlich. Behutsam führte er seine Spieler auf das Spielfeld, genau an jene Position, die sie einnehmen sollten.

»Tormänner ins Tor, Mittelfeldspieler ins Mittelfeld, Stürmer ganz vorne!«, brüllte er über das Spielfeld.

Jetzt aber übernahm der Aufstellungsleiter das Kommando.

»Herr Hickersberger, es ist auch möglich, dass Sie abstrakte Systemelemente berücksichtigen, wie beispielsweise Ziele, Hindernisse und Ideen. Stellen Sie bitte noch das dazu auf, was Ihrer Meinung nach noch fehlt.«

»Andi, sei net deppat! Den Ronaldinho kaunn i net aufstellen.«

»Wieso, ist er verletzt?«, meldete sich zaghaft ein Spieler. Der böse Blick des Teamchefs brachte ihn zum Schweigen und ließ auch Herzog rasch fortfahren.

Das interne System

»So jetzt steht jeder von euch da, mit seiner eigenen Biographie, mit seinen persönlichen Fähigkeiten und Eigenschaften und gegenwärtigen Gefühlen.« Die Spieler nickten resignierend, so deutlich hatte es ihnen noch niemand hineingesagt.

»Ich beginne jetzt mit den Einzelabfragen. Stürmer eins, wie fühlen Sie sich?«

»Mir ist schlecht und ich möchte hinaus!«, war die wenig ermutigende Antwort. Stürmer Nummer zwei war nicht mehr ansprechbar, er hatte sich bereits auf seiner Position niedergelegt, die Embryo-Stellung eingenommen und die Hände über dem Kopf zusammengeschlagen.

Der Mittelfeldregisseur berichtete auf dieselbe Frage, er fühle sich wie gelähmt und könne sich nicht von seinem Platz bewegen. Verteidiger eins und Verteidiger zwei gerieten sich, als sie der Aufstellungsleiter aufforderte die Plätze zu tauschen und sich dabei nicht aus den Augen zu lassen, derart in die Haare, dass sie von Verteidiger drei und Verteidiger vier getrennt werden mussten, während die restlichen Mittelfeldspieler in ein irres Gelächter ausbrachen. Herzog war begeistert. Endlich kam alles zum Vorschein, jeder Konflikt wurde sichtbar, jetzt konnte man bald mit der Arbeit beginnen.

Teamchef Hickersberger kratzte sich beunruhigt hinter seinem linken Ohr.

»Tormann, wie fühlen Sie sich?«

Der Tormann sagte, er fühle einen rätselhaften Zug oder Sog, der ihn dazu zwinge sich umzudrehen und in die Publikumsränge zu schauen. Er könne den Anblick des vor ihm liegenden Spielfeldes und seiner Abwehrreihe nicht mehr ertragen. Herzog machte sich eifrig Notizen und gab die nächste Anleitung:

»Wir kommen zum Ende unserer Aufstellungssitzung, ich bitte Sie nun an jene Stelle zu gehen, an der Sie sich gerne sehen würden, Ihren Empfindungen folgend!«

Daraufhin rannten alle Spieler so schnell sie konnten Richtung Feldmitte. Dort versammelten sie sich, fassten sich an den Händen und bildeten eine sich schützende Menschentraube im Mittelkreis.

»Mir scheint, das was noch fehlt, ist der Mut«, sagte daraufhin der große Andreas Herzog von Kibéd zum Teamchef.

Der kratzte sich wieder hinter seinem linken Ohr und meinte:

»Interessant ist, dass du mit dieser komischen Methode zu einer richtigen Lösung gekommen bist. Allerdings hätt' ich dir das vorher auch schon sagen können. Oder wie hat *mein* großer Lehrmeister Ernst Happel gesagt? Mit einem Beistrich in der Hose, braucht man gar nicht erst aufs Feld zu laufen…«

Claus Farnberger, Gerald Simon

Weitere Wege zum Europameistertitel – vom Verlag abgelehnt (kurz umrissen)

Im Folgenden finden Sie weitere Ansätze, wie Österreichs Fußballteam den Europameistertitel 2008 erringen könnte. Allerdings wurde uns vom Verlag untersagt, diese weiter zu verfolgen und auszuführen, weil sie angeblich entweder politisch und gesellschaftlich zu bedenklich oder schlichtweg zu albern wären. Wir möchten Ihnen diese Ideen aber nicht vorenthalten und präsentieren sie in aller Kürze:

Zurück zur Monarchie (angeblich politisch unkorrekt)
Zugegeben, gegen die Wiedereinführung der K. und K. Monarchie steht die österreichische Bundesverfassung. Auch die beiden Autoren sind natürlich glühende Verfechter der Demokratie. Dennoch sollte einem ein großer fußballerischer Erfolg einige tiefere Einschnitte in unser politisches System wert sein. Wir schlagen vor, und das wirklich nur für ein einziges Monat, die österreichisch-ungarische Monarchie wieder herzustellen. Dann könnte – gemäß den Grenzen von 1910 – unser Team wie folgt aussehen:

Tor: Helge Payer (Erzherzogtum Österreich ob der Enns)

Abwehr: Tomáš Ujfaluši (Markgrafschaft Mähren), Martin Hiden (Herzogtum Steiermark), Dario Šimić (Königreich Kroatien und Slawonien), Markus Katzer (Erzherzogtum Österreich unter der Enns)

Mittelfeld: Milenko Ačimovič (Herzogtum Krain), Andreas Ivanschitz (Königreich Ungarn), Tomáš Rosický (Königreich Böhmen)

Angriff: Sergej Barbarez (Bosnien und Herzegowina), Andrij Schewtschenko (Königreich Galizien und Lodomerien), Wolfgang Mair (Gefürstete Grafschaft Tirol)

Teamfarben: schwarz/gelb
Teammaskottchen: Doppeladler Flixtrix
Teamchef und Regent: Dr. Otto »Royal« Habsburg

Ballistik-Lehrgang (angeblich zu albern)
Jeder Exekutivbeamte, und mag er in der Grundschule noch so schwer lesen und schreiben erlernt haben, wird in seiner Ausbildung unter anderem auch in die Grundzüge der Ballistik eingeweiht. Damit weiß er zumindest, warum und wie eine Kugel fliegt. Manche österreichische Fußballer wissen das nicht. Wir fordern dringend ein verbindliches Ausbildungsmodul in der Lehre von geschossenen Körpern für Spieler der Nationalmannschaft. Damit könnte man die Anzahl jener Spieler verringern, die laut Ernst Happel glauben, dass der Ball nur deshalb springt, weil ein Frosch drinnen sitzt.

Gründung einer österreichischen Eidgenossenschaft (aus formalen Gründen abgelehnt)
Seit Jahrhunderten wird die Schweiz wegen ihres gesellschaftlichen Zusammenhaltes bewundert. Als historischer Nachweis für diese Geschlossenheit dient heute noch der sogenannte Rütlischwur. Der von Friedrich Schiller in *Wilhelm Tell* wie folgt ausformuliert wurde:

Wir wollen sein ein einzig Volk von Brüdern,
in keiner Not uns trennen und Gefahr.
Wir wollen frei sein, wie die Väter waren,
eher den Tod, als in der Knechtschaft leben.
Wir wollen trauen auf den höchsten Gott
und uns nicht fürchten vor der Macht der Menschen.

Etwas Ähnliches wäre auch für unsere Teamspieler hilfreich: Alle Mitglieder des Nationalteams versammeln sich zu Beginn der EURO 2008, um im Ernst Happel-Stadion den Praterschwur mit folgendem Wortlaut abzulegen:

Wir wollen sein ein einzig Team von Brüdern,
in keiner Not uns trennen und Gefahr.
Wir wollen spielen wie die Väter spielten
in Wembley und im fernen Cordoba.
Wir wollen vor dem Schiri sich zusammenreißen
und uns vor allem niemals in die Hose scheißen.

Die Andreaskreuzung (angeblich ethisch unter dem Hund)
Was vor Jahren harmlos mit dem Klonschaf Dolly begann, ist heute eine ernst zu nehmende wissenschaftliche Methode und bringt vor allem mit reproduzierten Rennpferden große sportliche Erfolge. In unserer fußballerischen Situation dürfen wir nicht zimperlich sein. Da es immer schwerer wird, elf gleichwertig gute Spieler zu nominieren, sollten wir nach Möglichkeit zumindest elf gleiche Spieler auf den Platz stellen. Optimale Variante, wir klonen Teamkapitän Andreas Ivanschitz gleich mehrfach, sodass er mit seinen neuen künstlichen Zwillingsbrüdern eine ganze Mannschaft bilden kann. Angenehmer Nebeneffekt: Das würde jene Idioten, die Ivanschitz am 30. Mai 2007 im Freundschaftspiel gegen Schottland so unsportlich begegneten (und die nicht einmal die Intelligenz des Klonschafes Dolly aufbringen) maßlos ärgern oder zumindest orientierungslos machen. Noch zu lösendes Problem: Wen stellen wir dann ins Tor? Hier könnte ein Anruf bei der Gendatenbank von Bayern München hilfreich sein. Hier würde sich am Ende noch ein Kreis schließen: Von Dolly zu Olli!

Die Macht der Musik
(angebliche unverantwortbare Nestbeschmutzung)
Wenn man mit Musik heilen kann – und kein einschlägiger Experte zweifelt heutzutage mehr daran – dann muss man mit Musik auch schaden können. Österreich, als Land der Musik und Musikweltherrschaft – hier diene das traditionelle Neujahrs-

konzert der Wiener Philharmoniker exemplarisch für die österreichische Leadership in Sachen Klänge und als weltumspannendes musikalisches Suppositorium gegen den Silvesterkater[20] – muss sich endlich nicht nur zum Schönen, sondern auch zum Grässlichen bekennen. Dann würde der Weg zum Europameistertitel vom steinigen Aufstieg plötzlich zum Sonntagsspaziergang im Marchfeld. Hiezu einige Denkanstöße:

DJ Ötzi und Hansi Hinterseer werden vor den Matches in die jeweiligen Gegnerkabinen eingeschleust und schmettern das Duett *True Love* aus dem Film *High Society*, wobei sich Hansi Hinterseer erst gar nicht mehr als Grace Kelly zu verkleiden braucht. Diese Darbietung ruft in den gegnerischen Kickerbeinen sicherlich schwerere Lähmungserscheinungen hervor als das stärkste Nervengift. Nach dem gewonnenen EM-Finale werden DJ Ötzi und Hansi Hinterseer zu Ehren-Botschafter der Leidenschaft ernannt und mit dem Goldenen Verdienstkreuz der Republik ausgezeichnet.

Sollte dennoch etwas schief gehen und die Partie nicht bereits nach der ersten Halbzeit entschieden sein, kommt es zum Einsatz der Geheimwaffe. Die unvermeidlich aufmarschierende Blaskapelle wird am zurückkehrenden Gegner vorbeidefilieren und unter Ausnutzung der besonders guten akustischen Verhältnisse in den Kabinengängen noch einmal alles aus sich herausholen. Die so gehörlos gemachten gegnerischen Spieler taumeln auf das Spielfeld zurück und können sich anschließend durch Zurufe nicht mehr verständigen. Abstimmungsprobleme auf allen Feldpositionen und das Nichtverstehen der Traineranweisungen sind die Folge. Der einerseits geschockte und andererseits stocktaube Gegner wird dann letztlich wirklich eine leichte Beute für unsere Kicker[21].

[20] Das ist hier gar nicht despektierlich gemeint. Im Fußball selbst sagt man auch oft über einen Freistoß, der »wie ein Strich« unhaltbar in das gegnerische Gehäuse eingeschlagen hat, der Ball wäre »hineingeflutscht wie ein Fieberzäpfchen«. Und das ist ein Ausdruck höchster Anerkennung!

[21] Aufpassen muss man nur, wenn es eventuell gegen Tschechien ginge: Nicht dass diese – aus ihrer Tradition heraus – den Lauscherangriff als blechgeblasenes Weckmittel verstehen. Hier müßte man das wirklich schwerste Geschütz auffahren, das aber sicherlich gegen alle Menschenrechtsbestimmungen verstoßen würde: Rainhard Fendrich singt seine – mit Ivanschitz, Payer und Janko eingespielte – EM-Hymne mit den Wiener Sängerknaben.

TEIL II: Fußball bringt Europa zusammen

Claus Farnberger

Deutschland: Der mächtige »Wetter-Hahn«

»So ein falscher Fuffziger, der Zwanziger!« Albert Hahn schrie noch aus voller Kehle, als er sich bereits im Gewahrsam der hoch aufgeschossenen blonden DFB-Sicherheitsleute befand und ihn zwei kurzhaarige Hünen mit sanftem Druck aus der Frankfurter DFB-Zentrale im Hermann Neuberger-Haus geleiteten.

»Zuerst heuchelt er Interesse, der Herr Präsident, und dann wird so ein wissenschaftlicher Kapazunder wie ich einfach hinausgeworfen!«

Nein, so hatte sich Albert Hahn seine Vorsprache bei der höchsten deutschen Fußball-Instanz nun wirklich nicht vorgestellt! Dabei war ihm anfangs scheinbar die ungeteilte Aufmerksamkeit aller Anwesenden, darunter neben Dr. Theo Zwanziger auch der unverwüstliche Gerhard Meyer-Vorfelder, mittlerweile Mitglied im UEFA-Exekutivkomitee, Sportdirektor Matthias Sammer und sogar der zufällig hinzugekommene Franz Beckenbauer, gewährt worden.

»Die Klimakatastrophe, die für jedermann ersichtlich unmittelbar vor der Türe steht«, hatte Hahn seinen Sermon selbstbewusst eröffnet, »die Klimakatastrophe wird sich als Segen für den deutschen Fußballsport erweisen! Glauben Sie mir, ich beschäftige mich seit über zwanzig Jahren mit dem Phänomen der Klimazonen-Verschiebung. Auch wenn ich keinen Universitätslehrstuhl innehabe, so darf ich mich doch stolz als den wohl weltweit größten Experten auf diesem Gebiet bezeichnen.«

Spätestens ab diesem Zeitpunkt hatte der DFB-Präsident ungeduldig zu hüsteln begonnen, doch Albert Hahn war unbeeindruckt fortgefahren: »Nehmen wir beispielsweise den deutschen Weinbau: Unser schöner deutscher Riesling wird klimabedingt bald seinen prägnanten Charakter einbüßen, und wir werden unsere Marktanteile an Polen und Schweden verlieren.

Da wird es nur ein schwacher Trost sein, dass es auch den Franzosen, Italienern und Spaniern nicht besser gehen wird. Burgund, Piemont und Rioja werden mit Wachstumsbedingungen von der Qualität der Sahel-Zone Vorlieb nehmen müssen. Selbst beim Champagner wird es sich bald ausgeperlt haben. Er wird seine neue Heimat wohl in Südengland und Wales finden müssen...«

Gerhard Mayer-Vorfelder, dem insbesondere die badenwürthembergsche Weinbauszene nicht fremd war, hatte abschätzig den Kopf gewiegt und ein harsches »Geht´s e bizzle konkreddä?« gekrächzt.

»Der sogenannte Treibhauseffekt, der bereits vor 250 Jahren seinen Anfang genommen hat und mehr und mehr voranschreitet, bedingt...«

»..dass es überall wärmer wird«, hatte Matthias Sammer den Ball scharfsinnig aufgenommen.

»Die Folge wird sein, dass kein meteorlogischer Stein auf dem anderen bleiben wird«, war Hahn dem Ex-Internationalen in die Parade gefahren. »Der Süden Europas wird zur Glutsteppe verkommen. In heute noch fruchtbaren Landstrichen wie etwa der Po-Ebene wird sich eine Vegetation entfalten wie heute etwa im afrikanischen Entwicklungsland Mali. Mitteleuropa hingegen wird ein mediterranes Klima bekommen, in Augsburg, Linz und Luzern werden Palmen erblühen, und selbst auf der Insel Sylt wird man auch winters in der Badehose surfen können.«

Das missmutige allgemeine Raunen im Raum war stärker und stärker geworden, aber das hatte Albert Hahn nur noch zusätzlich angestachelt, und seine giftgrünen Augen hatten nun endgültig den vollkommenen Glanz radikaler Eiferer und Weltverbesserer angenommen:

»Um auf den Fußball zu kommen – die Wetterkapriolen werden mit sich bringen, dass die Spiele der Primera Division oder der italienischen Serie A nicht mehr im eigenen Lande durchgeführt werden können, weil es Fans und Fußballern nicht mehr zumutbar sein wird, in einer Gluthölle zu agieren.«

Längst war die Stimmtonlage des Vortragenden ins Hysterisch-Quäkende übergesprungen. »Länder wie die Niederlande, Belgien oder Dänemark werden infolge der veränderten Klimasituation völlig überflutet werden. Durch diese unangenehme, aber leider nicht zu ändernde Situation wird man die Benelux-Meisterschaften und die Bewerbe anderer betroffener Staaten nach Nordnorwegen bzw. ins Vereinigte Königreich verlegen müssen. Die zentrale Rolle in diesem Spiel wird aber freilich uns Mitteleuropäern zukommen: Wir müssen sofort beginnen, neue Stadien zu bauen und die Infrastruktur großzügig zu erweitern. Darüber hinaus müssen raschest Umsiedlungspläne für Spieler, Trainer und Fans aus ganz Europa entwickelt werden. Wir stehen vor der größten Herausforderung der gesamten Fußballgeschichte! Jeden Tag wird in den Ländern der zukünftigen gemäßigten Klimazonen eine Meisterschaftsrunde durchgeführt werden müssen. Sehen Sie – ich habe einen genauen Plan ausgearbeitet: Am Montag finden in Tschechien die griechischen Ligaspiele statt, während am selbigen Tag die spanischen in der Slowakei, die kroatischen in Norddeutschland und die der zweiten italienischen Liga in Liechtenstein ausgetragen werden. Am Dienstag…«

Es war wieder einmal der Kaiser gewesen, der dem grotesken Szenario ein abruptes Ende bereitet hatte.

»Schmarrn«, hatte Beckenbauer gebrummt, »tat´s den weg, den Hans-Wurrscht!« Und dann war alles sehr schnell gegangen. »Glauben Sie mir doch, mir, Albert Hahn, den alle Welt nur anerkennend den ›Wetter-Hahn‹ nennt!« Da hatte ihn die Security aber bereits am Kragen gepackt gehabt. Und somit war das »Projekt zur Rettung des europäischen Liga-Alltages«, dessen Vertreter sich am Ende auf dem harten Frankfurter Asphalt vor der DFB-Zentrale wiederfand, geplatzt, bevor es so richtig begonnen hatte.

Doch Forschungstrieb und Gestaltungswille der Wissenschaft entwickeln bisweilen Bärenkräfte. Nachdem er in Deutschland so gedemütigt worden war, versuchte es Albert Hahn in anderen Ländern.

Beim Österreichischen Fußballbund kam er allerdings gar nicht bis zur Chefetage. Er musste mit dem ÖFB-Pressesprecher Vorlieb nehmen, den er bei einem Reisfleisch in einem Wiener Beisl namens »Bücke Dich« in Rathausnähe in seine krause Theorie einweihte.

»Schauen Sie, Herr Klinglmüller. Eure Schipisten könnt ihr Österreicher schon mal getrost einmotten. Schnee wird es bei euch in Zukunft jedenfalls keinen mehr geben. Aber es ist Land in Sicht: auf den Almen müssen so rasch wie möglich Stadien mit einer Kapazität für jeweils etwa zwanzigtausend Zuschauer errichtet werden. Diese werden per Gondel oder Sessellift zum Fußballspiel gebracht. Die österreichische Schibekleidungsindustrie muss schleunigst auf die Produktion von Fanschals in den Farben aller kontinentalen Fußballvereine umsatteln. Die Lawinenhunde müssten ebenfalls umgeschult werden, die Sennerinnen...«

»Das klingt alles sehr interessant«, sprach der freundliche ÖFB-Pressesprecher, »aber ich sehe draußen an der Theke gerade unsere nationale Stürmerhoffnung Roland Linz lehnen, mit dem ich ein paar kurze Worte wechseln muss. Sie entschuldigen!«

Als Klingelmüller auch zur Sperrstunde noch nicht zurückgekommen war, musste sich Albert Hahn seine neuerliche Niederlage eingestehen.

Die Funktionäre aus der Schweiz waren offensichtlich schon von den österreichischen Kollegen vorgewarnt worden, als der seltsame Wetter-Experte in Bern vorstellig werden wollte. Es war niemand Maßgeblicher bereit, den Wissenschaftler anzuhören. So musste sich Hahn damit begnügen, dem Chauffeur des

Vizepräsidenten des Schweizerischen Fußballverbandes in einem Café gegenüber dem SFV-Büros in der Worbstraße sein Leid zu klagen. Der geduldige Mann hörte Hahn eine geschlagene Stunde zu, ehe es auch ihm zu bunt wurde. Seine abschließende Bemerkung war dann schon weniger bedächtigen Charakters. Mit so einem Blödsinn könne der Herr Hahn seine befreundeten »Mistkratzerlis« quälen, aber nicht ihn, dem jetzt seine Mittagspause gestohlen worden sei. Im Übrigen gehörten die verbreiteten Ideen dorthin, wo auch der Hahn selbst hingehöre – auf den nächsten Misthaufen nämlich.

Tiefschlag folgte auf Tiefschlag. Albert Hahns Missionsreise durch Europa gestaltete sich mehr und mehr zum Fiasko. Er, der zuvor nie einen Tropfen Alkohol konsumiert hatte, begann maßlos zu trinken und sein Äußeres zu vernachlässigen. Im Prager »U Fleků« gab sich ein gevifter Gast im saloppen Dreiteiler als stellvertretender Obmann des südböhmischen Fußballverbandes aus. Er öffnete während des mehrstündigen Vortrages Albert Hahns nur den Mund, um den Inhalt der, im Viertelstundentakt auf Rechnung des Wortführers georderten, Schwarzbierkrüge in sein Leibesinneres zu transferieren. Irgendwann kippte er unter den Tisch und ließ den Visionär mit seinen Gedanken allein.

In Warschau erntete der Klimaexperte einen ordentlichen Fußtritt, nachdem er behauptet hatte, die künftige Ausrichtung fremdländischer Ligaspiele sei die einzige realistische Möglichkeit, die polnische Problematik der Fan-Gewalttätigkeiten in den Griff zu bekommen. In St. Petersburg verbrachte er sogar eine Nacht in Untersuchungshaft, weil er zuvor kundgetan hatte, der großzügige Stadienausbau in Sibirien sei die letzte Chance, die marode post-kommunistische Wirtschaft anzukurbeln.

Schließlich war Albert Hahn am Ende seiner Kräfte angelangt. Er zog sich in seine Junggesellenwohnung in Neu-Kölln zurück und betrank sich drei Tage und drei Nächte lang. Aus den letzten wachen Zellen seines Großhirns schälte er jene Informationsreste, mit denen er in seiner Verzweiflung einen finalen Plan zusammenstoppelte.

Er kratzte seine letzten Münzen, die ihm nach seinen kostspieligen Europareisen noch verblieben waren, zusammen, bestellte ein Taxi und ließ sich zum Fichtenberg bringen, wo sich das Institut für Meteorologie der Freien Universität Berlin befand. Mehrmals riskierte er während der Taxifahrt des Fahrzeuges verwiesen zu werden, weil er seiner schweren Alkoholbeeinträchtigung freien Lauf ließ und nicht davon ablassen wollte, dem griesgrämigen schwarzhäutigen Taxi-Lenker im Zeitraffer lallend seine Klima-Theorien zu eröffnen. Schließlich ging der unbequeme Fahrgast dazu über in schrill-entrücktem und dezibelschwangerem Ton unentwegt immer nur einen Satz zu schreien: »Ich bin der mächtige Hahn, der unfehlbare Wetter-Hahn, der Hahn, der keine Henne unbestiegen lässt!«

Dies bekam der Taxi-Fahrer, ein kongolesischer Asylwerber, der in Berlin schon drei Jahre auf den Ausgang seines Verfahrens wartete, schließlich endgültig in die falsche Kehle, zumal er einst im heimischen Zaire ein glühender Fan des Oberst und Putschisten Mobuto Sese Seko gewesen war, der die Apposition vom »mächtigen Hahn, der keine Henne unbestiegen lässt« damals stolz als Kampfnamen geführt hatte.[22]

»Ich bin der mächtige Hahn, der unfehlbare Wetter-Hahn, der Hahn, der keine Henne unbestiegen lässt!«, tönte es ein letztes Mal, als das Taxi schon vor dem massiven meteorologischen Beobachtungsturm in Berlin Steglitz-Zehlendorf Halt gemacht hatte.

Der schwer beleidigte Schwarzafrikaner, ansonsten fromm wie ein Lamm, verpasste dem »Wetter-Hahn« einen schweren linken Haken zwischen die irrleuchtend-giftgrünen Augen. Er packte den bewusstlosen Fahrgast und schleppte ihn über die zahllosen Stiegen des zu diesem Zeitpunkt von Beobachtungspersonal verwaisten, weil nur sporadisch besetzten, meteorologischen Turms hinauf, bis sie am Dach des Gebäudes angelangt waren, wo sich die große Satellitenschüssel befand.

Mit ebendieser verknotete er ein äußerst delikates Körperteil des betäubten Hahn, sodass jener im Bruchteil von Sekunden aus seiner Bewusstlosigkeit erwachte und sofort von neuem zu schreien begann. Dann verließ der Rächer Mobutus schleunigst das Gelände, fairer Weise ohne den Lohn für seine Taxifuhr in Rechnung zu stellen.

So hatte der selbsternannte »Wetter-Hahn« ungewollt seine Bestimmung gefunden. Trotzig blickte er, von der Satellitenschüssel baumelnd, in Richtung Süden und erwartete den klimatischen Umschwung. Und er würde wohl noch heute dort hängen, hätten ihn nicht aufmerksame Studenten des Instituts für Meteorologie am nächsten Tag aus seiner unbequemen Lage befreit.

Und wenn die trüben Gedanken Albert Hahns heute dann und wann in die Vergangenheit schweifen, dann ist er sich schnell im Klaren darüber, dass sein schönster Tag jener auf dem Dach des Berliner meteorologischen Turms gewesen ist. Dann lächelt er den weißbekleideten Betreuern in seiner neuen Wohnstätte zu und trägt mit sanfter Stimme seine Bitte vor: »Könnten Sie die Schnüre meiner Jacke etwas lockern? Sie wissen, es wird spürbar wärmer!«

[22] Mobutu Sese Seko Kuku Ngbendu wa Zabanga (»Mobutu auf alle Zeit, der mächtige Hahn, der keine Henne unbestiegen läßt«), 1930 -1997, Putschist und späterer Präsident des ehemaligen Belgisch-Kongo, später Zaire, heute Demokratische Republik Kongo.

Gerald Simon

Liechtenstein: Die Hölle von Vaduz

Ein mulmiges Gefühl beschlich die beiden Autoren von mehr oder weniger geist- und humorvollen Fußballbüchern, als sie sich zu Fuß dem gefürchteten Rheinparkstadion näherten. Was hatten sie nicht schon alles Grauenhaftes über diese Arena gehört, die bloße Erwähnung des Namens lässt ja selbst das Blut der abgebrühtesten Fans in den Adern gefrieren. »Die Hölle von Vaduz!«, flüstern diese dann, mit weit aufgerissenen Augen, starr vor Angst. Und die schlimmsten Befürchtungen schienen sich zu bewahrheiten: Bereits die ersten Ausschreitungen! Soeben wurde von fünf Randalierern ein halbvoller Bier-Plastikbecher zu Boden geschmettert…

Vor genau 75 Jahren nahm das Grauen seinen Anfang und erfasste im Laufe der Jahrzehnte weite Teile von Europa. Überall, wo die gefürchtete Nati von Liechtenstein auftauchte und es ausschließlich auf die Knochen ihrer Gegner abgesehen hatte, hatte man auch Mühe, die Liechtensteiner Hooligans unter Kontrolle zu halten. Dabei wäre alles zu verhindern gewesen, hätte man rechtzeitig auf ein paar weitsichtige Lehrer und Eltern aus der Gemeinde Balzers gehört, die bereits drei Monate nach dem ersten Fußballspiel in Liechtenstein, FC Vaduz gegen den ebenfalls neu gegründeten FC Balzers, die ganze Tragweite des heraufdräuenden Unglücks erkannten und beschlossen, das Fußballspiel als Schulsport zu verbieten. In dem Protokoll der Lokalschulkonferenz Balzers vom 5. Juli 1932 heißt es:

»Seitens der Lehrpersonen wird Klage erhoben, dass die Knaben schon von den untersten Jahren an, oft bis in die Nacht hinein diesem Spiele obliegen. Natürlich fänden sie dann keine Zeit mehr zum Lernen. Die Hausaufgaben würden gar nicht mehr oder nur schlecht gemacht. Es wirke auch auf die Disziplin nachteilig ein, indem der Fußball natürlich unter den drei verschiedenen Clubs sogar noch in der Schule verhandelt werde. Die Kinder gebrauchten auch rohe Ausdrücke. Gemäß Antrag wird beschlossen:

a) Das Fußballspiel während der Sommerschulzeit für dieses Jahr zu verbieten.

b) Die Bälle einzufinden und zu anderem Spiel zu verwenden (Faustball, Völkerball).«

Im nächsten Dreivierteljahrhundert mauserte sich dieses harmlose Schulbubenproblem zu einem Grausen, das auch die österreichische Nationalmannschaft am 6. Oktober 2006 bitter am eigenen Leib erfahren musste. Man geriet erwartungsgemäß 1:0 in Rückstand, der ORF-Kommentator Oliver Polzer konstatierte 500 Tage vor der Heim-EM den Tiefpunkt des österreichischen Fußballs. Nicht hoch genug kann man deshalb den 2:1 Auswärtssieg der Rotweißroten einschätzen, denen es in der Hölle von Vaduz noch gelang, diese Partie zu drehen. Das war auch gleichzeitig Ausgangs- und Wendepunkt in der EM-Vorbereitung des österreichischen Teams. In einer beispiellosen Serie ohne Niederlage von fünf Spielen wurden unter anderem solche Fußballgiganten wie die Schweiz und Trinidad & Tobago geschlagen, Malta wurde auswärts gar ein Unentschieden abgetrotzt.

Schon beim Ticketkauf des Challenge-League-Schlagers FC Vaduz gegen Concordia Basel (2. Schweizer Liga) wehte den beiden unerschrockenen Autoren eine als charmante Hilfsbereitschaft getarnte Feindseligkeit entgegen. Mit gemischten Gefühlen betraten die beiden Schreiberlinge das moderne, 4500 Zuseher fassende, Rheinparkstadion, wo sich eine Viertelstunde vor Spielbeginn bereits annähernd 200 Vaduzer Hooligans in der ersten Frühlingssonne räkelten. Auf der Südtribüne hatten sich fünf, sichtlich alkoholisierte, Concordia-Fans niedergelassen und ein mit ungelenken Lettern selbstgeschriebenes Transparent entrollt. Ansonsten war die Südtribüne leer. Es sah alles sehr bedrohlich aus. Verunsichert wie die beiden Ösi-Autoren waren, hielten sie die feilgebotenen »Liechtensteiner Fürstenhütchen« längere

Zeit für einen euphemistischen Ausdruck für ein Vaduzer Starkbier. Erst nach dem dritten Becher (0,4 dl) wurde ihnen klar, dass es sich dabei nur um ein ordinäres Krombacher handelte und »Liechtensteiner Fürstenhütchen« lediglich ausgezeichnetes Konfekt bezeichnete. Doch selbst der Werbespruch für die Hütchen ließ den beiden Dichtern aufgrund des unreinen Reimes die Haare zu Berge stehen:

Ob Niederlage, Unentschieden oder gar ein Sieg,
sag wieder mal zu Hause, Du, ich hab dich lieb!

Vom Krombacher befeuert überprüfte einer der beiden österreichischen Gäste das Klischee vom sauberen Land, in dem man sogar vom Gehsteig essen könne, indem er seine Kalbsbratwurst fallen ließ. Als der grimmige Kantinenbesitzer ihn mit den Worten anherrschte »Soll ich Sie Ihnen abschmirgeln?«, lehnte die literarische Memme dieses Angebot entsetzt ab.

Fußball gespielt wurde dann auch noch. Die Heimmannschaft unterlag Concordia Basel mit 0:3. Die eleganteste Erscheinung im ganzen Spiel war der Basler Torhüter Riccardo Meili, der, ganz in Weiß gekleidet, selbst Michael Konsel beschämt hätte. Nach dem Spiel liefen die Concordia-Spieler zu den mitgereisten fünf Fans, rutschten ihnen auf dem Bauch entgegen, machten anschließend die Welle und hopsten Freude trunken vor ihnen auf und ab. Dafür wurden sie auch frenetisch gefeiert.

Bereits eine Viertelstunde vor Schluss begannen die Vaduzer abzuwandern, alle in die gleiche Richtung. Die beiden Autoren konnten sich anfangs nicht erklären, wohin sie denn gingen, bis sie den Gesprächsfetzen »Geh'n wir lieber in die warme Stube!« aufschnappten. Wie sich nachher herausstellte, handelte es sich bei der »warmen Stube« um eine verniedlichende Bezeichnung für das dem Stadion angeschlossene Sportcafé. Und das war – wie die beiden Österreicher dann feststellen konnten – die wahre Hölle von Vaduz, aus der es kaum ein Entrinnen gab…

Bereits seit der Saison 1933/34 – also ein Jahr nach dem ersten offiziellen Fußballspiel in Liechtenstein – nehmen die Liechtensteiner Teams an der Schweizer Meisterschaft teil, spielen jedoch einen eigenen Pokalbewerb aus, der den Sieger zur Teilnahme an der UEFA-Cup-Qualifikation berechtigt. Hätten sie eine eigene Liga, stünden ihnen, aufgrund des Rankings, ein Champions-League-Qualifikationsplatz und zwei zusätzliche UEFA-Cup-Plätze zu. Bevor das passiert, könnte man Liechtenstein als zehntes österreichisches Bundesland – zumindest fußballerisch – eingemeinden. Das schlüge zwei Fliegen mit einer Klappe: Einerseits kämen Clubs in die Liga, die – sieht man das tolle Stadion, die Banken und das Leben an sich – sicherlich keine finanziellen Probleme hätten, und andererseits wären der FC Vaduz oder der FC Azzurri Schaan sicherlich endlich wieder schlagbare Gegner für die Wiener Großclubs.

Claus Farnberger

Schweiz: Die Alphorn-Attacke

Hyppolith Gottesagger wälzte sich unruhig in seinem massiven Ahornbett. Wie jede Nacht hatte er die Fenster seines kleinen Chalets, etwas außerhalb des Städtchens Allschwil im Kanton Basel-Landschaft gelegen, weit geöffnet. Doch weder die kühle Frühlingsluft noch das verlässliche Murmeln des Lützelbächlis konnten ihn in den verdienten Schlaf lullen.

Was war die Schweizer Nati noch vor Monaten für eine stolze Mannschaft gewesen! Man hatte souverän die Vorrunde der Weltmeisterschaft in Deutschland überstanden und im Achtelfinal gegen die Ukraine unglücklich im Elfmeterschießen verloren. Kein einziges Tor hatte Köbi Kuhns Truppe während der regulären Spielzeiten der vier Partien hinnehmen müssen. Nach der WM hatte man sofort die Heim-EM 2008 im eigenen Land ins Visier genommen und vollmundig ein hervorragendes Abschneiden vorausgesagt. Die darauffolgenden Freundschaftsspiele gegen Liechtenstein, Venezuela und Costa Rica waren ebenfalls zu Null gewonnen worden, ehe es zu jenem verhängnisvollen Oktobertag gekommen war, an dem man ausgerechnet gegen das marode Mitveranstalterland Österreich am Innsbrucker Tivoli eine mehr als bittere 1:2-Niederlage einstecken hatte müssen.

Von da an war es bergab gegangen. Der Tiefpunkt war dann eine missratene Tournee in Florida gewesen, wo man gegen Jamaika und Kolumbien schwach gespielt und danach auch noch heftig zu streiten begonnen hatte. Alle – vom Kapitän bis zum Bänklihocker – waren verstimmt gewesen.

»Wir sind dieff im chäller«, murmelte der schlaflose Hyppolith Gottesagger in sein Kopfkissen, »und euseri fäns spüret das ganz stark!«.[23] In der Tat war die Stimmung bei den Meisterschaftsspielen seines geliebten FC Basel schon einmal besser gewesen. Ausnahmen bildeten hier nur die Spiele gegen den Erzkonkurrenten

FCZ im »Joggeli«[24] und die alkoholschwangeren Aktivitäten der Bierkurve im Stadion Schützenwiese des FC Winterthur.

Gottesagger wollte dies nicht so hinnehmen. Er war ein angesehener Mann im Kanton: Mitglied des Allschwiler Einwohnerrates, weitum geschätzter Rinderbauer, eingeschriebenes Mitglied beim FCB und Obmann der örtlichen Alphorngruppe.

»Zämme lääbe« –»zusammen leben«, so lautete sein Lebensmotto, und dies galt gleichermaßen für Politik, Musik und natürlich auch den Fußball. Politik und Fußball waren leider untrennbar miteinander verbunden – das wusste ein jeder. Auch Politik und Musik waren kommunizierende Gefäße. Das wurde ihm jedes Mal bewusst, wenn er bei hohen offiziellen Stellen für seine Alphornbläser um Fördersummen zwecks Erhaltung schweizerischen Brauchtums ansuchen musste. Doch Musik und Fußball? Hier hinkte die Schweiz meilenweit hinterher. »Die holländischen Fußballfans haben ihre Blechbläser«, dachte er, »die Spanier ihre Trommeln, die Schotten ihre Dudelsäckli – und selbst die Anhänger der österreichischen Schmalspur-Kicker lassen ihre Idole neuerdings zu den Klängen des Radetzkymarsches ins Stadion einlaufen«. Die Fußball-Schweiz, egal ob im Engadin, im Großraum Zürich oder rund um den Genfer See, war hingegen eine musikalische Wüste.

»Das geht schon gar nicht«, grollte Gottesagger, »immerhin sind wir Schwyzer unseren Nachbarn immer überlegen gewesen. Das beginnt schon damit, dass wir Beide in Rot und Weiß gehaltene Flaggen haben, wo allerdings bei uns ein Plus und bei den Österreichern ein Minus darinnen ist!«

Hyppolith Gottesagger seufzte sich allmählich ins Niemandsland zwischen matter Tagesrestverwertung und heimeligen Schlummer ...

»Gar nicht so untalentiert, der Schweinsteiger«, dachte der deutsche Stürmer Miro Klose, als er einen millimetergenauen Pass direkt in den Lauf gespielt bekam, »jetzt heißt es etwas daraus machen.« Es waren erst zehn Minuten gespielt im Europameisterschafts-Viertelfinal zwischen dem Gastgeber Schweiz und Deutschland im St. Jakob-Stadion zu Basel. Über 40.000 Zuschauer machten an diesem 21. Juni 2008, dem Sommerbeginn, enormen Wirbel. Klose hatte nur mehr einen einzigen gegnerischen Verteidiger vor sich, und zwar den erfahrenen Ludovic Magnin, der mit dem VFB Stuttgart sogar schon einmal deutscher Meister geworden war. »Dem zeig ich, was ´ne Harke ist«, frohlockte Klose und düpierte in derselben Zehntelsekunde den westschweizer Abwehrrecken mit einem seiner berühmten Haken. Nun baute sich nur mehr der Goalie Pascal Zuberbühler vor ihm auf. Miroslav Klose verlagerte sein Gewicht nach hinten und nahm mit seinem Schussbein reichlich Schwung, so wie er es tausendmal im Training geübt hatte. Doch im selben Augenblick, da er zum Flachschuss ansetzte, streckte ihn eine furchtbare Lärmwelle im Gras des Sechzehners nieder. Ein entsetzlicher Schmerz beschlich seine Ohren, er erschrak und sah den Ball wie ein zahmes Entlein in Richtung Tormann kriechen. »Ich habe meine monatelange Torflaute noch immer nicht ganz überwunden«, dachte Klose, als der Ball schon wieder im Besitz der Schweizer war, »ich darf dem Trainer auf keinen Fall verraten, dass ich nun schon akustische Erscheinungen der dritten Art habe!«.

Wenig später, es stand durch einen dummen Torwartfehler von Jens Lehmann mittlerweile 1:0 für die Schweiz, pflügte der deutsche Kapitän Michael Ballack über das Spielfeld. Da half kein Degen und auch sonst keine Waffe. Knapp vor dem Fünfer ersann Ballack den genialen Plan, seinen Marktwert mit einem eleganten Lupfer ins Astronomische zu steigern. Doch es kam nicht dazu: Wieder strich eine imposante Schallwelle über das Stadion, sodass der stolze Michael Ballack jäh umgewürfelt wurde und wie ein am Rücken liegender Maikäfer im Trockenrasen zappelte. Ratlos schlich das deutsche Team zur Halbzeit in die Kabine.

»Noch immer Eisnull«, jubilierten Hyppolith Gottesagger und seine Getreuen von der örtlichen Alphorngruppe, »jetzt dürfen wir nicht müde werden, dann wird die Schweiz ins Halbfinal einziehen.« Die zehnköpfige Bande der Verschworenen befand sich etwa fünf Kilometer Luftlinie südöstlich vom Stadion, und zwar auf der Besucherterrasse eines Burg-Hügels namens Wartenberg, nahe des Örtchens Muttenz.

Die Rohre zehn in der Sonne glänzender Alphörner, welche sie die zahlreichen Stufen der Burganlage hinaufgeschleppt hatten, richteten sich auf das Basler St. Jakob-Stadion. Da waren die ganz langen E-Hörner, die etwas kürzeren F-Hörner und die fast schon putzigen Ges-Instrumente. Alle Geräte waren aus bestem Holz gefertigt und mit feinsten Intarsien verziert. »Obacht, schon wieder ein deutscher Angriff«, schrie plötzlich Urs Häfli, ein erfahrener Bläser, der bereits an einem Alphorn-Konzert am Petersplatz vor 60.000 Zuhörern, inklusive Papst Benedikt XVI, teilgenommen hatte. Er hatte den Radioknopf im Ohr, und erfuhr dadurch von einem gefährlichen Doppelpass zwischen Bernd Schneider und Lukas Podolski. »Männer, alle zämme!« Und wie auf ein scharfes Militärkommando bearbeiteten die Alphorn-Recken gleichzeitig ihre Mundstücke.

»Und wieder diese seltsame Abschluss-Schwäche«, schrie der Radioreporter, ebenfalls vom unerklärlichen Lärm wie betäubt, in Häflis Kopfhörer. »Podolski hält sich die Ohren, wie alle Anwesenden im Stadion. Der Angriff ist vereitelt, die Zuschauer sind teils irritiert, teils glücklich, jedoch alle am Rande der Taubheit. Meine Damen und Herren, das größte Lärmphänomen seit Jericho liegt über Basel. Wir alle sind benommen, benommen und auch ein wenig verängstigt...«

Hyppolith Gottesagger, Urs Häfli und die anderen Musikanten, von denen keiner unter 95 Kilogramm wog, kicherten in ihre wollenen Bärte: »Im Stadion, am TV, weiß niemand, woher der spielentscheidende Impuls kommt!« Und sie lachten und lachten und waren blind für die weiteren Ereignisse, die sich in ihrer unmittelbaren Umgebung abspielten. Wären sie aufmerksamer gewesen, so hätten sie längst den Luftwirbel gespürt, der ihre Schöpfe bereits zerzauste. Hätten sie all ihre Konzentration nicht auf ihre Alphorn-Attacke gerichtet, so hätten sie wohl auch die zwei mächtigen Helikopter bemerkt, die sich nun anschickten, am Besucherplateau der Burg zu landen. Dann war es natürlich zu spät. Flugs sprang ein halbes Dutzend schneidiger Exekutivbeamter des Eidgenössischen Justiz- und Polizeidepartements aus der Kabine des Einsatz-Himmelskörpers, unterstützt noch von zwei Elite-Kräften der »fedpol«.

Die rotierenden Rotorblätter der Hubschrauber übertönten sogar die mächtigen Laute der Alphörner. Schon war Hyppolith Gottesagger unsanft am rechten Oberarm gepackt, und es war nur mehr eine Frage von wenigen Sekunden, bis seine Kollegen mit ihm zusammen ins Innere der Helikopter verfrachtet wurden. Stolz und tonlos blieben die Alphörner zurück.

»Wir sind dieff im chäller«, sprach Hyppolith Gottesagger und musterte dabei das trostlose Quadrat der Gefängniszelle im untersten Stock des Basler Polizeibüros, die er mit seinen neun Mithäftlingen zu teilen hatte. »Hopp Schwyz, eisnull is gebliebe!«, frohlockte er. Und ermattet von den Anstrengungen der letzten Stunden bettete er sein Haupt auf die harte Pritsche, die ihm zur Verfügung stand. Und als er eingeschlafen war, mischten sich der Jubel der siegreichen Schweizer Fußballfans, die tapfere Kakophonie der Alphörner und das unbeirrte Murmeln des Lützelbächlis zu einem bunten Schallteppich, der ihn in seinem wohlverdienten Schlaf umwickelte.

[23] Aus unerfindlichen Gründen bedient sich der Protagonist hier einer gräulichen Melange aus Baseler und Zürcher Dialekts, was aber auch daran liegen kann, dass die Autoren des Schwyzerdütsch mit all seinen regionalen Variationen nicht hundertprozentig mächtig sind.
[24] Stadion St. Jakob-Park in Basel, eine der vier Schweizer EM-Arenen

Claus Farnberger

Portugal: Der müde Fliesenleger

Er hatte wieder einmal zu viel gearbeitet. Wut stieg in Joao auf, und diese aufkeimende Wut war gegenwärtig so ziemlich das Einzige, das ihn vor dem Einnicken abhielt. Natürlich hatten er und Ana das zusätzliche Geld bitter nötig, und so hatte sich Joao wieder einmal von seinem Chef breitschlagen lassen und den ganzen Sonntag draußen im noblen Badeort Estoril zugebracht. Während all die reichen Knacker sich an Deck ihrer Yachten die Sonne auf die weißen Haarkränze scheinen hatten lassen, war er damit beschäftigt gewesen, irgendeinem betuchten Pensionisten, dem die Algarve offensichtlich zu weit vom Lissaboner Herzklinikum war und der sich deshalb in beruhigender Nähe zur Hauptstadt sein Zweithaus errichten ließ, das Scheißhaus stilvoll auszukleiden.

Wie er sie hasste, jene Geldsäcke ohne Geschmack, die sich weiße Lilien auf blauem Grund an die Wand hinter dem Bidet klatschen ließen und die ihre Muschel, in der sie den furunkeldurchwebten Arsch auswuschen, mit den raffiniertesten Keramik-Accessoires verziert haben wollten. Natürlich hatte wieder einmal nichts gepasst, und öfter als ihm lieb gewesen war, hatte er die Trennscheibe aktivieren müssen, um unter enormem Feinstaubaufkommen die teuren Fliesen seines Auftraggebers in die rechte Form zu bringen.

»Wenn wir fünf Jahre warten würden, dann würdest du selbst zu Staub verfallen«, hatte er beim Abschied gedacht, ohne freilich das üppige Trinkgeld auszuschlagen. Immerhin brauchte er es für Ana – und natürlich für den »Tempel«.

Und jetzt saß er da und konnte kaum die Augen offen halten. Immer dasselbe – am Höhepunkt der Woche, am Sonntagabend, beim Spiel von Sporting, war er fast zu erschöpft um das Ereignis genießen zu können. Jetzt, wo er gebraucht wurde, war er ausgelaugt und matt.

Trotz alledem hatte er es wie üblich eine Stunde vor Matchanpfiff ins Stadion »José Alvalade« geschafft. Das »José Alvalade» war ja noch sehr neu, denn man hatte es anlässlich der Heim-EM 2004 gleich neben dem alten, aber in Ehren abgespielten Oval errichtet. Es war vielleicht um eine Spur weniger prächtig als das ebenfalls neu errichtete »Estádio da Luz«, wo die verhätschelten Schnösel von Benfica herumkickten – aber dorthin sollte sich ohnedies die Scheißhausfliesen-Partie aus Estoril scheren und all die anderen blasierten Kotzbrocken aus den Nobel-Altersheimen von Lissabon und Umgebung.

Die Stadionreihen waren noch kaum besetzt, die Jungs labten sich offensichtlich noch draußen an den »Bifanas«[25]. Die verschiedenfärbigen Sitzschalen der einzelnen Sektoren erschienen Joao, wenn er die Augen zusammenkniff, und dazu musste er sich infolge seiner großen Müdigkeit wirklich nicht sonderlich zwingen, wie bunte Kacheln. Kacheln, die ein inhaltloses Mosaik ergaben und ihm doch unendlich mehr Lebensinhalt verhießen als die teuersten Fliesen und prächtigsten Zierbilder seines Berufsalltages.

Eigentlich hatte Joao ja höher hinaus gewollt. Früh war er schon von jenem Kunsthandwerk begeistert gewesen, für das Portugal weit über die iberische Halbinsel hinaus berühmt geworden war – für die Herstellung von Azulejos. Diese handbemalten Keramikfliesen, die einst von den Arabern ins Land gebracht worden waren, und die sich noch heute wie blau-weiße Korallen an die schönen Fassaden der Altstadt, aber auch an die Innenwände der Gasthäuser schmiegen, hatten Joao von Jugend an in seinen Bann gezogen – fast so wie der Fußball. Eigentlich war es sein Berufswunsch gewesen, in ebendiesem Kunsthandwerk tätig zu sein, und er hatte als Lehrling bei jener Firma, die später mit der Dekoration von wichtigen Lissaboner U–Bahn-Stationen beauftragt worden war, die subtile Kunst der Azulejo-Produktion erlernt. Seitdem wusste Joao, wie man die traditionsbehafteten Fliesen materialschonend brannte, in künstlerische Form brachte, sie glasierte und polierte und sie schließlich sorgsam – einem zuvor entworfenen Muster folgend – an der Wand fixierte. Doch es war damals mit den Azulejos nicht viel Geld zu machen, und sein Vater hatte ihn dazu gezwungen etwas »Ordentliches« mit dem Lehrberuf anzustellen. Und so war Joao nun schon seit vielen Jahren in einem großen Unternehmen beschäftigt, das sich der Herstellung von Sanitärfliesen und Badezimmerinventar widmete. Seiner ursprünglichen Leidenschaft war Joao aber immer treu geblieben. Lange schon bevor er sich mit Ana vermählt hatte, war jeder irgendwie frei verfügbare Escudo in den »Tempelbau« geflossen. Der »Tempel« war Joaos Kultstätte, wo er beiden Leidenschaften frönen konnte – den Azulejos und dem Fußball.

Zuerst hatte er eine verwahrloste, mit hohen, stabilen Mauern versehene Lagerhalle im Norden der Stadt erworben. Dorthin hatte er einen alten, aber tadellos funktionierenden Brennofen verfrachtet, und nach und nach waren all die Gerätschaften und Grundmaterialien, die man zur Herstellung von Azulejos braucht, in den »Tempel« eingezogen.

Das Halleninnere war von vier hohen und riesigen Wänden umschrieben. Die Eingangsseite war links und rechts des mittigen Tores völlig angeräumt mit besagten Utensilien, auch der Brennofen befand sich hier. Den anderen drei Wänden hingegen widmete Joao seinen ganzen Schaffensdrang. Jede Wand für sich wurde von einem Azulejo-Bildnis eingenommen. Eines, das mit Abstand kleinste, war bereits fertig. Es zeigte das Antlitz des großen Luís Figo in gewohntem Blauweiß-Kontrast. Früh war Joao schon ein Bewunderer jenes großen portugiesischen Regisseurs und Sporting-Sohns gewesen, und so hatte er schon bald nach dem Beginn von dessen Länderspielkarriere im Jahre 1991 beschlossen, dem verehrten Figo pro Länderspiel eine Fliese zu widmen. Er entwarf damals ein Muster an der Wand, das Figos Gesicht in genau hundert Kacheleinheiten aufteilte. Pro Länderspiel gestattete er sich eine Fliese zu produzieren und an der Wand zu fixieren – eine nur, wohlgemerkt, und wegen dieser einen Azulejo warf er den Ofen an und ließ selbigen nach erfolgter Verrichtung sofort wieder auskühlen. Zum hundertsten Länderspiel, so war schon früh Joaos Plan, sollte das Bildnis fertig sein, denn er hatte nie daran gezweifelt, dass der spätere Real-Star diese magische Schallmauer würde durchbrechen können. Und wirklich, im Jahre 2004, wenige Monate vor der EM, im Spiel gegen England drunten in Faro, war es dann soweit gewesen. Joao erinnerte sich noch gerne daran zurück, als er nach dem 1:1 gegen die Briten voll Stolz direkt vom Match im Algarve-Stadion zum »Tempel« aufgebrochen war und mitten in der Nacht die letzte fehlende Kachel eingesetzt hatte.

Weniger Glück hatte er mit dem zweiten Azulejo-Motiv gehabt. Jenes stellte den großen Eusebio in unnachahmlicher Schuss-Stellung dar. Mit jedem Erfolg Portugals kam eine neue Kachel hinzu, zumal ja der legendäre Held nach Joaos festem Glauben spätestens 1966 die Saat für weitere portugiesische Triumphe ausgelegt hatte und auch in der Gegenwart noch entsprechend gewürdigt werden musste. Für dieses Motiv hatte Joao 250 Kacheln vorgesehen. Hier agierte er arithmetisch nicht so streng und produzierte pro Sieg des Nationalteams gleich einen ganzen Schwung seiner Azulejos, die seiner Meinung nach mindestens so schön waren wie jene weltberühmten von »São Lourenço de Matos«. Er musste sich hier allerdings wirklich auf seine alleinige Urteilskraft verlassen, denn außer ihm durfte niemand seinen »Tempel« betreten, nicht einmal Ana. Er hatte den Plan gefasst, sich die Kacheln in der Art einzuteilen, dass das letzte Teil – das im wesentlichen den begnadeten Schuss-Stiefel Eusebios zeigen würde – direkt nach dem Gewinn der Europameisterschaft 2004 an der Wand angebracht werden konnte. Die Griechen hatten aber etwas dagegen gehabt, Portugal hatte das Endspiel im »Estádio da Luz« verloren (noch ein Grund mehr, dass Joao diese Arena hasste), und das Eusebio-Bildnis war unvollständig geblieben. Bei der EM 2008 in Wien, so hatte Joao schon damals beschlossen, nach dem Finalgewinn, würde diese in jeder Hinsicht schmerzvolle Lücke geschlossen werden.

Schon beim Eusebio-Porträt war Joao von den blau-weißen Farben abgekommen und hatte mehr Buntheit ins Gesamtbild gebracht. (Er wusste nämlich sehr genau, dass die Azulejo-Tradition sich früher diesbezüglich keineswegs eingeschränkt hatte, denn sie leitet ihren Namen nicht, wie die meisten glauben, vom portugiesischen Wort »azul«, also »blau«, ab, sondern vom arabischen »al-zuleig«, was soviel wie »polierter Stein« bedeutet).

Somit hatte er jeglichen denkmöglichen farblichen Spielraum für sein jüngstes und gleichzeitig größtes Projekt – das Wappen vom »Sporting Club de Portugal«, seinem Verein.

Dieses war noch eine Riesenbaustelle, kein Wunder, hatte Joao die Vorlage doch in genau tausend gleich große Teile zerlegt. Im neuen Bild dominierten natürlich die Farben Grün und Weiß sowie das Orangegelb des Löwen, oder besser gesagt, würden in Zukunft dominieren, denn infolge der enormen Ausmaße des Motivs hatte er noch nicht einmal ein Viertel der Kacheln produziert. Außerdem ging er bei seinem neuesten Werk wieder streng erfolgsorientiert vor. Ein Remis von Sporting brachte eine Kachel, ein Sieg drei, bei Spielen gegen Benfica verdoppelte sich diese Zahl, ebenso bei Erfolgen in der Champions-League. Es gab also noch enorm viel zu tun.

Joao gähnte erneut, diesmal nicht nur aus Müdigkeit, sondern auch aus Nervosität. Längst hatte das Sonntagabend-Spiel begonnen und war bereits weit in die zweite Spielhälfte hineingewachsen. In der 43. Minute war man durch ein Tor von Yannick Djaló in Führung gegangen, doch gleich nach Wiederanpfiff hatte der FC Porto ausgeglichen. Nun wogte das Match hin und her, Kampf Mann gegen Mann, Kampf Joao gegen den Schlaf.

Wegen eines mageren Unentschiedens noch hinaus in den »Tempel« fahren, das Feuer im Brennofen entfachen und eine einzige Kachel fertig stellen? Dazu noch die ewigen Vorhaltungen Anas, der er bei derlei Anlässen stets vorlog, mit Sporting-Fans die Nachtlokale Lissabons unsicher gemacht zu haben! Wegen eines einzigen Pünktchens der Müdigkeit trotzen?! Dann wenigstens drei Punkte, drei Kacheln. Also bewegt Euch! Oder wenigstens ein Tor bekommen. Null Punkte, null Kacheln und sofort ins Bett. Erstmals in seinem Leben kam Joao in die Nähe des Wunsches, sein Verein möge verlieren. Einmal nur, und dann nie wieder. Aber nein, eine Niederlage gegen den FC Porto wäre eine weit größere Katastrophe als eine Nacht ohne Schlaf und ein nachfolgendes Donnerwetter Anas. Aber andererseits...

Derart hin und her gerissen schlief Joao ein. Und als er beim Schlusspfiff wieder aufwachte und sich vergewissert hatte, dass es immer noch 1:1 stand, da schüttelte er sich, dankte dem Fußballgott für den wichtigen Punktegewinn und machte sich auf den Weg zum »Tempel«.

[25] portugiesische Schweinskotelettes

Gerald Simon

Irland: Eine wahre Lügengeschichte

Sin mo scéal is má tá bréag ann, bíodh!
Dies ist meine Geschichte, und findest du eine Lüge drin, so darfst du sie behalten!

Irische Redewendung

Es mag eine Zeit lang her sein, oder sich erst gestern zugetragen haben, jedenfalls befand ich mich auf einer Reise durch Armagh County, Nordirland. In dem kleinen Städtchen Keady begab ich mich gut gelaunt in den *The quiet man*-Pub, *for a drink and a half,* wie man in Irland euphemistisch seine Absicht bekundet, sich grund- und widerstandslos volllaufen zu lassen. Meine Kleidung entsprach der öffentlichen Meinung, und so war ich guter Dinge auch mit dem einen oder anderen Einheimischen ins Gespräch zu kommen. Das war dann in der Tat nicht schwierig, und nachdem ich mehrmals darauf getrunken hatte, dass alle guten Nachrichten vor uns und alle schlechten Nachrichten hinter uns liegen mögen[26], war ich schon bald mit etlichen rotgesichtigen Dorfbewohnern in ein sehr emotionales Gespräch verwickelt, das sich in erster Linie um Fußball drehte, was vielleicht auch damit zusammenhing, dass man sich mit mir kaum über ein anderes Thema unterhalten kann.

Mit der gesteigerten Aufnahme von irischen Erfrischungen wurde ich auch zusehends mutiger in meinen Ausführungen, und eher über kurz als über lang war ich auch schon bei meinem bestgehassten Lieblingsthema gelandet, das ich dann bald in der Art eines religiösen Eiferers verfocht: Das üble Verfahren, entscheidende Fußballspiele durch ein Elfmeterschießen zu entscheiden! Genüßlich zitierte ich meinen virtuellen Lieblingswidersacher Franz Beckenbauer, der allen Ernstes behauptet, Elfmeterschießen zu gewinnen sei keine Glücks- sondern eine Trainingssache:

»Meine Spieler haben nach jedem Training das Elferschießen geübt und hätten vor dem WM-Semifinale 1990 gegen England (das die Deutschen unter Beckenbauer im Elfmeterschießen gewannen, Anm. d. Autors) eine Fliege vom Pfosten schießen können.« Als ob das eine Garantie dafür wäre, ein Elferschießen zu gewinnen! Gerade schickte ich mich an, Beckenbauer in der Luft zu zerreißen und ihn als Protagonisten einer arroganten und besserwisserischen Fußballlegendenriege zu denunzieren, als sich ein bislang stiller Beobachter lautstark zu Wort meldete: »*Penalty shoot-outs? Blame my great-grandfather*![27]« Verwundert hielt ich in meiner Kaiser-Philippika inne und wandte mich dem Zwischenrufer zu. Ich erblickte einen gut aussehenden Mann zwischen 45 und 50 Jahren, der in Erscheinung und Gestus nicht zu diesem Arbeiterstammtisch passen wollte und aus diesem Grund wohl auch allein in einer Ecke saß, in die er mich alsbald winkte und mir deutete, ich möge an seinem Tisch Platz nehmen.

»Robert McCrum. Wie geht es Ihnen?« stellte er sich förmlich vor.

»Ausgezeichnet. Und selber?«, erwiderte ich irritiert und überlegte, ob mir der Name etwas sagen sollte.

»Entschuldigen Sie, alter Knabe, dass ich Sie so rüde unterbrochen habe, aber ich glaube ich kenne da eine Geschichte, die Sie vielleicht interessieren wird.«

Er war definitiv Engländer und kein Ire, und schon bald erwies sich, dass ich mich zumindest da nicht getäuscht hatte. McCrum war eigentlich Literatur-Redakteur in London bei der Wochenzeitschrift *The Observer*. Bei seinem ersten Besuch hier in Armagh County stellte sich heraus, dass nicht nur seine Familie aus dieser Gegend – nämlich aus Milford – stammte, sondern sein Urgroßvater William McCrum, vor knapp hundertzwanzig Jahren, auch noch der Erfinder des Strafstoßes im Fußball war. Das zumindest wollte er mir weismachen.

»Hier zwischen diesen lieblichen Hügeln und Obstgärten gab es früher eine imposante Leinenfabrik, die von Robert Garmany

McCrum gegründet wurde und diesen auch zum Millionär machte«, begann Robert McCrum seine Geschichte.

»Sein einziger Sohn William – mein Urgroßvater – hatte weniger wirtschaftliche als sportliche Neigungen und war vor allem verrückt nach Fußball, in den späten 1880er-Jahren eine durchaus exotische Anfälligkeit. Heute noch erinnert man sich an »Master Willie« als an jemanden, der nie ganz erwachsen wurde. Er war irgendwie ein klassischer, aber auch merkwürdig faszinierender Versager und unterschied sich von seinem Vater enorm. Wo Robert Garmany McCrum autoritär und verschlossen war, war Master Willie sportlich und umgänglich. Wo der Vater seriös, sparsam und gottesfürchtig war, erzählte der Sohn lustige Geschichten, sang Lieder und liebte es zu spielen.

Ausgeschlossen aus der Familie, verlassen von seiner treulosen Frau und eiskalt ignoriert von seinem Vater, reiste William in der Welt herum, ließ ständig die Sau heraus und erwarb sich den Ruf eines bekannten Spielers. Allerdings, eine bleibende Erfüllung fand er in den sportlichen Aktivitäten seines Dorfes Milford, speziell im Fußball. Mit Begeisterung spielte er im Tor des Milford Football Club.

Amateurfußball im neunzehnten Jahrhundert war ein Sport ohne Organisation und Zusammenhang, in welchem lokale Streitigkeiten ausgetragen und alte Fehden weiter am Leben gehalten wurden. Eine gebräuchliche Verteidigungsvariante war es, dem Gegner in die Magengrube zu springen und sich dann auf ihn zu knieen, um ihn vom erfolgreichen Torschuss abzuhalten. Übertrieben enthusiastische Tacklings führten auch manchmal zum Tod des einen oder anderen Stürmers, Verurteilungen wegen Totschlages in Folge eines Fußballspieles waren nicht unüblich.«

McCrum ließ sich durch mein ungläubiges Grinsen nicht aus der Ruhe bringen, zog die Augenbrauen hoch, nickte heftig und fuhr fort mit seiner Erzählung.

»Als Tormann hatte Master Willie den besten Blickwinkel auf diese rüden Verteidigungsmethoden, die seinen geliebten Sport nach und nach in Verruf brachten. Dann hatte er die zündende Idee. Die Missetäter sollten bestraft werden. Und zwar nicht mit einer herkömmlichen Strafe, sondern mit einem Strafstoß – einem *penalty kick*! In der Folge entwickelte William die Idee des Elfmeters als Möglichkeit, diese Gewaltexzesse auf dem Feld einzudämmen – *the penalty kick as a way of curbing excesses on the field, you know?*

Den Strafstoß konnte eigentlich nur ein Tormann entwickelt haben: Ein höchst dramatischer Augenblick – *a supreme moment of drama* –, der den Keeper aus seiner Nebenrolle direkt in das Zentrum der Bühne rückt. Sicherlich, die Quoten für den Goalie sind schlecht, aber es macht ihn – heldenhaft oder tragisch – unbestritten zum Star der Show. Master Willie war nämlich nicht nur ein sportiver Angeber, sondern er opferte auch viele Stunden seiner Freizeit für das Amateurtheater in der Milford *village hall*, dem McCrum Institut.

1890 brachte Master Willie den Irischen Fußballverband dazu seine Idee beim nächsten Meeting zu behandeln. Die englische Presse verhöhnte seinen Vorschlag als *»the Irishman's Motion«* und befürchtete, das Fußballspiel könne damit zum Stillstand kommen und die Spieler in ihrer Ausdrucksfreiheit behindern. Außerdem wäre es undenkbar, dass in diesem Amateursport jemand seinen Gegner absichtlich treten und, viel schlimmer, dass die Regeln des Spieles solche Fouls einräumen sollten. Nach langen Diskussionen wurde der *penalty kick* doch als Regel Nummer 13 aufgenommen, allerdings wurde er von einer Straflinie ausgeführt, die sich 12 Yards vom Tor entfernt befand. Was sagst du nun zu dieser Geschichte, alter Knabe? Ich frage mich manchmal, was Master Willie eigentlich von dieser grausamen Art – und da gebe ich dir vollkommen Recht – große Meisterschaften durch Strafstöße zu entscheiden, halten würde. «

McCrum sah mich gespannt an. Ich schüttelte leise den Kopf und überlegte, was ich erwidern sollte, ohne mein Gegenüber zu beleidigen und mich aber selbst nicht vollständig zum Affen zu machen. Bevor ich noch etwas sagen konnte, meldeten sich die Einheimischen bereits zu Wort, die sich während McCrum erzählt hatte, um uns geschart hatten, und bestätigten diese unglaubliche Geschichte. »Natürlich«, dachte ich, »es wird ihnen ein Vergnügen sein, den österreichischen Esel auf's Glatteis zu führen!«

»Ich bin ja ein wenig verlegen«, fuhr McCrum mit engelhafter Unschuldsmiene fort, »nachdem ich diese Tatsache Zeit meines Lebens ignoriert hatte, mich nun damit zu rühmen, von dem Mann abzustammen, der den Elfmeter erfunden hat. Aber in meiner Familie in Cambridge war ich damit aufgewachsen, mir über die Herkunft eines Shakespeare-Zitates oder über die Ableitung eines obskuren englischen Hauptwortes den Kopf zu zerbrechen und nicht über eine Analyse der Geschichte des *Association Footballs*. Aber jetzt bin ich hier, besser zu spät als nie, und wir werden Milford die Bedeutung zurückgeben, die es als Leinen-Dorf hatte, nämlich als das Dorf, wo der Elfmeter erfunden wurde! Dies ist meine Geschichte – glaub sie oder glaub sie nicht, aber trinke auf meine Gesundheit!« Daraufhin erhob er sein Glas, prostete mir zu und nahm einen tiefen Schluck. Als ich in angemessener Zeit nicht geantwortet hatte, griff er in die Innentasche seiner Tweed-Jacke und zog ein vergilbtes Blatt Papier hervor, das er mir zur Ansicht vorlegte.

»Das ist der Original-Vorschlag meines Urgroßvaters, den er im Juni 1890 den verbohrten Burschen von der *Irish Football Association* vorlegte«, sagte McCrum mit typisch britischem Understatement.

Ich überflog das zweifellos historische Dokument, das ungefähr folgenden Inhalt hatte:

»Sollte ein Spieler einem gegnerischen Spieler innerhalb einer Entfernung von 12 Yards von seiner eigenen Torlinie absichtlich ein Bein stellen, ihn halten, oder den Ball absichtlich mit der Hand spielen, hat der Referee der gegnerischen Seite einen Penalty Kick zuzusprechen. Dieser wird von irgendeinem Punkt,

12 Yards von der Torlinie entfernt, unter folgenden Bedingungen ausgeführt: Alle Spieler, außer der den Penalty Kick ausführende Spieler und der Tormann, stehen mindestens sechs Yards hinter dem Ball. Der Ball ist im Spiel, wenn der Strafstoß ausgeführt wurde. Aus einem Penalty Kick kann direkt ein Tor erzielt werden.«

Nachdenklich faltete ich den Zettel zusammen und gab ihn an seinen Eigentümer zurück. Ich beschloss, mich nicht mehr zum Thema zu äußern, erhob meinerseits mein Glas, prostete McCrum zu und sagte mit meinem letzten Pint: »Ich wünsche dir 100 glückliche und gesunde Jahre und dann noch ein Jahr extra – zum Bereuen![28]« und verließ den gemütlichen kleinen Pub mit dem Gedanken, mich in nächster Zeit mehr mit Cricket zu beschäftigen. In diesem seriösen Sport gibt es sicherlich keine so unglaublichen Geschichten. Das tat ich dann auch, aber fragen Sie mich nicht, wie oft mir dabei auch in diesem Zusammenhang noch ein gewisser William »Master Willie« McCrum bei meinen Nachforschungen über den Weg gelaufen ist...

[26] May the face of every good news and the back of every bad news be toward to us.
[27] Penalty shoot-outs? Blame my great-grandfather (Robert McCrum, 4. Juli 2004, The Observer)
[28] May you live lucky and healthy a hundred years, but with one extra year to repent

Claus Farnberger

Frankreich/Italien: Bruderliebe

I

In den späten 50er-Jahren gab es in Österreich, ja in halb Europa, eine zu früh auf die Welt gekommene Pop-Ikone. Diese hieß Anton Sailer, wurde von allen nur Toni genannt, sah blendend aus und konnte vor allem eines extraterrestrisch gut: Schifahren. Spätestens nach seinen drei Goldmedaillen bei den Olympischen Spielen 1956 in Cortina d´Ampezzo wurde er zum Fixstern unter allen Stars und Starletts, teilte sich die Klatschspalten mit Grace Kelly, Marilyn Monroe und Bill Haley und bereicherte sogar die Kulturwelt mit einigen rührseligen Schmalzfilmchen.

Kein Wunder, dass ihm unzählige österreichische Alpenbuben unbedingt nacheifern wollten. Einer davon war ein junger Tiroler namens Anton Windbeutel, ebenfalls gutaussehend, ebenfalls kurz Toni gerufen und ebenfalls mit großem schifahrerischen Talent ausgestattet. Doch im Unterschied zu seinem berühmten Namensvetter schaffte es Toni Windbeutel niemals in den Kader der österreichischen Schinationalmannschaft. Doch wurde er ein gefragter Schilehrer, weil er geduldig und leutselig war und vor allem gegenüber den Frauen unglaublichen Charme entwickeln konnte.

Während Toni Sailer Medaillen und goldene Häferl sammelte, dienten Toni Windbeutel seine schwach gewordenen Schischülerinnen aus ganz Europa als Trophäen. Keine Nacht, in der nicht mindestens zwei Schihaserl seiner Flinte erlagen. Am Dreikönigstag 1958 geschah es, dass im Kitzbüheler Hotel »Goldenes Horn« zuerst die junge italienische Studentin Carla den kleinen Tod in Toni Windbeutels Armen starb, und zwei Stunden später die Pariser Verwaltungsassistentin Perrine dasselbe angenehme Schicksal ereilte.

Exakt neun Monate später waren beide Damen von jeweils einem kräftigen Knaben entbunden. Lucca wuchs in Rom auf, Luc in Champigny sur Marne, einem Vorort von Paris.

Toni Windbeutel überwies brav seine Alimente und wollte ansonsten in Ruhe gelassen werden. Doch die beiden allein erziehenden Mütter verschiedener Nationen hatten begreiflicherweise etwas dagegen, und als sie durch Zufall in Erfahrung brachten, dass mit ihren zwei Söhnen gleichzeitig auch zwei Halbbrüder das Licht der Welt erblickt hatten, da schlossen sie Bekanntschaft, solidarisierten sich miteinander und nötigten Toni Windbeutel einer Familienzusammenführung zuzustimmen. Der zierte sich lange, doch am 6. Oktober 1968 war es soweit. Luc und Lucca trafen in Kitzbühel, dem Ort ihrer Zeugung, erstmals aufeinander. Der Zeitpunkt war mit Bedacht ausgewählt worden, denn beide feierten an diesem Tag ihren zehnten Geburtstag. Die Buben verband Zweierlei: das vom Vater geerbte prächtige Aussehen und die Begeisterung für den Fußballsport.

»Wir sind heuer Europameister geworden, ihr auch?«, spottete der italienische Bub. Das waren die ersten Worte, die er in seinem Leben an den französischen Halbbruder richtete. Freilich mussten diese damals noch von den Müttern übersetzt werden (der Vater sprach nur Tirolerisch). Als Luc den Sinn der fremden Wörter erläutert worden war, versetzte er Lucca eine schallende Ohrfeige. Das allererste Treffen war damit gehörig verpatzt, ehe es so richtig begonnen hatte.

II

Doch die Mütter ließen nicht locker und bestanden darauf, dass die Buben die Muttersprache des Halbbruders erlernten und den Kontakt in den folgenden Jahren zumindest lose aufrechterhielten. Zu jedem Geburtstag mussten sie einander Briefe schreiben, die freilich vor Boshaftigkeiten nur so strotzten. »Bon anniversaire, mon frère! Außer Beton anrühren können deine azurblauen Hampelmänner nichts. Wir Franzosen hingegen werden zu Recht die Brasilianer Europas genannt.«, schrieb beispielsweise Luc 1974. »Ciao fratellino, buon compleanno! Wir haben Riva und Rivera, ihr höchstens die Riviera – und selbst die ist dreckiger als die unsere«, stand in Lucas gleichermaßen hässlicher Antwortepistel. So ging es viele Jahre: Frechheit hier, Gemeinheit dort, alles in argwöhnischen Knabenhirnen formuliert, mit krakeliger Handschrift verfasst und per Post ins Nachbarland gesandt.

Erst im Herbst 1982 bekamen die Brüder einander wieder zu Gesicht. Aus ihnen waren mittlerweile 24jährige Männer geworden, die ihren Vater zu begraben hatten. Toni Windbeutel war nämlich nach einem zünftigen Enzian-Wetttrinken unvermutet verschieden. Nachdem bei den Trauerfeierlichkeiten am Kitzbüheler Friedhof und während der besinnlichen Ansprache der Mütter beim Leichenschmaus im »Goldenen Horn« (in diesem Hotel hauste also nicht nur der *kleine* Tod) noch ein Mindestmaß an Anstand gewahrt worden war, ging es dann umso heftiger los. Als das Essen serviert wurde, konnte Lucca nicht mehr an sich halten. Er blickte dem Halbbruder fest in die Augen und hob zu der eigentlich schon lange erwarteten Schmährede an: »Wir sind heuer Weltmeister geworden, Brüderchen! Wir haben die Deutschen im Finale weggeputzt. Zum dritten Mal ist Italien bereits Champion, so wie Brasilien. *Wir* sind die Brasilianer Europas, ihr Franzosen hingegen seid...«

Weiter kam er nicht, denn schon hatte ihm der erboste Luc die noch dampfende Terrine mit der Speckknödelsuppe aufgesetzt. Der im wahrsten Sinne des Wortes Abgebrühte griff nun seinerseits blindlings, zumal sein Kopf noch in der Schüssel steckte, nach der nächsten Kasnocken-Pfanne und briet sie seinem Peiniger über.

Dennoch bestanden die Mütter darauf, dass den Halbbrüdern ein gemeinsames Zimmer im Innsbrucker Unfallkrankenhaus zugewiesen wurde. »So kann es nicht weitergehen«, sagte Lucca. Das Sprechen fiel infolge der Brandblasen noch schwer, doch bemühte er sich laut zu reden, damit die versöhnliche Botschaft an das von der siedend heißen Pfanne versengte und deshalb dick eingebundene Ohr seines Gegenübers dringen konnte. »Eh bien, du dreifacher Weltmeister und faschistischer Doppelchampion«, erwiderte Luc stockend, »Frieden!«

Die beiden Versehrten beschlossen sich hinkünftig in brüderlicher Verbundenheit zumindest jedes zweite Jahr an ihrem Geburtstag zu treffen, einmal in Italien, das andere Mal in Frankreich. Der Pakt hielt in der Folge, auch wenn es dann und wann zu kleineren Zwischenfällen kam.

III

Eigentlich kam es bereits beim allerersten Treffen zu gewissen Unstimmigkeiten. Es war im Jahre 1984, sie trafen einander im herbstlichen Florenz und bliesen von der Ponte Vecchio den Rauch ihrer Zigaretten zum Arno hinunter. »Wir sind Europameister – und ihr?«, frohlockte Luc. Diesmal hatte erstmals der Franzose Oberwasser, auch wenn er sich Sekunden später bereits unter Wasser befand, jenem des Arno nämlich. Als er, prustend und von den schadenfrohen Touristen auf der Brücke vergnügt beäugt, wieder das Ufer erreicht hatte, da half ihm das Bild des jubelnden Europameisters Michel Platini, das sich in sein chauvinistisches Herz eingewurzelt hatte, über seinen Jähzorn hinweg. Im Grunde war ja der italienische Bruder der begossene Pudel.

IV

In den folgenden Jahren fiel das jugendliche Ungestüm von den heranreifenden Männern ab, das Leben gerbte ihre Charaktere, sie machten Karriere, trotzten dem Leben, wurden redliche Familienväter und behandelten ihre Umgebung so zuvorkommend wie es nur ging. Kleine Ausritte von diesen Lebenspfaden gestatteten sie sich nur bei den traditionellen Geburtstagsfeiern (so wie 1990, als Lucca aufgrund der Halbfinal-Niederlage Italiens bei der Heim-WM derart gehänselt wurde, dass er seinen Bruder in einen dunklen Rotweinkeller im Médoc sperrte, woraufhin sich dieser – infolge der beengten Verhältnisse geistige Umnachtung fürchtend – eiligst in eine alkoholische flüchtete, aus der er erst einen Tag später vom erbosten Kellereibesitzer errettet wurde).

V

Im Oktober 1998 dampfte der gesamte frankophone Lebensraum noch von der nimmermüden Wollust, welche die »equipe tricolore« ihren Fans durch das erste Weltchampionat im eigenen Lande bereitet hatte. Turnusmäßig feierten sie ihren 40. Geburtstag in Frankreich. Luc hatte seine Rolle als Gastgeber ernst genommen und für das betreffende Wochenende einen Bungalow gebucht, und zwar in Valras Plage, dort wo die Mittelmeer-Sandbuchten schon so breit sind, dass man mit dem Jeep zum Sonnenbaden fahren könnte. Natürlich war Lucca klar, was kommen würde, als sie barfuss am Meeresstrand spazierten. Doch Luc plauderte über allerlei, über die vollbusige junge Korsin, die er vergangenen Sommer verführt hatte (hier schlugen offensichtlich die Gene des umtriebigen Vaters durch), über die französische Innenpolitik, über Renaults neues Formel 1-Chassis, über Sartre, kurz über alles was nichts mit Fußball zu tun hatte. Schließlich begann er sogar damit Chansons von Charles Aznavour zu summen. Da wurde es Lucca endgültig zu bunt. »Nun sag es doch endlich, sag es, spuck es aus, du verdammter Banquettefresser!« »Was?«, fragte Luc unaufgeregt, während er eine von der Ebbe freigegebene Muschelhälfte auflas und mit dem Zeigefinger über deren feine Rillen strich. »Dass – ihr – Welt – mei – ster – ge – wor – den – seid!«, brüllte Lucca. »Warum sollte ich das erwähnen, alle Welt weiß das doch?!«. Napoléon hätte nach der siegreichen Schlacht von Austerlitz nicht arroganter wirken können.
Wut macht blind, doch nicht immer ist der Wüterich davon betroffen, manchmal auch dessen Opfer. Lucs Augenarzt konstatierte eine schwere Bindehautentzündung. »Wer hat Ihnen denn solch eine kriminelle Sand-Abreibung verpasst?«. Luc schwieg verstockt und sann auf Rache.

VI

Diese folgte im Jahre 2000 bei der EM in Belgien und Holland – und sie war ausgesprochen bitter. Es war das erste wirklich große direkte brüderliche Duell – ausgeführt von jeweils elf persönlichen Adjutanten. Die Schüsse krachten hüben wie drüben. Nach einer Stunde lagen die Italiener vorne, und Lucca entkorkte in seiner römischen Innenstadtwohnung eine Flasche edlen Brunellos. Der erste italienische Europameistertitel seit 32 Jahren schien zum Greifen nahe, also griff er zum Telefonhörer und wählte die Nummer des Halbbruders. »Na, du Napoléon-Verschnitt, heute erlebst du dein ganz privates Waterloo!«. Der Franzose am anderen Ende der Leitung gab als Antwort nur ein verächtliches Grunzen von sich und hängte auf. Bange schlug er den Schulatlas seiner kleinen Tochter auf. »Mon Dieu«, schrie er zufrieden, als er die Karte der Benelux-Länder einer genaueren Musterung unterzog, »Waterloo liegt in Belgien und nicht in Holland. Das Finale findet aber in Rotterdam statt.« Und ab diesem Zeitpunkt war er wieder zuversichtlicher, umso mehr, als der eingewechselte Wiltord in der 90. Minute den Ausgleich erzielte und in der darauf folgenden Verlängerung die Italiener immer ratloser wirkten. Am Ende – wie die Fußballwelt weiß – wurde es tatsächlich kein Waterloo, sondern abermals ein strahlendes Austerlitz. Der letzte Schuss von Trezeguet war tödlich, ganz Frankreich schwebte auf Wolken, ganz Italien weinte. »Napoléon jubelt – Stop – Wir sind Europameister und ihr nicht!«, stand am nächsten Tag in einem an Lucca adressierten Telegramm zu lesen.

Hätte Luc im Geschichtsunterreicht besser aufgepasst, hätte er den teuflischen Racheplan des unterlegenen Halbbruders wohl durchschaut und hätte niemals dem oktoberlichen Geburtstagstreffen auf der Insel Elba zugestimmt. Der Italiener schien zu diesem Zeitpunkt die Niederlage vollends überwunden zu haben, war charmant wie nie zuvor und mimte den zuvorkommenden Reiseführer, der dem Gast jeden Wunsch von den Augen ablas.

Nach einer Inselumrundung nebst opulentem Mittagsmahl in der besten Trattoria Elbas und einer Gondelfahrt auf den Aussichtsberg Monte Capanne lud Lucca – quasi als Höhepunkt des Tages – zu einer Besichtigung des mächtigen »Forte Stella«. Luc, beeindruckt von der Inselidylle und der Herzenswärme des Gastgebers, zeigte sich begeistert und bemerkte die Falle nicht. Die war auch sehr raffiniert gestellt und von langer Hand vorbereitet worden. Dabei waren Lucca gewisse Familienbande äußerst dienlich gewesen. Ein Schwager arbeitete schon seit Jahren als Festungsrestaurator. Er war zwar kein großer Künstler, doch hatte er das Zeug dazu, in den Räumlichkeiten immer wieder kleinere Ausbesserungsarbeiten durchzuführen. Deshalb war ihm auch ein Generalschlüssel anvertraut. Diesen hatte Lucca eines Tages erbeten und als Begründung dafür angegeben, dass er seinen geschichtsbesessenen französischen Gast eine Exklusivführung fernab der Besucherzeiten zukommen lassen wolle, da dieser jeglichen Touristentrubel hasse. Der Schwager hatte widerspruchslos den Schlüssel ausgehändigt, auch wenn ihn Luccas saftiges Grinsen einigermaßen irritiert hatte.

Es war schon dunkel, als Luc und Lucca freitagabends in der Festung ankamen. Lucca ging ganz in der Rolle des Führers auf, zeigte dem staunenden Gast alle historischen Räume, schwatzte in aller Ausführlichkeit über an sich vernachlässigbare Details – und verschwieg dabei das Wesentliche, um Luc nicht im letzten Moment misstrauisch zu machen. Kein Mensch war außer den Beiden mehr im »Forte Stella«, als sie schließlich das Kellerverlies betraten. Als sie dort angelangt waren und Luc etwas verdutzt das karge Geviert beäugte, das von drei dicken Mauern und einer Gitterwand eingefriedet war, ging das Licht aus. Natürlich war das kein Zufall, denn Lucca hatte alles genau berechnet und wusste, dass pünktlich um 20 Uhr, mit dem Ende der Besucherzeit, überall in der Festung die Beleuchtung erlosch. Dann ging alles sehr schnell. Lucca stürzte aus dem Verlies, schloss das Gittertor und sperrte mit dem Schlüssel des Schwagers zu. Rasch entzündete er die heimlich in der Manteltasche mitgeführte Kerze, deren flackernder Schein noch einmal kurz die angst- und wutverzerrten Gesichtszüge des eingesperrten Halbbruders aus dem Dunkel hervorholte.

«Mein stolzer Napoléon, du hast im Sommer Austerlitz neu gekostet, jetzt koste erneut die Gefangenschaft auf Elba!«, rief Lucca und entschwand.

Zweieinhalb Tage später wurde der halb wahnsinnige und völlig entkräftete Luc von einer Reinigungskraft aus dem Verlies errettet.

VII

Nach dieser eigentlich kriminellen Begebenheit sprach Luc volle sechs Jahre kein einziges Wort mit dem hinterlistigen Halbterroristen. Erst nach jahrelangen flehentlichen Interventionen der mittlerweile betagten Mütter vereinbarte man für den 6. Oktober 2006 wieder ein Geburtstagstreffen. Turnusmäßig war Frankreich als »Gastgeberland« an der Reihe, und man wählte die mondäne Filmstadt Cannes als Ort der Begegnung. Wieder waren die Folgen eines historischen Duells zwischen den »Azzurris« und den »Bleus« zu verarbeiten. Sie saßen im feinen »Astoux & Brun«, dort wo die Krabben und Austern am besten und teuersten sind und auf mehrstöckigen Tabletts, die an das Untergestell einer Hochzeitstorte erinnern, serviert werden. Unter diesen Tabletts werden nach Hausbrauch die Getränke geparkt (Was mitunter von immensem Vorteil für all jene jungen Damen ist, die von schweinsgesichtigen, schweißtriefenden Greisen hofiert werden, diesen aber infolge des hoch aufgetürmte Tischgedecks nicht ins altersgeile Antlitz blicken müssen).

Dort also saßen Luc und Lucca gemütlich beisammen, mitunter schlich sich das Motorgeheul eines Lamborghinis in den angenehme murmelnden Geräuschfluss der Freizeitgeschäftigkeit, dann und wann schlenderten hübsche neureiche Mädchen vorbei, die ihre eben von Dior oder Salvatore Ferragamo erstandenen Lebensnotwendigkeiten wie ausgeweidete Hunde spazieren führten.

Sie hatten mehr getrunken als geplant, sonderten – weil im Alter abgeklärter geworden – Artigkeiten am laufenden Band ab und bemühten sich jegliche Assoziationen zum Fußball oder gar zu Bonaparte peinlichst zu vermeiden.

Und dann war doch ein einziger Pernod zuviel genossen worden – und zwar von Lucca. Urplötzlich kroch der wärmende Schnaps in Blutbahn und Gehirnwindungen und verwandelte sich dort oben in Worte, die über Luccas Mundwerk wieder ausgestoßen wurden. Niemand kann heute mehr sagen, welche Worte aus dem Oval des Tifoso-Mauls drangen. Es war jedenfalls ein Riesenschwall, und da wir die beiden Gesprächspartner nun schon eine ganze Weile kennen, können wir getrost mutmaßen, dass er sich der Gloriosität des frischgebackenen italienischen Weltmeisters und der Erbärmlichkeit der französischen Niederlage widmete. Lucca konnte jedenfalls nicht mehr an sich halten, plapperte und plapperte, und sah dabei aus wie eine fette Gras fressende Kuh in der Po-Ebene.

Luc, längst kahl geworden, verkrampfte sich zusehends, rollte den Nacken über den dicken Hals und nahm die garstige Kuh ins Visier. Da war nur noch dieses hässliche, sich unablässig öffnende und schließende Maul, und da war schließlich nur mehr der Wille, dieses Maul zu stopfen. Groß war das Geschrei der Gäste im »Astoux & Brun«, als der zum Ziegenbock mutierte Luc seinen Glatzkopf in den Solarplexus des Plappermauls stieß. Er wurde des Lokals verwiesen, er, der hier jahrzehntelang so geachtet, ja fast bewundert worden war, den man an der ganzen Côte d´Azur als Paradebeispiel eines »chevaliers« schätzen gelernt hatte. Für immer verbannt – welch trauriges und unwürdiges Ende einer großen Stammkunden-Karriere! Lucca jedoch hielt sich den schmerzenden Bauch und war endlich wieder einmal so richtig glücklich.

VIII

Toni Windbeutel nahm eine tüchtige Prise seines auch im Himmel unverzichtbaren Schnupftabaks, und sein darauffolgender Niesanfall bescherte halb Schleswig-Holstein ein sehr feuchtes Wochenende. Die dort drunten schrieben gerade das Jahr 2008. Toni Windbeutel setzte seine Augengläser auf, schob zwei Wolken auseinander und stellte den Fokus auf eine Kleinstadt im Friaul. Dort, inmitten des Rummels eines Kirtags, saßen seine missratenen Söhne Luc und Lucca bei einer Flasche Campari und schienen wieder einmal zu streiten. «Sie sollten langsam klüger werden, jetzt, wo sie gerade Fünfzig geworden sind«, dachte der himmlische Tiroler. «Na ja, zumindest der Fußball kann diesmal kein Zankapfel sein«, murmelte Toni Windbeutel schmunzelnd. »Italien und Frankreich bereits in der EM-Vorrunde ausgeschieden, Diskussion zwecklos, Europameister: Österreich. So soll es sein!«

Und vergnügt zwickte er einen zufällig vorbeifliegenden Engel in die linke Hinternbacke und goss sich einen großen Enzian ein.

Claus Farnberger

England: Löwenherz und Skanderbeg

Jetzt sind wir schon in die zweite Hälfte des Buches vorgedrungen und haben noch kein Sterbenswörtchen über das weitere Schicksal unserer einstigen fußballerischen Antihelden Dr. Arthur Schienbein-Schützer und Jim the Butcher verloren. Etliche unserer treuen Altleser wird das vielleicht schon irritiert haben[29].

Naja, möglicherweise haben wir uns deshalb etwas bedeckt gehalten, weil die Geschichte für Beide ja gar nicht gut begonnen hat und eigentlich auch gar nicht besonders gut enden wird. Versuchen wir dennoch sie einigermaßen unaufgeregt weiterzuerzählen:

Wien, Herbst 2005

Nach dem Fiasko in Wien-Favoriten, wo der britische Hüne Jim the Butcher infolge fehlender Arbeitspapiere mit Schimpf und Schande seines Trainerpostens beim viertklassigen KSV Ankerbrot enthoben worden war, plante er wieder nach Teneriffa zurückzukehren, dorthin, wo er bei den einheimischen Guanchen-Abkömmlingen einst ein riesiges Feuer der Fußballbegeisterung entfacht hatte. In jenen Tagen, als er planlos und hungrig durch die Parkanlagen der Wiener Vorstadt streunte, da sehnte sich Jim wie nie zuvor nach der kanarischen Ferieninsel, nach ihren Ginsterbüschen, Steinrosen, Wolfsmilch-Meeren, dem selten blühenden Hibiskus, den Feigenkakteen und Drachenbäumen. In den Nächten, die er durchwegs auf Parkbänken zubrachte, träumte er vom motivierten Kampfgeschrei seiner früheren, nun Tausende Meilen entfernten Schützlinge: »Feihd – rann – feihd« und »itz guud futbol«. Doch ohne seinen Freund, den österreichischen Soziologen Dr. Arthur Schienbein-Schützer, der ihm damals als Assistent aus der Patsche geholfen hatte, konnte er eine Rückkehr nicht wagen, vor allem aus finanziellen Gründen nicht.

Und Schienbein-Schützer wollte absolut nicht! Er hatte mit dem Fußball abgeschlossen und war wild entschlossen, einen neuen Lebensabschnitt zu beginnen. Er hatte sich an einem Austauschprogramm der Universität Wien beteiligt, das für ihn neue wissenschaftliche Aufgaben in Albanien bereithielt. Eines Tages war er überstürzt ins Land der Skipetaren abgereist, und Jim the Butcher war wieder einmal allein. In den Monaten nach seinem Rauswurf beim KSV Ankerbrot versuchte er verzweifelt, zumindest soviel Geld zusammenzukratzen, um wenigstens wieder zurück ins heimatliche Manchester reisen zu können. In verruchten Diskotheken an der Wiener Peripherie verdingte er sich als illegal beschäftigter Türlsteher. Hier kam ihm natürlich sein furchteinflößendes Äußeres zugute. Wie es im Inneren des verletzlichen Kahlkopfes aussah, das wussten weder seine Dienstgeber noch die komatrinkenden Kids, denen er meist nur widerwillig Einlass gewährte.

Großraum Manchester, Winter 2006/Frühjahr 2007

England hatte sich in den wenigen Jahren seiner Abwesenheit völlig verändert. In der Wirtschaft ging es härter zu denn je, Jim the Butcher fand in seinem angestammten Beruf als Schlächtergehilfe weder in Manchester und Preston noch in Barnsley eine Anstellung, und auch am Liverpooler Hafen versuchte er vergeblich als Hilfsmatrose anzuheuern.

Auch der englische Fußball war ein ganz anderer geworden. Die Traditionsvereine der Premier League waren zu einem beträchtlichen Teil in den Besitz von internationalen Magnaten gelangt. Der FC Liverpool gehörte nun den Amerikanern Gillet und Hicks, Chelsea dem russischen Ölprinzen Abramovich, West Ham dem Isländer Eggert Magnusson und Portsmouth dem französischen Multimillionär Alexander Gajdamak.

Auch sein geliebtes Manchester United, das Jim ja aufgrund eines tückischen Missverständnisses als angeblichem Hooligan lebenslanges Stadionverbot auferlegt hatte, befand sich fest in internationaler Hand. Ein gewisser Malcom Glazer, so erzählten ihm alte Bekannte in diversen einschlägigen Pubs, habe sich ManU einfach unter den Nagel gerissen.

Kein Stein sei bei seinem Lieblingsverein auf dem anderen geblieben, da helfe es auch wenig, dass mit dem Schotten Sir Alex Ferguson seit 20 Jahren derselbe Trainer auf der Bank sitze.

Aufgrund der feindlichen Übernahme habe es große Fanproteste gegeben, erfuhr Jim the Butcher weiter, die natürlich allesamt fruchtlos gewesen seien. Daraufhin hätten die enttäuschten Anhänger ihren Club neu gegründet, und zwar in Form des »FC United of Manchester«, der seine Vereinsaktivitäten in den Niederungen der zehnten englischen Spielklasse, in der »North West Counties Football League Division 2«, beginnen müsse.

Eigentlich wollte auch Jim the Butcher absolut nichts mehr vom Fußball wissen, durch stetiges Drängen seiner Kumpanen ließ er sich dennoch eines Tages breitschlagen, ein Spiel des Satellitenklubs »FC United of Manchester« zu verfolgen.

Mürrisch registrierte er, dass die Heimspiele gar nicht in Manchester stattfanden, sondern an der Gigg Lane des heruntergekommenen Viertligisten Bury FC. Die Fans hatten sich also jeweils in die Grafschaft Lancashire zu bemühen, die eher für die Käseproduktion als für guten Fußballsport bekannt war.

Widerwillig reiste Jim the Butcher per Sonderbus nach Bury, um diesen seltsamen ManU-Ableger spielen zu sehen.

Wie überrascht aber war er, als er das Stadion betrat: eigentlich hatte er erwartet, dort höchstens zwei Dutzend verschrobener Käuze vorzufinden, doch es waren einige tausend hellauf begeisterte Fans, die den Anpfiff zum unterklassigen Spiel gar nicht erwarten konnten. Schon nach fünf Spielminuten musste sich Jim the Butcher eingestehen, dass sein verhärmtes Fußballerherz wieder in einem schon fast vergessenen Takt zu schlagen begann.

Nach dem zweiten Tor der Heimmannschaft beobachtete er sich dabei, instinktiv die Fäuste geballt zu haben, und nach dem

Schlusspfiff kullerten dicke Tränen der Begeisterung über seine feisten Wangen. Von diesem Tage an versäumte Jim the Butcher kein Spiel dieser Mannschaft mehr. Er genoss es, endlich wieder im englischen Fußballgeschehen integriert und nicht mehr – so wie beim großen Bruder Manchester United – von den Rängen ausgeschlossen zu sein. Einmal Fußballanhänger, immer Fußballanhänger – und so dauerte es nur wenige Spieltage, bis Jim the Butcher ein fester und unverzichtbarer Bestandteil der Fan-Community geworden war. Er half mit, Schlachtenbummlerfahrten zu organisieren, ersann aufwühlende Schlachtgesänge und lernte nach und nach alle Spieler, Trainer und andere maßgebliche Personen rund um den »FC United of Manchester« kennen. Darunter befand sich auch ein gewisser George McDermott, ein Redakteur des beliebten englischen Fußball-Fanzines »When Saturday Comes«. Bei einigen Pints im Clubhaus erzählte er diesem eines Nachts von seinem traurigen Schicksal, von seiner trostlosen Jugend, seiner Liebe zu Manchester United, seiner Verbannung aus dem Fansektor, der darauffolgenden Flucht nach Teneriffa und auch von seinen späteren Erfolgen in der Wienerliga-Zeit, die ein so abruptes Ende gefunden hatte. Der erfahrene Journalist zeigte sich äußerst beeindruckt, und schon bald prangte Jim the Butcher auf der Titelseite von »WSC«, als leuchtendes Beispiel eines zum Leiden geborenen, unverwüstlichen Fußballfans.

Die Story erregte weit über den Nordwesten Englands hinaus großes Aufsehen, und über Nacht wurde Jim the Butcher zu einer überaus populären Fußball-Ikone. Sogar das englische Boulevardblatt »The Sun« widmete dem sympathischen Tollpatsch eine große Homestory auf Seite Fünf, gleich neben dem obligaten Bericht über die Akne-Sorgen von Britney Spears und die neuesten Streiche von Prinz Harry.

Eine neue Kultfigur war geboren, und selbstverständlich hatte diese Entwicklung auch Einfluss auf die weitere Karriere Jims beim »FC United of Manchester«. Rasch wurde er zum »chiefcoordinator« der Fans bestellt, nur wenig später fand er Aufnahme in den Vereinsvorstand, ehe er aufgrund seiner Symbolkraft sogar zum Co-Trainer ernannt wurde. Und als der Haupt-Coach Karl »Margy« Marginson schließlich einen lukrativen Vertrag bei einem englischen Profiverein unterschrieb, fand sich Jim urplötzlich an der sportlichen Spitze seines neuen Lieblingsvereins wieder.

Irgendwann kommt auch beim frischesten und erfolgreichsten Verein etwas Sand ins Getriebe, und so war es auch beim »FC United of Manchester«. Die Spieler schienen trotz der vielen Erfolge etwas ermüdet, das Feuer der Gründungszeit machte wachsender Ungeduld breit, besonders unter den älteren Spieler.

«Seit Anbeginn befindet sich unser Team nur auf dem Durchmarsch. Von der West Counties Football League Division Two über die West Counties Football League Divison One habt ihr es bereits bis in die UniBond League First Division geschafft.«, sprach Jim the Butcher nach einem Training zu seinen Spielern. »Wenn wir weiter so erfolgreich sind, könnten wir uns in kurzer Zeit bereits in der Northern Premier League Premier Division befinden. Von dort ist es nur mehr ein winziger Schritt in die Conference North. Und was dann auf uns wartet, brauch ich euch ja nicht zu sagen!«

«Die Coca Cola League Two«, schrie der junge Ersatztormann euphorisiert.

»Nein, zuvor noch die Conference National! Aber von dort ist es nicht mehr weit zum bezahlten Fußball, zu den Top 92 Fußballvereinen Englands!«

»Das dauert uns zu lange, da brauchen wir ja mindestens 10 Jahre, bis wir gegen ManU in der Premier League spielen dürfen!«, meinte der schon dreißigjährige Goalgetter des Vereins.

«Sieben Jahre, um genau zu sein!«, versuchte Jim zu relativieren. Brummend zogen die Spieler daraufhin von dannen.

In dieser Phase wachsender Unzufriedenheit half nicht einmal mehr ein Trainingslager auf der Insel Teneriffa samt Freundschaftsspiel gegen Jim the Butchers einstige Schützlinge des ICE Tamaimo. Zwar wurde das unfaire Wettmessen mit 8:1 gewonnen und der Kapitän der Insulaner zollte dem Gästen hernach ein artiges »Itz guud futbol yu pleeh«, aber der gedachte Motivationsschub blieb leider aus. Jim the Butcher versank während des gesamten Rückflugs nach Großbritannien in nachdenkliches Schweigen und ermittelte gleich nach der Landung die Telefonnummer der österreichischen Botschaft in Albanien.

Tirana: Winter 2006/Frühjahr 2007

Gleich bei seiner Ankunft in Albanien hatte Dr. Arthur Schienbein-Schützer eine herbe Enttäuschung erwartet. Als er an der Universität in der Hauptstadt Tirana eingetroffen war, hatte ihm ein freundlicher schwarzhaariger Herr mit schlechten Zähnen eröffnet, dass das Uni-Austauschprogramm aufgrund einer mysteriösen Geldunterschlagungsgeschichte bereits geplatzt sei. Er könne eigentlich gleich wieder nach Hause fahren.

Dazu hatte Schienbein-Schützer aber nicht die geringste Lust gehabt und hatte beschlossen, erst einmal die Stadt zu erkunden und später nach etwaigen alternativen Verwendungsmöglichkeiten für einen Mann seiner Fähigkeiten zu suchen.

Nun schlenderte Dr. Arthur Schienbein-Schützer schon seit einigen Tagen gedankenverloren durch das Vergnügungs- und Einkaufsviertel »Blloku« im Zentrum Tiranas. »Schon ein seltsames Land, dieses Albanien«, dachte er zum wiederholten Male. Da gab es noch immer unfassbare Armut, die ihm nicht einmal bei seinen intensiven soziologischen Studien über das Wiener Arbeitermilieu des späten 19. Jahrhunderts untergekommen war – und andererseits boten hier die zahllosen Boutiquen für eine winzige Oberschicht feinste europäische Ware an, deren Exklusivität wohl manch stolzem Geschäftsinhaber am Graben oder in der Kärntner Straße die Schamesröte ins Gesicht gezaubert hätte. Hier gab es vollklimatisierte Delikatessenläden, die das Schlaraffenland zu einer lukullischen Wüste verblassen ließen, und gleich gegenüber fand man wieder erbärmlich vernachlässigte Buden, wo Schwärme schwarzer Fliegen in die brüchigen Vitrinen schlüpften und so die kargen Ziegenmilch-Produkte noch ekeliger aussehen ließen als sie es ohnedies schon taten.

Ein seltsames Land, dieses Albanien! Noch immer war der landschaftlich reizvolle Küstenstreifen übersät von Tausenden kleinen Bunkern, die an jene noch gar nicht weit zurückliegende Zeit erinnerten, als man meinte, sich gegen die ganze Welt verteidigen zu müssen. Miniaturmodelle dieser Bunker – mit der Sonderfunktion eines Aschenbechers oder Briefbeschwerers ausgestattet – wurden mit erstaunlichem Erfolg den kaufgierigen Abenteuertouristen aus den EU-Staaten, Japan oder den USA angedreht.

Schienbein-Schützer wandte seinen Blick von den Auslagen ab und beschleunigte seine Schritte. Alsbald gelangte er auf einen großen Platz, wo sich eine riesige Reiterstatue des albanischen Freiheitshelden Skanderbeg[30] befand – das Wahrzeichen der Stadt, wie er später erfahren sollte. Neugierig beäugte er das mächtige Monument, ohne freilich noch zu wissen, welch intensive emotionale Bindung er zu dieser historischen Figur alsbald aufbauen würde. Von Beginn an faszinierte ihn dieser Skanderbeg, und Schienbein-Schützer versuchte in den folgenden Tagen in der Nationalbibliothek Tiranas alles verfügbare Wissen über dessen Geschichte in Erfahrung zu bringen. Bei seinen Studien stieß er bald auf die Festung Kruja, die etwa 20 Kilometer von der Hauptstadt gelegen war. Mit einem uralten Mercedes-Taxi ließ er sich dorthin bringen. Er vertiefte sich bei der Besichtigung der Festungsanlage, die Skanderbeg als Zentrum seines heldenhaften Abwehrkampfes gegen die Osmanen gedient hatte, in jedes nur erdenkliche Detail, mietete ein winziges Zimmer bei einem Bauern im Zentrum der Stadt Kruja und besuchte, da sein wissenschaftlicher Eifer nun vollends ausgebrochen war, tagtäglich die Skanderbeg-Gedenkstätte. Nach zehn Tagen bat er bei der kommunalen Verwaltung um das Recht, gegen äußerst geringes Entgelt, Führungen in deutscher und englischer Sprache auf der Festungsanlage anbieten zu dürfen. Dies wurde ihm prompt gewährt[31].

Die Führungen wurden ein durchschlagender Erfolg. Erst verirrten sich nur zufällig alle paar Wochen ein paar versprengte Individualtouristen zu ihm, doch alsbald reichte sein Ruf soweit, dass die Schienbein-Schützerschen Festungsbegehungen sogar in einigen Reiseführern als Geheimtipp angepriesen wurden. Ermutigt durch diese Erfolge ließ er sich nach Vorbild Skanderbegs einen langen und dichten Vollbart stehen, der ihn aufgrund seiner schmächtigen Physiognomie zwar eher wie einen Anverwandten Don Quichottes aussehen ließ, bei seinen Gästen aber trotzdem sehr gut ankam. Eines Tages, als Folge eines Geistesblitzes während einer längeren nächtlichen Prüfung der regionalen Bestände an Skanderbeg-Cognac, beschloss er auch, sein Outfit jenem des Helden anzugleichen.

Er ließ bei einem Blechschmied drunten in der Stadt einen riesigen Helm entwerfen, dessen breiter Kamm die Form eines Pferdekopfes hatte. Darüber hinaus erwarb er zwei schwere Kettenhemden, einen bronzenen Harnisch und schwarze Stiefel. So gekleidet nahm er – der sengenden Hitze trotzend – ab nun seine Führungen vor. Spätestens ab diesem Zeitpunkt hätten ehemalige österreichische Freunde den stabilen Zustand seiner geistigen Verfassung wohl zu recht als äußerst gefährdet angesehen. Schienbein-Schützer traf aber niemals auf österreichische Touristen. Eines Tages allerdings begegnete er auf der Festung Kruja einer sehr berühmten Person, die zumindest enge Bande mit der Alpenrepublik vorzuweisen hatte: Otto Baric, den einstigen österreichischen Teamchef, der damals als Betreuer der albanischen Nationalelf fungierte.

Otto Baric war in diesen Tagen mit seinen Fußballern alles andere als zufrieden. Er hatte von der erstmaligen EM-Qualifikation Albaniens geträumt, war nach den Niederlagen gegen Rumänien und die Niederlande aber bereits früh desillusioniert worden. Nun versuchte »Otto Maximale«, seinen Schützlingen mehr kämpferisches

Nationalbewusstsein einzubläuen – und so war der Besuch der Skanderbeg-Gedenkstätte zustande gekommen.

Schienbein-Schützer, der sich der Tragweite des hohen Besuches voll bewusst war, wechselte schüchtern ein paar Worte mit dem ehrwürdigen Fußballtrainer, legte aber dann umso selbstbewusster los. Die Führung wurde zu einem wahren Lehrbeispiel für begeisterndes Motivationstraining. Baric, schon seit jeher mit allen Feinheiten der Psychologie vertraut, war so begeistert von Schienbein-Schützers Kampfrhetorik, dass er ihn vom Fleck weg als albanischen Teamreferenten für besondere Aufgaben engagierte.

Fortan hatte sich Schienbein-Schützer vor jedem Training und jedem kleinen Vorbereitungsspielchen in voller Skanderbeg-Montur einzufinden und vor versammelter Mannschaft eine flammende, auf das bevorstehend Ereignis einstimmende Rede zu halten.

»Skipetaren, Krieger«, rief er dann, »seid euch eurer ehrenvollen Aufgabe bewusst. Lasst den Gegner anrennen, verteidigt mit Mann und Maus, so wie ich es dereinst getan habe!«

Diese seltsamen Methoden zeitigten auch sofort Erfolge. Weder gegen Slowenien noch beim Qualifikations-Auswärtsspiel in Bulgarien ließen die Albaner auch nur einen einzigen Treffer zu. Zweimal gingen sie mit einem ehrenvollen 0:0 vom Platz.

Baric war natürlich maximal zufrieden und lud eines Tages den so erfolgreichen Schienbein-Schützer in sein Büro ein. In der Tasche hatte er einen gut dotierten Zweijahres-Vertrag als Co Trainer. Eben wollte er dem Österreicher mit den unkonventionellen Methoden die frohe Botschaft überbringen, da läutete Schienbein-Schützers Handy.

Es war die österreichische Botschaft, die ihn sogleich mit einer britischen Telefonnummer verband:

»I need your help, come to England«, kam Jim the Butcher am anderen Ende der Leitung gleich zur Sache.

Er klang so verzweifelt, dass Schienbein-Schützer in Sekundenschnelle seinen aktuell gültigen Lebensplan verwarf, Otto

Baric entschuldigend die Hand reichte und seine Sachen zu packen begann. Skanderbeg brach seine Zelte in Albanien ab.

Grafschaft Lancashire, Herbst 2007/Frühjahr 2008

Gleich nach Schienbein-Schützers Ankunft in England informierte ihn Jim the Bucher über seinen jüngsten Werdegang, aber auch über seine aktuellen Probleme als Trainer des »FC United of Manchester«: »Dir ist immer etwas eingefallen. Du musst mir helfen, mein Team neu zu motivieren!« In der Tat hatte der österreichische Freund Rat parat. Er erzählte Jim the Butcher von seinen Erlebnissen in Albanien und hob zu einer ausführlichen historischen Würdigung Skanderbegs an.

»Man müsste diesen Skanderbeg auf englische Verhältnisse ummünzen«, sprach er schließlich zum verdatterten Jim. Wir brauchen einen Helden, eine neue Symbolfigur, die den Glauben deiner Spieler und Fans wieder festigt, der ihnen mit dem Herz eines Löwen bei der Rückeroberung der fußballerischen Werte Manchesters, ja ganz Englands, zur Seite steht.«

Die Worte verfehlten bei Jim the Butcher keineswegs ihre Wirkung, auch wenn er einen seltsamen Glanz in den Augen Schienbein-Schützers wahrnahm, diesen aber auf die Erfrischungen zurückführte, die sich der Wissenschaftler bei der beschwerlichen Anreise im Flugzeug wohl gegönnt hatte.

»Löwenherz!«, schrie Schienbein-Schützer plötzlich hysterisch, »aus Skanderbeg wird Richard Löwenherz, der große englische König und Kreuzritter«.

Die Sonne Nordwestenglands spiegelte sich in der frisch polierten Rüstung des neuen Sonderbeauftragten. Die Fans des »FC United of Manchester« schauten halb bewundernd, halb spöttisch auf die eigentümliche Figur, die sich in ihrem Sektor aufgepflanzt hatte. »Das ist der Freund unseres Trainers«, raunte man sich zu. Er soll in Albanien Wunderdinge vollbracht haben!«.

»Er macht sich über King Richard lustig«, meinten wiederum Andere, »schau wie belämmert er dasteht, mit seiner klobigen

Ritterrüstung und dem weißen Schild samt rotem Kreuz!« Letztere Gruppe befand sich aber in der Minderheit, der Trend war ein ganz anderer. Mehr und mehr Fußballverrückte taten es Schienbein-Schützer gleich und erschienen zu den Heimspielen ebenfalls in Löwenherz-Kostümen.

Die Mannschaft schien diese Entwicklung jedenfalls zu goutieren, denn plötzlich klappte spielerisch wieder alles wie am Schnürchen. Jedes einzelne Teammitglied rannte sich die Seele aus dem Leibe, beflügelt von der Mission, dem englischen Fußball wieder die ursprüngliche Unabhängigkeit zurückzugeben und die von fremden Geldgebern dominierten Vereine in die Schranken zu weisen. Auch das Fernziel des »FC United of Manchester« stand allen klar vor Augen: Manchester United musste irgendwann vom Throne gestoßen werden. Die Zahl der »Lionhearts« auf den Rängen, betreut und koordiniert von Schienbein-Schützer, wuchs von Spiel zu Spiel an, bis die Hauptfankurve schon eher einem mittelalterlichen Heereslager glich. Kein einziges Match wurde in dieser Saison verloren. Schon fünf Spieltage vor Schluss hatte der »FC United of Manchester« die Chance, durch einen Heimsieg gegen die »Gresley Rovers« aus Derbyshire den Aufstieg in die nächste Liga zu fixieren. Vor dem Spiel herrscht also eine dementsprechend große Anspannung. Es waren so viele Fans gekommen wie noch nie. Schienbein-Schützer alias Löwenherz bewegte sich knapp vor Spielanpfiff auf Geheiß Jim the Butchers in Richtung Mittelkreis, ließ sich ein Megaphon reichen und schrie in Richtung Anhängerschaft:

«Brave, tapfere Männer und Frauen des FC United of Manchester! Viele Fährnisse haben wir zusammen bereits ausgestanden. Große Herausforderungen haben wir bewältigt, zahllose Gegner besiegt. Mögen auch noch Jahre der Mühen vor uns stehen, immer näher kommen wir unserem Ziele!« Er reckte seinen Schild empor, woraufhin es ihm viele auf den Rängen mit ihren selbst gebastelten Schild-Attrappen gleichtaten.

»Fight – run – fight«, schrie nun Schienbein-Schützer in angemessener Ekstase und wollte eben zu einer weiteren Suada anheben, als er von einem unauffällig gekleideten jungen Mann, der sich weitgehend unbemerkt zum Löwenherz-Epigonen am Mittelkreis hinbewegt hatte, an der Schulter gepackt wurde:

«Gestatten Sie, Ian Miller, Detective Superintendent der Greater Manchester Police, kommen Sie bitte mit!«

Aufwiegelung der Massen, Anstiftung zur paramilitärischen Zusammenrottung, Missachtung des Uniformtrage-Gesetzes – ellenlang war die Liste der Delikte, die Schienbein-Schützer und damit auch seinem Auftraggeber Jim the Butcher zur Last gelegt worden waren. Unter diesen Umständen war natürlich an eine Weiterführung der Arbeit beim »FC United of Manchester« nicht mehr zu denken gewesen. Dabei hatten Beide letztlich noch Glück gehabt, nicht ins Gefängnis zu wandern. Selbst das englische Boulevard-Blatt »The Sun« hatte dem Löwenherz-Skandal eine ganze Seite gewidmet, gleich neben dem obligaten Bericht über die Akne-Sorgen von Britney Spears und die neuesten Streiche von Prinz Harry.

Hastig verabschiedeten sich die beiden Freunde am Manchester Flughafen, ehe sie nun endgültig getrennte Wege gingen. Jim the Butcher wollte sein Leben auf Teneriffa fortsetzen, Schienbein-Schützer zog es wieder zurück nach Albanien, wo man der Verehrung historischer Helden eindeutig unverkrampfter gegenüberstand. «Wir werden uns wiedersehen«, sprach Schienbein-Schützer zum Abschied, »du brauchst mich nur anzurufen, wenn du wieder einmal in Problemen steckst!«

[29] Siehe »Beruf: Fußballfan«, erschienen 2005 bei Molden.

[30] Skanderbeg (1405 bis 1468) war ein albanischer Fürst, der durch die heroische Verteidigung seines Landes gegen die Osmanen Unsterblichkeit erlangte. Von der Festung Kruja aus leistete er viele Jahre nachhaltigen Widerstand, sodass er zum albanischen Nationalhelden avancierte.

[31] Erstaunlich! Man stelle sich einmal vor, ein Albaner würde das Ansuchen stellen, ausländische Touristen in der Kapuzinergruft in Wien herumzuführen. Im günstigsten Falle würde er weggeschickt, im schlechteren Falle der Exekutive übergeben werden.

Gerald Simon

Griechenland: Der FC Olymp

Schon seit frühester Jugendzeit, als man vergeblich versuchte, mir den gesamten Katechismus in mein sprödes und widerspenstiges Gehirn einzubläuen, schien mir der Glaube an einen einzigen Gott etwas mager und unspektakulär. Wie ungleich bunter und aufregender waren da die griechischen Götter- und Heldensagen, die sich mit Leichtigkeit in mein Langzeitgedächtnis einnisteten. Heute noch könnte ich mit diesem Wissen als Kandidat bei der Millionenshow reüssieren, würde aber dann bei der Frage, an welche Länder Österreich grenzt, schmachvoll scheitern. Einige monotheistische Schnösel mögen monieren, dass diesem Zugang zur Religion die Offenbarung fehle, was nur bedingt stimmt, denn die Offenbarung fand am 4. Juli 2004 in Lissabon – natürlich im Stadion des Lichts – statt, als Griechenland überraschend Fußballeuropameister wurde, der direkte Vorgänger der Österreicher, quasi. Was hat der Fußball jetzt wieder mit der griechischen Mythologie zu tun, werden Sie vielleicht schon ein wenig genervt angesichts unserer Theorien und – zugegeben – manchmal etwas extravaganten Denkansätze fragen. Mehr als Sie glauben! Es kommt nicht nur darauf an, was man glaubt, sondern auch darauf, wie man was glaubt.

Es ist doch sicherlich kein Zufall, dass sich auf dem Olymp – dem Sitz der griechischen Götter – genau zwölf Akteure befanden. Das sieht doch verdächtig nach einer Fußballmannschaft und einem Trainer aus. Und tatsächlich erkennt man bei genauerem Hinsehen verschlüsselte und verklausulierte Geheimbotschaften, die ich Ihnen nicht vorenthalten will, auch auf die Gefahr hin, dass aufgrund dieser Erkenntnisse die komplette griechische Mythologie einer neuen Deutung zugeführt werden muss.

Göttervater Zeus trainierte den ganzen Haufen. Er brachte Ordnung nach dem Chaos, hier hat sich Erfolgstrainer Rehagel sicher einiges abgeschaut. Einer seiner Beinamen, *hetaireios* (der Freundschaft beschützende), deutet auch darauf hin, dass der bekannte Ausspruch »Elf Freunde müsst ihr sein« wohl auch Zeus zugeschrieben werden muss und damit die Fußballikone Sepp Herberger als armseligen Plagiator entlarvt.

Im Tor – zugegeben, der einzige Schwachpunkt beim FC Olymp – Dionysos, der Gott des Weines, lässt an guten Tagen keinen aus. Das ist aber auch gleichzeitig seine Schwäche, wenn er über Tage keinen ausgelassen hat. Man nennt ihn allerdings auch den »zweimal Geborenen«, was auf eine hohe Regenerationsfähigkeit hindeutet, schnell ist er in der Lage, ein Formtief zu überwinden.

Vor ihm jedoch hatte er eine schier unüberwindliche Dreierkette mit Apollon, dem Unheilabwehrer, als Abwehrchef. Rechter Manndecker war Poseidon mit dem Dreizack, linker Manndecker Hephaistos, der grimmige Außenpracker, der durch sein kompromissloses Attackieren bereits selber hinkte, aber nach wie vor durch geschicktes Stellungsspiel brillierte und seine Gegenspieler zur Verzweiflung brachte. Und sollte ihm doch einmal ein Stürmer entwischt sein, sandte er ihm umgehend seinen Schmiedehammer nach, was aber meist als verbotenes Tackling von hinten gewertet und oftmals mit einer gelben Karte geahndet wurde. Zu Feldverweisen gegen das olympische Fußballteam kam es so gut wie nie, die Schiedsrichter hatten offensichtlich keine Lust, anschließend auf eine mehrjährige Seereise zu gehen oder irgendwelche Steine auf Berge hochzurollen. Zu dieser Zeit dürfte noch weniger das wertvolle und elegante Gastgeschenk für die Referees im Mittelpunkt der Schiedsrichterbetreuung gestanden sein, sondern eher noch primitive, brachiale Einschüchterung.

Das Mittelfeld war ebenfalls hochkarätig besetzt. Auf der rechten Außenbahn brauste Demeter auf ihrem Delphin auf und ab, die Doppelaxt symbolisierte ihre Stärke offensiv wie defensiv. Neben ihr, halbrechts, Hera, die mit viel List und Tücke ihre Fäden zog, durch ihre zänkische Art war sie jedoch permanent rot-gefährdet, eine antike Kühbauerin, quasi. Zentral vor der Abwehr, eine typische Nummer 6, der Staubsauger, Athene, die Unermüdliche, die Unüberwindliche. Halblinks die kreative Mittelfeldregisseurin Aphrodite, Anmut, Liebreiz und Eleganz bestimmten ihr Spiel. Herbert Prohaska soll sich angeblich viel von der Göttin der Liebe abgeschaut haben. Auf der linken Außenbahn stürmte natürlich der Götterbote Hermes, der sich mit seinen Flügelschuhen schneller bewegen konnte als das Licht.

Im Sturm sorgten einerseits die grazile Artemis, die immer auf Torejagd war, und von der man sagte sie »sei keinem Manndecker untertan, sondern frei« und andererseits Ares, ein bulliger und grimmiger Vollstrecker, für Angst und Schrecken in den gegnerischen Strafräumen.

Die schärfsten Gegner des FC Olymp waren die ruppigen Jungs von Borussia Asgard. Eine technisch schwache, jedoch sehr kampfkräftige Truppe unter der Führung des einäugigen Odin. Sein Starspieler war Thor, der für seine Powerdribblings gefürchtet war und oftmals unbehelligt durch das ganze Mittelfeld donnerte. Borussia Asgard stand in dem Ruf, mit viel Einsatz und Glück bereits verloren geglaubte Spiele in den Schlussminuten noch umdrehen zu können, was einer angelsächsischen Gottheit einst den Ausspruch abnötigte: »Fußball ist ein Spiel, das dauert 90 Minuten, und am Ende gewinnen immer die Asen.«

Ich meine, der FC Olymp war eine Mannschaft, mit der man sich nicht verstecken brauchte, und aufbauend auf diese Tradition musste dann für die Griechen irgendwann einmal der große Erfolg eintreten. Dabei saßen beim FC Olymp noch so Knaller wie Herakles, Hades und der ziegenfüßige Pan auf der Ersatzbank, wenn man den Kreis weiter zieht und auch Götter dazunimmt, die nicht ständig auf dem Olymp waren. Einwechseln konnte man auch noch Aletheia, die Göttin der Wahrheit, und die liegt ja bekanntlicherweise sowieso am Platz. Ersatzgoalie war meist einer der Silene, ein Begleiter Dionysos', der aber meist noch unzuverlässiger war als der Meister selbst.

Was hat da unser trauriger Monotheismus schon entgegenzusetzen? Dazu fällt mir überhaupt nur ein biblischer Uralt-Kalauer ein: »Jesus stand im Tor von Nazareth und seine Jünger standen abseits« *(Matthäus 25, Gleichnis vom Weltgericht)*. Das deutet bereits darauf hin, dass die zwölf Apostel nicht wirklich für den Fußballsport getaugt haben. Sie waren auftragsgemäß zu sehr mit dem *Menschenfischen* beschäftigt. Hätten sie einen guten Fußball gespielt, hätten sie Woche für Woche 70.000 Menschen anlocken können. Naja, vergeben ist vorbei.

Wahrscheinlich werden Sie mir jetzt mit den Gottes fürchtigen und gläubigen Italienern kommen, noch dazu wo diese gerade aktuell die Nummer 1 der FIFA-Weltrangliste sind (Stand Juni 2007). Trotz Papsthysterie und Vatikanenklave, ich behaupte, dass sie nach wie vor mit ihren alten römischen Göttern – die den griechischen ja nahezu eins zu eins entsprechen – schwer verbandelt sind.

Gerald Simon

Niederlande: Zen & Zenden

»Oranje boven! – Oranien lebe hoch!«, erscholl der Schlachtruf aus tausenden niederländischen Kehlen in der Frankfurter Main-Arena bereits vor dem WM-Spiel gegen Argentinien, und Maarten Houwer fühlte sich wohl, in diesem Meer von orangegekleideten Menschen. Dieses intensive Orange erfreute sein Auge. Dass dieser Schlachtruf bereits im 16. Jahrhundert zur Anwendung kam, als Wilhelm von Oranien seine Rebellen in ihren Unabhängigkeitskrieg gegen Spanien führte, wusste er nicht – oder wollte es nicht wissen, weil ihm alles Martialische, Kriegerische und Gewalttätige unerquicklich war, seit er sich dem Buddhismus zugewandt hatte.

Maarten Houwer war ein ewig Suchender, der nun – so schien es – endlich in der Verknüpfung von Fußball und Buddhismus seine Bestimmung gefunden hatte. Was hatte er nicht im Laufe seines Lebens bereits für Irrwege beschritten, ehe ihn seine Vorliebe für die Farbe Orange nun endgültig auf den richtigen Pfad geführt hatte.

Als Martin Mayer im kleinen Waldviertler Kaff Fucking bei Zwettl geboren, führte ihn seine berufliche Ausbildung in die große Stadt, deren Versuchungen und Verlockungen er alsbald erlag. Nach der Abkehr vom Katholizismus trat in die entstandene Lücke eine Art sozialdemokratisch-neoliberale Grundgesinnung, die in erster Linie aus der Anhäufung von materiellen Gütern und der strikten Trennung von beruflichen und privaten Geschehnissen bestand, was seine Frau schließlich dazu bewog, sich privat von ihm zu trennen und damit ihn wiederum vom größten Teil seines Eigentums. Haltlos und entwurzelt wohnte er in Wohnungen, die nicht ihm gehörten, spielte Golf mit geliehenen Golfschlägern und schlief mit Frauen, die nicht die seinen waren. Aber nur so war es ihm möglich, sich soweit von seinem egozentrischen und verblendeten Ich zu lösen, dass in ihm die Bereitschaft für eine neue große Lehre wachsen konnte. Beim Durchblättern der Zeitung des Nachbarn erblickte er im Sportteil ein Foto des niederländischen Nationalspielers Boudewijn Zenden, und obwohl er sich kaum für Fußball interessierte, hatte aus unerfindlichen Gründen eine Art Spontanerleuchtung, wobei er Zenden messerscharf mit Zen-Buddhismus assoziierte. Wie Schuppen fiel es ihm von den Augen, und er erkannte, dass er aufgrund seiner neuen Besitzlosigkeit bereits ein wichtiges Kriterium des buddhistischen Mönchs erfüllte. Ein wohliger Schauer durchrieselte seinen Körper, und große Zuversicht stieg in ihm auf.

Das zweite einschneidende Erlebnis folgte bereits wenig später, als er auf Einladung eines früheren Geschäftspartners in *de Kuip* – der Rotterdamer Wanne – das österreichische Nationalteam 2003 im Rahmen der EM-Qualifikation für Portugal gegen die Hausherren Fußball spielen sah. Weniger fielen ihm die paar hundert österreichischen Schlachtenbummler auf, sondern viel mehr die, alle in leuchtendes Orange gekleideten, niederländischen Anhänger und deren uneingeschränkte Freude und Fröhlichkeit (kein Wunder bei einem 3:1 Sieg, der ihr Team ein großes Stück Richtung Portugal brachte). Martin Mayer sah sich wie in einem riesigen buddhistischen Kloster und fühlte sich auf eine seltsame aber bestimmte Art und Weise geborgen und geschützt.

Mayer flog nicht mehr mit seinem Freund zurück nach Österreich, sondern blieb in Holland, änderte seinen Namen und ließ sich im Supportersclub Oranje, in der Burgerweeshuispad 54, in Amsterdam einschreiben. Nun war er Mitglied einer über 60.000 Menschen fassenden orangenen Gemeinschaft.

Nachdem er sich sogar mit den Regeln und der Geschichte des Fußballsports auseinandergesetzt hatte, begann ihn auch das Spiel am Rande zu interessieren. Bei seinen Recherchen stieß er auch auf das bekannte Zitat des peruanischen Soziologen Julio

Roldán, wonach die Chinesen den Fußball erfunden, die Engländer ihm Regeln gegeben und die Brasilianer ihn perfektioniert hätten. Das fand – nunmehr – Maarten Houwer sehr interessant und so auf dem Holzweg befand er sich nicht, denn die Chinesen haben mit Sicherheit das Tor erfunden und mit einem Ball[32] in Verbindung gebracht. Und so blieb hauptsächlich der Buddhismus Kraftquelle und Antrieb für Houwer sich für diese Gemeinschaft zu engagieren.

Die Strukturen der fernöstlichen Lehre kamen Maarten Houwer als suchendem Menschen sehr entgegen. Keine allzu fixen Regeln, keine extremen Standpunkte, die Möglichkeit zwischen den verschiedenen Schulen der Lehre verhältnismäßig unbehindert hin und her zu switchen und die große Chance eigene Ideen einzubringen und zu verwirklichen.

So ist beispielsweise das Missionieren dem Buddhismus weitgehend fremd. Houwer sah jedoch gerade in der Verbreitung seiner Lehre – die vielleicht einmal als Ma Ho-Schule in den großen Kanon der buddhistischen *Dharmas* aufgenommen werden wird – die Hauptaufgabe seiner Berufung. In diesem Bemühen verstieß er gleich einmal gegen die *Pañcashîla* – der *Fünffachen Rechtschaffenheit* – nämlich dem *Abstehen von das Bewusstsein trübenden Mitteln.* Nachdem Maarten – wie es die Lehre verlangt – sich, einerseits, selbst nicht als süchtig oder abhängig betrachtete, hielt er sich auch andererseits – ebenfalls der Lehre gemäß – strikt von der Askese fern. Damit waren fanbedingte Biergelage vor, während und nach den Spielen keine unüberwindbaren Hürden mehr auf dem *Edlen Achtfachen Pfad.* Das hieß aber nicht mehr und nicht weniger, dass er Bekehrungsunwillige einfach unter den Tisch trank, deren vorübergehende Schwäche zu dem einen oder anderen resignativen Zugeständnis nützte und sich dadurch Bestätigung und Zustimmung für seine neue Spiritualität einholte. *Alko-Reiki* nannte er diese zwar selbst entwickelte, aber durch und durch zweifelhafte Rekrutierungsmethode, und ob Buddha damit einverstanden gewesen wäre, auf diese Art und

Weise seine Anhängerschaft vergrößert zu sehen, bleibe dahingestellt. Außerdem bräuchte man Erleuchteten, die sich bereits im *Nirvana* befinden, an und für sich nicht mehr erklären, wie der *Kreislauf des Leidens* am besten zu unterbrechen wäre.

Ähnlich hielt er es auch mit der geschlechtlichen Liebe. Als ihm eine Lehrmeisterin anbot, seine Sexualität in geistige Energie zu transformieren, um nicht dauernd *Karma* zu erzeugen und anzuhäufen, was ihn in eine Abfolge von unnötigen Wiedergeburten zwingen würde, lehnte er dankend ab und meinte, er wäre vorläufig damit zufrieden, wenn sie seine Sexualität hin und wieder in einen Fingerhut voll Sperma transformieren würde.

Seine Lehre, die Ma Ho-Schule, in ihrer reinsten und ausgefeiltesten Form eine Art hedonistischer Buddhismus, breitete sich innerhalb des Oranje Supportersclubs aus wie ein Lauffeuer. Einerseits lernten die Fans mit Niederlagen und unliebsamen Ereignissen gelassener umzugehen, andererseits mussten sie auch auf Frauen und Alkohol nicht verzichten. Furchterregende Skinheads verloren ihren Schrecken und ähnelten eher Shaolin Mönchen, strikt nach den *3 Houwer-Sutras*[33] lebend. »Vreugde door Maarten, onze Bodhisattva! – Freude durch Maarten, unseren *Bodhisattva*[34]!«, wurde zum *Mantra*[35] einer optimistischen und wonnetrunkenen Bewegung.

Sie folgten ihrem neuen Meister Maarten Houwer, der bestimmt voranschritt, mit einer leuchtend orangenen Karotte in der Hand, dem Symbol der neuen Glaubensgemeinschaft. Lieber wäre ihm die Orange selbst gewesen, die war jedoch kurz zuvor von einer sehr kleinen, aber dafür sehr unsympathischen politischen Partei in Österreich für sich reklamiert worden. So blieb Houwer nur die Mohrrübe, was wieder sehr rigide Feminismus-Bewegungen mit einem hysterischen »Phallus, Phallus« – Geschrei auf den Plan rief. Vertreterinnen dieser Vereinigungen rieten Maarten Houwer bei gelegentlichen Talkshows im holländischen Fernsehen mit erhobenen Zeigefingern, sich seine Karotte sonst wohin zu stecken und außerdem ihre Männer gefälligst in Ruhe zu lassen. Und überhaupt, erleuchtet wäre er höchstens im Sinne von illuminiert.

Die Männer wollten auch in Ruhe gelassen werden, aber nicht von Maarten Houwer und seinem hedonistischen Buddhismus. Denn was könnte es Schöneres geben als Fußball zu schauen, Alkohol zu trinken und darüber hinaus auch noch vorgeben zu können, einen spirituellen Lebensinhalt gefunden zu haben – und das alles ohne Tonnen von Reis und ranziger Yakbutter.

Houwer blickt also in eine orangene Zukunft. Seine nächsten Pläne sehen einen verstärkten Auftritt bei der EURO 2008 in Österreich und der Schweiz vor. In der Hoffnung Schweden und Rumänien mögen sich qualifizieren, wird hier, den Trikotfarben gemäß, die zweite buddhistische Hauptfarbe Gelb eine große Rolle spielen. Für die EURO 2012 in der Ukraine wird das Gastgeberland den Schwerpunkt für die Verbreitung des Ma Ho-Buddhismus sein und bei der WM 2014 wird – warum nicht – Brasilien erobert.

[32] Seit der legendäre Gelbe Kaiser Huangdi vor rund 2000 Jahren den Magen eines getöteten Feindes ausstopfen und zu einem Fußball verarbeiten ließ, ist Fußball in China Volkssport (Quelle: Helmut Brinker, Laozi flankt, Konfuzius dribbelt. China scheinbar abseits: Vom Fussball und seiner heimlichen Wiege). Der Sport hat sich weltweit verbreitet, die Produktionsmethode des Spielgerätes ist nicht mehr dieselbe, obwohl es dem österreichischen Nationalteam nicht zum Schaden gereichen würde, könnte man den Spielmacher der gegnerischen Mannschaft ausstopfen lassen. Eine diesbezügliche Anfrage von ÖFB-Generalsekretär Gigi Ludwig bei der FIFA wurde aus ethischen Gründen zurückgewiesen. Man könne von Mitspielern nicht verlangen, ihren ausgestopften Sportskameraden auch noch mit Füßen zu treten, hieß es unter anderem im ablehnenden Bescheid der FIFA.

[33] Die 3 Houwer-Sutras: Als erstes und wichtigstes Sutra gilt das Grundbirnen-Sutra: »Der Bodhisattva der Wahren Freiheit übt sich tief in der Fertigkeit es der Bramburi gleichzutun. Obwohl in die Finsternis geboren, ist sie eine wohlschmeckende Frucht, erst einmal ans Licht gebracht. Außerdem weiß der Bodhisattva um das Geheimnis die Erdknolle in eine wohlschmeckende und geistige Essenz zu transformieren. Durch diese Erkenntnis hilft er allen leidenden Wesen.«

Das Schildkröten-Sutra beschäftigt sich mit der Sexualität und hat folgenden Kernthese: »Wie der Körper und der Panzer einer Schildkröte sollen Mann und Frau eine andauernde Einheit bilden. Je schneller sich das Köpfchen heraus und hinein bewegt, umso mehr nähern sich die vor Begierde bebenden Wesen der Glückseligkeit.«

Das dritte Houwer-Sutra schließlich, das Mammon-Sutra, postuliert Folgendes: »Alle Wesenheiten auf dem Weg zur Erleuchtung geben dem Bodhisattva gerne und voller Freude einen Geldbetrag, als sichtbares Zeichen ihrer Entschlossenheit, alle an das Dasein bindende Bedürfnisse und Täuschungen überwinden zu wollen. Der Bodhisattva verwaltet diesen unnützen, weltlichen Tand mit der ihm eigenen Weisheit. Der Obolus beträgt freiwillig mindestens 10% des Monatseinkommens und wird mittels Dauerauftrag auf ein erleuchtetes Konto bei der Fortis Bank in Amsterdam überwiesen. Die Kontonummer wird den zu Erleuchtenden auf den Unterarm tätowiert.«

[34] Bodhisattva – (Sanskrit, m., von Bodhi [»Erleuchtung« oder »Erwachen«] und Sattva [»Wesen«] bedeutet »Erleuchtungswesen«)
»Josua«, sagte Kaspar, »weißt du, was ein Bodhisattva ist?«
»Nein, Meister, das weiß ich nicht.«
»Gautama Buddha war ein Bodhisattva. Auch die siebenundzwanzig Patriarchen seit Gautama Buddha waren Bodhisattvas. Manche sagen, auch ich sei ein Bodhisattva, aber ich selbst würde es nie behaupten.« (Christopher Moore, Die Bibel nach Biff)
Maarten Houwer räumte auch mit dieser angestaubten Tradition auf. In einer beispiellosen Eigenmarketing-Kampagne, ließ er keine Zweifel an seiner Tugendvollkommenheit.
[35] Weitere Mantras des Erleuchteten selbst sind beispielsweise: » Es ist, wie es ist!« oder – als raffinierter, versteckter Hinweis auf seine katholische Abkunft –: »Der Herrgott gibt's, der Herrgott nimmt's!« Diese und andere heilig-geladenen Wörter und Silben werden – auch singend – bei den zahlreichen Biermeditationen repetitiv rezitiert. Im Übrigen versuchte Houwer auch den im deutschen Sprachraum bei schlechtem Spielverlauf (meist bei einem Gegentor) angestimmten Fanchor: »Scheißegal, scheißegal, scheißegal!«, in ein Mantra der Gelassenheit einzubinden. Bei Drucklegung dieses Büchleins wurden Übersetzungen in verschiedene Sprachen und die rhythmische Brauchbarkeit im Hinblick auf die EURO 2008 in Österreich und der Schweiz geprüft.

Claus Farnberger

Finnland: Joulupukki

Finnland scheint dem Mitteleuropäer auf den ersten Blick ein wohlvertrautes Land zu sein. Nadelbäume und Seen, das findet man in Deutschland ebenso wie in Böhmen oder im Waldviertel – auch wenn dort die Seen eher Teiche und die Wälder verhältnismäßig kleine Wäldchen sind.

Auf den zweiten Blick aber ist Finnland wohl einer der exotischsten Staaten Europas. Das beginnt schon bei der Sprache: Zur Mücke sagt man »hyttynen« (sprich: hüttünen), zur Hütte hingegen »mökki«. Das finnische Wort für Bahnhof heißt »rautatieasema«, und zum Weihnachtsmann sagt man »joulupukki«.

Die seltsamen Jahreszeiten sind ebenfalls ungewohnt. Im Sommer strahlt die Mitternachtssonne über die fröhlich trinkenden Menschen, und jegliches Zeitgefühl schwindet dahin. Da kann es schon vorkommen, dass man auf die Uhr blickt und sich hierauf verwundert den allmählich zu schmerzen beginnenden Schädel kratzt. Was – schon neun Uhr morgens? Zeit heimzugehen.

In diesen Sommermonaten der Ausgelassenheit kann auch der verspannteste Aufreißer womöglich einen Treffer landen (und wenn ihn dann die eine oder andere Mücke in den openairbeischlaf-bewegten Hintern beißt, dann beginnt er sein unvermutetes Glück auch bald zu fassen). Im Winter wiederum schenkt die Sonne nur sparsam Licht, und der Trübsinn wird wie ein monochromer Teppich von den dunklen Gassen in das Innere der Gastwirtschaften hineingerollt.

Alkohol bekommt man nur in staatlich kontrollierten Shops, wo der Johnny Walker einträchtig zwischen dem Krimsekt und dem »Inländer Stroh Rum« steht (wobei alles in etwa gleich viel kostet). Seltsamerweise lassen sich die finnischen Menschen trotzdem nicht davon abhalten, sich regelmäßig einen hinter die

Binde zu gießen, meist schon beim traditionellen Saunagang, manchmal auch schon davor, in jedem Fall aber danach.

Die Jugendkultur ist streng an den Westen orientiert. In unzähligen sommerlichen Festzelten dröhnt amerikanische Blechbläser-Jazz-Musik die ausgelassenen Besucher zu, und im Winter veranstalten die Twens der Kleinstädte gerne riesige Autocorsos mit dunklen alten Limousinen, so wie man dies bisweilen in schon etwas verstaubten Hollywood-Filmen vergangener Jahrzehnte sieht. Mit der Kultur des russischen Nachbarn hat man hingegen nichts am Hut, und so schaut man generell auch etwas abschätzig auf die bekannteste Band des Landes, die »Leningrad Cowboys«, die doch ein völlig falsches Bild in die Welt hinaus transportieren.

Finnland ist auch eine große Sportnation. Man denke etwa an die ruhmreichen Piloten der 1000-Seen-Rallye oder der Formel 1, oder an die Unzahl an Langläufern und Kombinierern. Besonders beliebt sind die finnischen Schispringer, von rassistischen Sportreportern gerne als »Milchgesichter« tituliert, obwohl sie – wenn man ihre Biographien betrachtet – sicher niemals in ihrem Leben Milchgetränke angerührt haben.

Nur im Fußball hat man bislang international noch nichts Nennenswertes zustande gebracht. Die gar nicht so unbeträchtliche Zahl der Fußballfans schielt deshalb neidisch auf das heimische Eishockeyteam, die »kultat- pojat«, die »Goldjungen«, wie sie seit dem ersten finnischen Eishockey-Weltmeistertitel oft genannt werden, deren berühmteste Vertreter in der nordamerikanischen Hockey-Leaque locker mit den Superstars mithalten können.

Der Fußball »Made in Suomi« hat hingegen außer einigen Sternen wie Jari Litmanen oder Sami Hyypiä nichts damit Vergleichbares zu bieten. Noch nie hat man sich beispielsweise für eine Europameisterschaft qualifizieren können. Und anders als Österreich hat man auch nicht die Gelegenheit als Gastgeber an einer solchen teilzunehmen.

Diese Fakten bedrückten Ilkka und seine Freunde schon seit vielen Jahren. Alle vier Jahre hatten sie mit großen Ambitionen am jeweiligen Qualifikationsturnier Anteil genommen, waren zu allen Heimspielen und vielen Auswärtspartien angereist, hatten aufmunternde Fanbriefe verfasst, sogar Geld für die Finanzierung von Sportpsychologen gesammelt und viele Nächte lang rund um dampfende Kessel, die Dörrzwetschken, Kräuter und 90-prozentigen Alkohol aus der Apotheken beinhalteten, Krisensitzungen abgehalten. Doch nichts hatte gefruchtet – bis eines Nachts Ilkka bei einer ebensolchen Krisensitzung die rettende Idee kam. Es war gerade das Qualifikationsturnier für die EM 2008 im Gange, und Finnland stand ausnahmsweise gar nicht so schlecht da, hatte man doch auswärts Polen bezwungen und auch den stolzen Portugiesen ein Unentschieden abgetrotzt. Dennoch waren Ilkka und seine Freunde angesichts des schwierigen Restprogramms und als gebrannte Kinder früherer Strohfeuer äußerst skeptisch. »Jetzt, wo es einmal ganz gut läuft«, sprach Ilkka, beschwingt von einigen Tässchen Glühwein, »jetzt müssen wir eine besondere Geste setzen und etwas nachhelfen«. »Wie meinst du das?«, erkundigten sich Matti und Pekka ein wenig befremdet. »Ganz einfach – wir bitten den Joulupukki, den Weihnachtsmann, um Hilfe. Immerhin wohnt er droben in Lappland und ist demnach quasi unser Landsmann. Wir wünschen uns von ihm ganz einfach, dass der Europameistertitel 2008 an Finnland gehen möge!«

»Der Joulupukki ist überlastet, er kann uns sicherlich nicht so einen Riesenwunsch ermöglichen«, wandte Pekka ein. »Er mag zur Weihnachtszeit überlastet sein«, erwiderte Ilkka stoisch-selbstbewusst, »nicht aber zur Sommerzeit! Lasst uns deshalb gleich morgen nach Lappland pilgern, um ihm unseren Herzenswunsch vorzutragen!«

Schnell ließen sich die Gefährten überzeugen, und wirklich begab man sich bereits am nächsten Tag auf die beschwerliche Wanderschaft in den hohen Norden.

Man habe, so meinten die fußballbegeisterten Pilger, um sich dem Weihnachtsmann devot anzunähern, dies natürlich zu Fuß zu tun und auf alle Verkehrsmittel zu verzichten. Dies kam den Freunden außerordentlich zupass, denn Geld hatten sie kaum, Zeit als Verlierer der finnischen Beschäftigungspolitik jedoch in Hülle und Fülle.

So ging es langsam, aber stetig, von Helsinki über Jyväskyle, der Geburtsstadt Matti Nykänens, dem man dort mit einem mittleren Saufgelage in gebührender Weise huldigte, nach Karelien. Vom Ufer des Pieninen-Sees aus bestieg man den Berg Koli, mit etwa 350 Metern die höchste Erhebung Finnlands.

«Wir wollen dem Joulupukki am Gipfel ein kleines Feuerchen entfachen und ihm dadurch unsere Ankunft schon ein wenig ankündigen!«. Gesagt, getan! Als die Flammen lohten, zog Ilkka einen Zettel aus seiner Rocktasche und sprach zu den Wanderern: »Nun ist es Zeit, für den Weihnachtsmann ein kleines Willkommensliedchen einzustudieren. Ihr kennt es sicherlich noch aus Eurer Kindheit.« Und er begann mit sonorer, feierlicher Stimme wohl vertraute Kinderverse vorzutragen:

«Joulupukki, joulupukki, valkoparta, vanha ukki«.

»Weihnachtsmann, Weihnachtsmann, Weißbart, alter Gesell!«

«Joulupukki, joulupukki, valkoparta, vanha ukki«, stimmten die anderen begeistert ein.

Diese Losung begleitete sie von nun an auf ihrer ganzen Wanderschaft. Sie wurden nicht müde, diese wenigen Zeilen mit immer größerer Inbrunst und Feierlichkeit von sich zu geben. Das Marschieren fiel ihnen nicht schwer, sobald sie das Lied anstimmten. Die wenigen Leute, die ihnen begegneten, schüttelten meist den Kopf, wenn sie unfreiwillige Zeugen der gesanglichen Kundgebung wurden. »Ein Weihnachtslied mitten im Sommer, wie sehr hat der Alkohol unserer Gesellschaft schon zugesetzt«, dachten die Konservativeren unter ihnen.

«Joulupukki, joulupukki, valkoparta, vanha ukki«, schallte es auch durch den »Goldenen Elch« in Rovaniemi, dem Tor nach

Lappland. Kurz darauf flogen die Sänger aus dem Lokal, nicht zuletzt deshalb, weil sie die 98 offenen »Salmiakki Snapsi« nicht zu zahlen imstande waren.

Endlich kamen sie in Lappland an. Im Wald von Inari, am gleichnamigen See, sollte der Weihnachtsmann sein Sommerlager aufgeschlagen haben, hatten die Einheimischen den wandernden Fußballfans zugeraunt. Die Mitternachtssonne, goldblond wie das lappländische Bier, schien ihnen freundlich wie noch nie zuvor, als sie den unwegsamen Tann, voller Birkenstrünke und sumpfiger Böden, betraten. Aber alsbald wurde es dunkel um sie, denn der Wald wurde immer dichter. »Wir müssen sehr nah am Ziel sein«, flüsterte Ilkka, »der Joulupukki kann nicht mehr weit sein«. Doch seine Stimme klang seltsam belegt, denn ihm war schon etwas bang zumute. Lass uns ein kleines Beruhigungsschlückchen nehmen, ehe wir den Weihnachtsmann rufen«, schlug Matti vor. Alle hielten dies für eine ausgesprochen gute Idee. »Noch eine Flasche«, rief Pekka, als das erste Gebinde Finlandia-Wodka geleert war. »Noch eine«, bestimmte Ilkka wenige Minuten später. Als die Waldluft auch in das allerletzte Fläschchen des Reiseproviants gekrochen war, da war man nicht mehr furchtsam, auch wenn die Beine, wohl ermüdet von der langen Wanderung, den Dienst versagten, und sich die drei Freunde auf den moosigen Boden niederlassen mussten.

»Rufen wir nun den Weihnachtsmann«, befahl Ilkka lallend.

Die drei Gesellen öffneten ihre Münder, doch sie konnten ihren ramponierten Kehlen anstatt eines feierlich-getragenen »Joulupukki«-Intros nur ein gräulich-heulendes »Joooooooouuuuuuuuuul…« entringen. Immer und immer wieder versuchten sie es aufs Neue, doch der Alkohol hemmte den Fortgang des Liedes, und so hallte jedes Mal dieses fürchterliche »Joooooooouuuuuuuuuul…« in schrecklicher Disharmonie durch den Wald.

Der Weihnachtsmann, der sich nur wenige hunderte Meter Luftlinie von den illuminierten Chorsängern befand, infolge seines Alters aber schon ziemlich schwerhörig war, murmelte in seinen weißen Bart: »Mir deucht, ich hätte ein leises Geräusch vernommen, aber wahrscheinlich war es nur das Schnarchen eines meiner Rentiere. Wer soll denn um alles in der Welt sonst noch in diesem Wald sein?!«

Dafür spitzten andere Waldbewohner ihre dreieckigen Ohren umso aufmerksamer. »Jooooooouuuuuuuuul…« – welch furchtbares Gejaule! Es mussten andere Wölfe ins Revier eingedrungen sein, doch für diese war hier mit Sicherheit kein Platz. Das ganze Rudel hatte seit Tagen nichts mehr zum Fressen vorgefunden, deshalb konnte man andere Artgenossen hier gar nicht gebrauchen!

So befahl der Leitwolf seinen Rudelmitgliedern nach dem Rechten zu sehen. Auf leisen Pfoten schlichen sie sich zur Lärmquelle. Wie groß war die Überraschung, als sie keine Wölfe, sondern wohlgenährte Menschenkinder erspähten. Auf einen Schnauzenwink des Leitwolfes hin sprangen die hungrigen Tiere aus ihrem Versteck, und binnen weniger Sekunden versagten die durchbissenen Kehlen den Sängern ihren Dienst.

So kam es, dass sich die finnische Fußballnationalmannschaft wieder einmal einzig auf ihre fußballerischen Fähigkeiten besinnen musste, denn als der »Joulupukki« im darauf folgenden Advent etliche Briefe erhielt, in denen der Wunsch zum Ausdruck gebracht wurde, Finnland solle endlich Europameister werden, da war der alte Mann bereits wieder so überlastet mit Arbeit, dass er sich selbigen zu erfüllen völlig außerstande sah.

Claus Farnberger, Gerald Simon

Tschechien: Haupcach man feřtécich[36]

Gesendet: Di 27.03.2007 10:09
Von: Karel Simon [karli@sendme.cz]
An: ›Claus Kapradil‹
Betreff: Hajmšpíl in Nové Hrady

Líbr Claus,
fercei mein Dajtš, aber šriftlich iscich noch šlechta als wértlich, und ist héchstens Kíchendajtš. Tastatura hocich nix Umlaute, jetzt muss ich šreiben »é« statt »é« wie gehércich normal. Aber wirst du schon feřtén. Habn wir uns letztes Mál bei uns in Clubhaus auch feřtanden. Hat mich gefrajt sehr, dass ich dich hab kennangelearnt, bei Freindšaftšpíll TJ Nové Hrady gegen ASV Schrems. Missen wir machen éfta, war a richtige Hec und iscich auch net weit, nur íba die Brícke, wí sagen wir. Aber vílajcht werden sehen wir uns jetzt éfta, bei EIRO cwajtausntacht, ihr sajd jo auch kwalificírt, als Anverstalter, sonst ihr héttet wáršajnlich eh gešafft nix Kwalificírung. No, wir ja šon gewesen Eiropamajstr, najncénesexasipcik, aber nix fír ungút.

Ahoj, Karel

Gesendet: Mi 28.03.2007 11:57
Von: Claus Kapradil [clausi@asv.at]
An: ›Karel Simon‹
Betreff: Re: Hajmšpíl in Nové Hrady

Lieber Freund,
Sehr habe ich mich über Deine Zeilen gefreut. Für einen »Behm«, wie wir sagen, sprichst du ausgezeichnet Deutsch. Viele in unserem Club wären froh, wenn sie das so gut könnten wie du. Sehr überrascht war ich, dass ihr in Tschechien schon einen Email-

Anschluss habt. Als ich Dir bei unserem kleinen feucht-fröhlichen Freundschaftsspiel bei Euch drüben meine Visitenkarte gab, dachte ich, Du würdest mir einen Brief schreiben. So ist es aber besser, weil weniger umständlich. Tatsächlich sind es ja nur wenige Kilometer zu Euch. Unvorstellbar, dass uns noch vor 20 Jahren der Eiserne Vorhang trennte. Schade, sonst hätten unsere Vereine schon viel früher Freundschaftsspiele austragen können. Das nächste Spiel sollte jedenfalls bei uns im Waldviertel stattfinden, bald nach Ostern.

Lieber Karel, ich bin ein ehrlicher Mensch und möchte – bei aller Freude über Dein Mail – doch einen kleinen Ärger nicht verhehlen, bzw. etwas richtig stellen: Weißt Du, beim Fußball kennen wir Österreicher weniger Humor. Was heißt »héttet wáršajnlich eh gešafft nix Kwalificierung«? Wir veranstalten die EURO und sind somit gerechterweise dabei. Müsst Ihr Tschechen einmal schauen, dass Euch nicht passiert, dass ihr schafft »nix Kwalificierung«. Das ist nämlich gar noch nicht ausgemacht. Habe am letzten Samstag Euer Qualifikations-Heimspiel gegen die Piefke in Prag gesehen, das ihr 2:1 verloren habt. Da habt ihr »nix gut ausgesehen«. Schaut, dass ihr heute gegen Zypern gewinnt! Ratschläge brauchen wir Österreicher von Euch keine, nicht einmal von Dir, lieber Karel.

Ansonsten aber ganz herzliche Grüße
Servus, Claus

Gesendet: Do 29.03.2007 17:23
Von: Karel Simon [karli@sendme.cz]
An: ›Claus Kapradil‹
Betreff: Re: Re: Hajmšpíl in Nové Hrady

Ahoj Claus,
děkují fír dí Blímeln, aber mein Dajtš ist wenigstens pessa wia dajn Pemmiš. Merkst du, bin ajn pissl feřtimmt, wegen dajn was hast gesagt íba unsere Fußballkickr. Mir šajnt, du bist ajn pissl wo angerennt mit Šédl, wajl wir haben dí Cyprerer glajch dajtlich mit

1:0 hajmgešikt und haben ject wída genau glajch sovíle Punkten wí dí Prajssn. Und íbahaupt, was soll das allés hajssn? Wir haben hiníbagešikt Kickr zu ajch nach Ésterrajch wie damals Missionare cu dí šwarcn Negr: Panenka, Sionko, Kincl, Lafata und sogar glajch bei dir noch Gmindt den Eiropamajstr Vizek. Wennst wajst ajne Legionér aus Ésterrajch das spílcich baj uns, sax mir!

Čau, Karel

Gesendet: Sa 01.04.2007 7:00
Von: Claus Kapradil [clausi@asv.at]
An: ›Karel Simon‹
Betreff: Re: Re: Re: Hajmšpíl in Nové Hrady

Lieber Karel!
Du wirst Dich jetzt sehr wundern, aber ich habe aus verlässlicher Quelle (APA = Austria Presse Agentur) große Neuigkeiten. Euer alter Teamchef Karel Brückner wird abgelöst, stattdessen hat ab sofort unser Goleador Hans Krankl das Sagen bei Euch. Ihr werdet das noch nicht wissen, weil Ihr ja irgendwie doch noch ein postkommunistisches Informationssystem habt. Von wegen also kein »ésterrajchischer Legionér«. Der Hanse wird Euren überalteten Stars die Wadln wieder viere richten, wie wir sagen, sprich: »umdrehen untere Fieß, sodass nix vorne mehr Schienbein, sondern andere Seite«.

Deine tschechischen Legionäre kannst Du Dir übrigens zu 90 Prozent behalten. Die rennen nicht und wollen vor allem kassieren. Da waren Vizek und Panenka damals noch aus einem anderen Holz geschnitzt.

Es grüßt ein doch etwas verstimmter Claus

Gesendet: Do 1.04.2007 7:30
Von: Karel Simon [karli@sendme.cz]
An: ›Claus Kapradil‹
Betreff: Re: Re: Re: Re: Hajmšpíl in Nové Hrady

Ježíšmarja, jéje, jéje, net des Grankerl Honsa, der nervése Hendl. Sag, dass du machst dich nur ajne Hec mit mir, wajl ist eršte April. Ne, ne, ne, mag gar nicht gehen aussa Haus, wajl bringcich nix.

Karel

Gesendet: Mo 4.04.2007 9:12
Von: Claus Kapradil [clausi@asv.at]
An: ›Karel Simon‹
Betreff: nicht sauer sein!

Lieber Karel!
Fast habe ich ein schlechtes Gewissen wegen meines kleinen Aprilscherzes. Ich bin gleich nach Verfassen des Emails auf Kurzurlaub gefahren. Hoffe, Du bist in den letzten vier Tagen trotzdem außer Haus gegangen.

Um ganz ehrlich zu sein: eigentlich war ich nicht auf Kurzurlaub, sondern in Deinem Heimatland – bei einer großen Demo gegen Euer Wahnsinns-Atomkraftwerksprojekt Temelín. Wir beide können ja so offen miteinander reden, deshalb möchte ich diesbezüglich meinem bangen Unmut Ausdruck verleihen: Was ihr Tschechen da mit der Atomgefahr anrichtet, zeugt nicht nur von schlechter Nachbarschaft, sondern ist auch zutiefst rückständig. Man merkt, dass viele von Euch die Zeichen der Zeit noch nicht erkannt haben und noch viel zu lernen haben.

Ein sehr besorgter österreichischer Freund!

PS: Das Freundschaftsspiel in Schrems sollte Samstag, 14. April stattfinden. Wir sind bereits voll in der Vorbereitungsphase. Vielleicht können wir ja da eine gemeinsame Anti-Temelín-Aktion einplanen. Bitte um Bestätigung des Termins!

Gesendet: Di 5.04.2007 17:32
Von: Karel Simon [karli@sendme.cz]

An: ›Claus Kapradil‹
Betreff: Re: nicht sauer sein

Ha, ha, ha. Sehr wicig allés. Ajgentlich gehért dir ajn Watšn in dí Knak fír bléde Wic. Aber šlimm ist Blédheit wegen Temelín, bist auch so ajn gríner Wichtl, herich. Hércú was ich dir sage: Um Lajstung von Temelín ersecen kénnen brauchst achtcénetausent Windmílen, was braucht Plac von cwarafircik Kilometr in Kvadrat. Da kannst ajnešteken alte Kajserstat Víden, Sanktpélten, Štockerau, Médling und Linc. Stérfélle waren harmlos, kajn ajnzicher, der wo in Frankrajch meldepflichtig. Und íberhaupt: Glaubst wir sind allé Selbstmérder? Bevor ajner von ajch des eršte Štrohlung hat, sind šo ajn Million Pemmen hinich. So, jec lek mich am Ař du, wajl dajne Majnung ist mir gar nicht wichtig!

Cajttermin fír Frajndšoftsmetš ist okaj. Da werdet ír krígen Gurkn, dassich nur so raušt, ír grínen Gartencwergen.

Karel, totál ankfressn

Gesendet: Mo 15.04.2007 9:12
Von: Claus Kapradil [clausi@asv.at]
An: ›Karel Simon‹
Betreff: Nachbetrachtung Freundschaftsspiel in Schrems!

An den unverdienten Sieger!
Kann mich erst heute melden, weil mir noch immer der Schädel vom samstäglichen Freundschaftsspiel raucht. Viele meiner Spieler sind noch immer empört über Eure foule Spielweise. Braucht Euch gar nichts auf Euren Glückssieg einzubilden, denn der Schiedsrichter war ein Gmünder, und das sind sowieso geographisch schon eher Behm als Waldviertler.

Auch nach dem Spiel gab es unschöne Szenen. Unser Sektionsleiter Harmrater hat sich mächtig aufgeregt. Was glauben Deine Freunde überhaupt, unsere feschen Schremserinnen so ganz einfach anzuquatschen?! Was sollten die anfangen mit solchen Hungerleidern? Schade, dass auch wir uns ein wenig in die Haare geraten sind. Vielleicht war das letzte Bier doch eines zuviel. Sehr nett allerdings von Dir, dass Du Deine Schwester Bea mitgebracht hast. Hab mich prächtig mit ihr unterhalten. Werden uns bald auf einen Kaffee treffen. Vielleicht kann ich ihr auch einen Job vermitteln. Mein Haushalt bedarf ohnehin einer gründlichen Generalreinigung.

Nix für ungut, Claus

Gesendet: Di 16.04.2007 14:44
Von: Karel Simon [karli@sendme.cz]
An: ›Claus Kapradil‹
Betreff: Re: Nachbetrachtung Freundschaftsspiel in Schrems!

War eh schénes Festl mit ferdintn Sígr, do hopc kšaut, was? Hab šo geredet mit majna Švestr Bea, tét gerne pucn baj dir. Ich šiksi umme morgen cu dir. Abr passauf, ajchere fešn Šremserinnen haben unsere Špílr angekwatšt, wís xeng haben des Píceps und knakiges Popš! Ned ferdrén Tatsach!

Ahoj, Karel

Gesendet: Do 18.04.2007 6:05
Von: Claus Kapradil [clausi@asv.at]
An: ›Karel Simon‹
Betreff: Bea

Lieber Karel,
ich hatte ein hervorragendes Gespräch mit deiner Schwester Bea, sie wäre ja mit einer bloßen Putzfrauentätigkeit sehr unterfordert. Werde in der nächsten Zeit keine E-Mails schreiben können, bin voll und ganz mit der Einschulung deiner Schwester in die diversen Tätigkeiten beschäftigt, die sie für mich erledigen wird.

Gruß, Claus

Gesendet: Mo 21.05.2007 18:35
Von: Karel Simon [karli@sendme.cz]
An: ›Claus Kapradil‹
Betreff: Re: Bea

Gfrajt mich, dassich das so funkcionírt mit majner Švestr. Kann sich allés lajstn ject, gét nur mehr herum in Desajnerklamotn. Was zálst du ajgentlich? Und wofír? Ježíšmarja... wofír? Jéje, muass i glajch redn mit der Pluncn. Wircich doch nicht ajnlassn, mit so ajne štinkade Ésterrajcha! Sogar unsare lajchtn Madln sagen, dass des Ésterrajcha štinkt nach altes Kwand und wašn tuncich a net. Na wart Claus, hast ír was antan, hab i di baj de Ajer!

Gesendet: Mo 21.05.2007 18:55
Von: Claus Kapradil [clausi@asv.at]
An: ›Karel Simon‹
Betreff: Re: Re: Bea

Aber, aber! Jetzt mach einmal halblang, Du Schwejk-Verschnitt! Spiel Dich hier nicht als Beschützer Deiner Schwester auf! Sie ist alt genug, um zu wissen was sie tut. Ich möchte Dir gar nicht erzählen, was sie von der Leidenschaft der österreichischen Männer hält. Nur soviel: Da schneidet Ihr im Vergleich schlecht ab!

Du disqualifizierst Dich ja selber: Die Österreicher sollen nach alter Kleidung stinken? Naja, vielleicht liegt sogar ein Körnchen Wahrheit in Deinen infamen Zeilen. Schließlich fladert Ihr uns ja die neuen Kleider aus unseren grenznahen Boutiquen.

Ich bin ja an sich für Völkerverständigung, aber in solchen Momenten bin ich versucht jenen Landsleuten zuzustimmen, die meinen, man müsste den Eisernen Vorhang wieder aufstellen – nur fünf Meter höher!

Gottlob gibt es so liebe Menschen wie Deine Schwester Bea (mit der ich nun in der Tat schon sehr vertraut bin), und nicht nur solch bösartige Scharlatane wie Dich, die uns beleidigen,

an unserem Wirtschaftsaufschwung unverdient mitnaschen und uns in ihren rückständigen Restaurants Hundefleisch vorsetzen.
Von mir wirst Du nichts mehr hören.

Grußlos, Claus

Gesendet: Mo 21.05.2007 19:07
Von: Claus Kapradil [clausi@asv.at]
An: ›Karel Simon‹
Betreff: und noch etwas

Habe eines vergessen: Ich flehe inständig zum Fußballgott, dass Tschechien das kommende EM-Qualifikationsspiel am 2. Juni in Wales verlieren möge. Es wäre ein schrecklicher Gedanke, wenn Ihr Euch qualifizieren würdet und wir Tausende von Deiner Sorte in Österreich begrüßen müssten.

So, und jetzt »Tschüss« mit »ü«!

Gesendet: Mo 11.06.2007 10:58
Von: Karel Simon [karli@sendme.cz]
An: ›Claus Kapradil‹
Betreff: Šéne Hochcajt

Gelíbtr Šwagr!
Ježíšmarja, des war ajn šéne Hochcajt, majne Šwestr so ajn šéne Praut, du auch im Rámen dajner Méglichkeitn. Novosogich imma? Iscich ajne gúte Idé, wenn hajratn Ésterrajcha und Pemmin – gút fír Vélkafeřténdigung und économiše Situacion. Becherovka-Saufn musst noch pissl íben, aber sonst pist šon richtige Pemm. Wird haben e nix mehr funkcionírt, in Hochcajtsnacht, net wár? Klajnes Šercel, hat e passt, herich.

Hercliche Glíkwínsch noch ajnmal, dajn Karel

Gesendet: Fr 26.10.2007 9:02
Von: Claus Kapradil [clausi@asv.at]

An: ›Karel Simon‹
Betreff: Frohe Kunde

Teurer Schwager, ganz innig geliebter Freund!
Heute ist ein wunderbarer Morgen. Die rot-weiß-roten Fahnen wehen von den Dachgiebeln und wir alle sind in Nationalfeiertagsstimmung. Lange habe ich mir diese Nachricht aufgespart, aber ein Tag wie der heutige scheint mir geeignet dir die frohe Nachricht mitzuteilen: Deine Schwester Bea ist guter Hoffnung, und das schon seit geraumer Zeit. Es wird ein Bub, und ich kann es kaum erwarten, diesen kleinen Karl, wie wir ihn dir zu Ehren nennen werden, in für die U-9 des ASV Schrems anzumelden. Er wird sicher einmal ein großartiger Kicker, ein zweiter Šindelař. Er hat ja ideale Voraussetzungen: österreichischer Spielwitz, gepaart mit tschechischer Verschlagenheit. Da wird was draus. Und sollte es daneben gehen, dann wird er zumindest in den kommenden Jahrzehnten die Freundschaftsspiele unserer beiden Vereine organisieren. Zweiteres ist vielleicht sogar die schwierigere Aufgabe. Wir werden ihn jedenfalls zweisprachig aufwachsen lassen, schon alleine deshalb, damit ich deine versteckten Gemeinheiten künftig aus erster Hand übersetzt bekomme. Denn wie heißt es so schön: Hauptsache man versteht sich!

[36] Beide Autoren sind Absolventen des »Fernkurses für Böhmisch« von Götz Fehr und außerdem aufgewachsen in der literarischen Landschaft »Randlpemmien«. Da sich Karel in seinen E-Mails einer fast ausgestorbenen Sprache, nämlich des »Pemmišen« bedient, ist folgendes zu beachten: »Das Böhmisch-Deutsch ist eine Spielart des Deutschen. Zur Hervorhebung der mundartlichen Eigenart bedient es sich der praktischen tschechischen Schreibweise, als deren Grundsätze gelten: Keine Extravaganzen wie im Deutschen (sch, ck, etc.); es wird alles akkurat so geschrieben wie man es ausspricht und umgekehrt! Fort mit dem Dehnungs-h! Gedehnt gesprochene Selbstlaute erhalten einen Dehnungsstrich (Accent aigu). Weiters werden die Zeichen der Lauterweichung übernommen, die Häkchen bzw. Háčeks. Sie bewirken eine erhebliche Vereinfachung der Šrajbwajse. So ist gleichbedeutend mit
č = tsch wie in: Klitsche, Charlie Chaplin, Matsch
š = sch wie in: Scheibenhonig, Cherbourg, Scheel
ž = sch (stimmhaft) wie in Journal, Gelatine, Giscard
ř = rsch wie in: Marsch, unwirsch, Dworschak, Mörsch«
Sie werden sehen, alles wird dadurch viel einfacher.

Claus Farnberger

Spanien: Carmenzita tanzt nicht mehr

Die ganze Stadt bangte um das Leben von Carmenzita Ruiz Rodriguez. Unzählige Kerzenlichter flackerten in den Gebetsnischen der Kathedrale Maria de la Sede, und allesamt waren sie für jenes bezaubernde Wesen entzündet worden, das so viele Menschen schon mit Frohsinn erfüllt hatte.

Anmut, Leichtigkeit, Verspieltheit – jeder, der diesen Lebensattributen gegenüber aufgeschlossen war (und wer war das nicht in Sevilla?), hatte Carmenzita seit langem schon ins Herz geschlossen. Nun aber waren diese Herzen mit Gram erfüllt. Alles ringsum atmete eine bedrückende Leere, vor allem der kleine Tabakladen, in dem Carmenzita angestellt war, und der nun plötzlich wie verwaist schien. Die Zigarren, die appetitlich in allen denkbaren Längen und Qualitätsstufen in den hellen Holzkistchen ruhten, wirkten welk, und die Zeitungen, so druckfrisch sie auch sein mochten, schienen schon frühmorgens zu vergilben. Auch der sonst so muntere Blinde im winzigen Hüttchen vis á vis des Ladens, der Lose der »Once«-Lotterie verkaufte, war blass und traurig.

»Once« – das war schon immer Carmenzitas Zauberzahl gewesen. »Once« war das spanische Wort für »Elf«, und diese »Elf« hatte das Mädchen geprägt wie nichts anderes auf der Welt.

Eine lokale Berühmtheit war sie längst geworden, zwar nicht eben weit über die Grenzen Spaniens hinaus, so wie ihre weißbehemdeten »Brüder«, aber von allen Mädchen war sie mit Sicherheit das bei den Sevillistas mit Abstand beliebteste und verehrteste.

Spätestens wenn sie ihr Fußballtrikot überzog, das die Nummer 11 trug und darüber in schlankem Bogen die Lettern ihres Künstler- und Kosenamens »Carmen«, verwandelte sie sich in die schönste Frau der iberischen Halbinsel. Kein noch so raffiniert geschnittenes Kleid irgendeines Modezaren, kein noch so aufreizender Bikini hätten Carmenzitas liebliche Gestalt so wunderbar zur Geltung bringen können wie das Heimdress des FC Sevilla.

Carmenzita Ruiz Rodriguez alias »Carmen« war noch zu jung gewesen, um am bisherigen größten Erfolg des spanischen Frauenfußballs, dem Einzug ins Halbfinale bei der Europameisterschaft 1997 in Norwegen und Schweden, aktiv teilhaben zu können. Doch schon kurz nach der Gründung der »Superliga Femenina« im Jahre 2001 war ihr Stern aufgegangen, und das in atemberaubender Geschwindigkeit. Tor um Tor erzielte diese einzigartige »Carmen«, egal ob gegen Levante, Espanyol oder gar die als übermächtig eingestuften Damen von Athletic Bilbao. Kaum je enttäuschte sie ihre Fans. Und diese waren im Laufe der Jahre immer zahlreicher geworden. Hatten sich zu Beginn nur wenige Männer verstohlen ins »Municipal Guadalquivir« gewagt, wohl aus Furcht von den Sevellistas des traditionellen Herrenteams verlacht zu werden, so hatte sich allmählich doch die allgemeine Einsicht verbreitet, es sei durchaus lohnend und opportun auch den Señoritas auf die Beine zu sehen. Sandra, Auxi, Ana Montes, sie alle waren im Prinzip bewundernswerte Spielerinnen. Doch keine konnte es in punkto Ausstrahlung und Beliebtheit mit der Kollegin mit der »número once« aufnehmen.

»Tanz, Carmen, lass deine schwarzen Locken fliegen«, hallte es bei jedem geglückten Strafraum-Dribbling von den Rängen.

Und wenn Carmen nach jedem Torerfolg dann wirklich tanzte, elegant wie eine Flamenco-Interpretin, doch gleichzeitig unbändig wie eine andalusische Bäuerin, dann taten es ihr die begeisterten Fans auf der Tribüne gleich.

Einer davon war José, ein geachtetes ehemaliges Mitglied der »guardia civil« und quasi von Geburtsstunde an Anhänger des glorreichen FC Sevilla. José hatte, nachdem er vom Grenzschutz in andere Bereiche des spanischen Polizeiwesens abkommandiert worden war, ein besonders bitteres Schicksal zu verkraften: Früher war er, soweit es die Finanzkraft des Vaters und später sein eigener Sold zugelassen hatten, bei so vielen Heimspielen wie möglich anwesend gewesen. Seit einigen Jahren war er ausnahmslos bei jedem Match live dabei, doch hatte dieses vermeintliche Glück einen sehr schalen Beigeschmack, zumal er nun immer mit dem Rücken zum Spielgeschehen zu stehen hatte. José gehörte nämlich zu einer Polizei-Sondereinheit, deren Aufgabe es war die jeweiligen Fans der Gastmannschaft genauestens im Auge zu behalten, um etwaige Eskalationen schon im Keim einzudämmen. So befand er sich zwar stets im unmittelbaren Zentrum des Geschehens, aber eigentlich dann doch nie so richtig. Er war gezwungenermaßen blind für jeden Spielzug der geliebten Mannschaft und musste stattdessen immer in feindliche Fratzen blicken. Jene, denen er so gegenüber stand, ersehnten natürlich immer genau das Gegenteil von dem, was er ersehnte. Welch unzumutbares Schicksal! Besonders arg war es immer bei den Spielen gegen den Lokalrivalen Betis gewesen, und ganz besonders schlimm während der UEFA-Cups 2005/2006 und 2006/2007, an deren Ende der FC Sevilla jeweils als umjubelter Sieger hervorging.

Aber José hatte sich Abhilfe zu schaffen gewusst: Er hatte sich eben intensiver dem Frauenfußball zugewandt. Dort ging es ruhiger zu, Polizisten wurden nicht gebraucht, allenfalls als Fans. Und so kam es, dass José Carmen kennen lernte – und sich prompt in sie verliebte. José war zu dieser Zeit mit Mia liiert, einer braven Korbbinderin aus Malaga. Man meinte – sie etwas mehr, er etwas weniger –, dass die Hochzeit unmittelbar bevorstünde.

Doch die Sonntage, an denen José die Spiele Carmens zugunsten eines Besuchs bei Mia ausließ, wurden seltener und seltener. Und schließlich gab er auch ganz simplen Trainingseinheiten den Vorzug gegenüber ein paar netten Stunden mit der Verlobten. Nach Ende eines solchen Trainings nahm José an einem milden Novembertag allen Mut zusammen und drängte sich zu Carmenzita, die in ihrem blauen Trainingsanzug wie eine aufgeklärte Madonna aussah. »Ein Sangria in der Schenke gegenüber?«, stotterte José. »Warum nicht!«. Carmenzitas schneeweißes Lächeln raubte dem Polizisten den Atem.

So ungezwungen, wild und leidenschaftlich wie am Rasen bewegte sich die neue Geliebte auch am weißen Rechteck. Unersättlich war sie, und wenn sie auf José saß, dann schüttelte sie ihre dunkle Mähne wie im Strafraum, und wenn er dann und wann richtig gut war, dann lächelte sie beinahe so verklärt und glücklich wie nach einem Torerfolg. So ging es viele Monate – grünes Gras, weißes Bettlaken, schwarze Locken, hellstrahlendes Leben.

Und trotzdem kann man eine Stürmerin nicht auf Dauer halten! Irgendwann lässt sich so eine nicht mehr an die Kette legen, und sei diese auch noch so liebevoll geschmiedet. Auf einmal schlägt sie einen Haken, ist spielend leicht vorbei und lässt den verbissenen Verteidiger wie einen Tölpel stehen. Dieser kann dann nur mehr verdutzt und gekränkt nachsehen oder das hinwegeilende Geschöpf mit unlauteren Mitteln stoppen.

José wollte nicht nachsehen, und seine Nachsicht wäre dem Neuen wohl auch herzlich egal gewesen, denn dieser hatte weder Nachsicht, Vorsicht noch Rücksicht nötig. Es war nämlich »Camillo«, der in die Quere kam, und im Vergleich zum Lokalmatador Camillo war José nicht einmal der Stier, sondern bestenfalls der Ochse.

Wenn Carmen ein Starlet war, dann war Camillo mit Sicherheit der größte Star, den Sevilla seit dem Zeitalter der legendären Toreros gesehen hatte. Er trug nicht die »número once«, sondern die Neun, und bei jedem noch so unbedeutenden Training jubelten ihm zehnmal mehr Leute zu als Carmen bei ihren Spitzenspielen anfeuerten. Vom ersten Moment seiner Mittelstürmerkarriere beim FC Sevilla pulverisierte Camillo alles jemals Dagewesene. Ihm gelang alles, er gab alles, er bekam alles.

Auch Carmen! Flugs war das weiß Laken gegen sündteures, mit Goldfasern kontaminiertes Luxusbettzeug gewechselt, flugs war José ausgetauscht, unbeachtet von Allen, die nur Augen für das neue Traumpaar hatten. Camillo zauberte für den FC Sevilla, und Carmen tanzte bezaubernder denn je für das Damenteam.

»Du hast mir auf der Nase herumgetanzt!«, dachte José in seiner Verbitterung, die ihm längst den Weg in die Stadien versperrt hatte, und sonst dachte er kaum noch etwas. Zu den Frauen ging er nicht mehr, weil er den Anblick seiner ehemaligen Geliebten nicht mehr ertragen konnte, zu den Männern kam er nicht mehr, weil er den Polizeidienst quittiert hatte, da er mutlos, kraftlos und disziplinlos geworden war. Alles was ihm von seiner vermeintlich aussichtsreichen Polizeilaufbahn geblieben war, war ein Wimpel seiner einstigen »guardia civil«-Einheit und ein Dolch, der ihm einmal von einem Vorgesetzten geschenkt worden war.

Und diesen trieb er eines Tages ins Herz der geliebten Carmenzita, unmittelbar vor dem Meisterschaftsfinale, als Camillo sich, wie immer umjubelt von Zehntausenden, schon im Stadioninneren aufwärmte, während dessen so fotogene Freundin draußen noch für ein spanisches Lifestyle-Magazin posierte…

Als die ganze Stadt um das Leben von Carmenzita Ruiz Rodriguez bangte, um diese begnadete Stürmerin, Mätresse des noch begnadeteren Stürmers, da stand José wieder mit dem Rücken zum eigentlichen Leben. Und wieder blickte er in Fratzen, die ihm alles andere als wohlgesonnen waren. José, der nicht nur Carmen, sondern natürlich auch Mia verloren hatte, er, der nicht das Nachsehen haben wollte, fand sich vor einem Schiedsrichter, der mächtiger war als jeder FIFA-Referee.

Und als jener in den Taschen unter seinem Talar nach einer Karte fingerte, die dem Rot des vergossenen Blutes um nichts nachstehen durfte, da hatte José das Spiel endlich begriffen und nur mehr einen einzigen Wunsch: »Carmen, bitte tanz´ wieder!«

Claus Farnberger

Europäische Union: Zank in Maastricht

Es scheint ein großes Bedürfnis vieler europäischer Stadtväter zu sein darauf hinzuweisen, dass ihre jeweilige Gemeinde im Zentrum des Kontinents liegt. Allein für den deutschsprachigen Raum bedient einen die Suchmaschine google auf die Anfrage nach der exakten Wortfolge »im Herzen Europas« mit rund 360.000 Antworten. Offensichtlich kann kein einigermaßen heller Tourismusreferent, dessen Kommune nicht gerade am Nordkap oder in Bosporus-Nähe liegt, auf die vermeintlich fremdenverkehrsfördernde Floskel »liegt im Herzen Europas« verzichten. Die Zahl der Städte, die dieses Attribut stolz vor sich hertragen ist schier endlos. Wien sowieso, Budapest und Prag freilich auch, dann natürlich Basel, Genf, Dresden, Braunschweig, Luxemburg, Kassel, Luzern, die Frankfurter Airport City, selbstredend ganz Nordrhein-Westfalen, aber auch die Kreisstadt Cham im Naturpark Oberer Bayerischer Wald. Selbst die Karpatenrepublik Rumänien wähnt sich ebendort.

Das Herz Europas muss demzufolge stark aufgeblasen sein, wie bei einem Hochleistungssportler, der sich auch nach Beendigung seiner Karriere fit halten muss, um seine unnatürlich große Pumpe nicht zu schädigen. Auch in diesem Sinne ist Europa also zu weiterer Bewegung gezwungen.

Einer der europäischen Orte, der sich wirklich im Herzen Europas befindet, sowohl kulturell als auch politisch gesehen, ist die 120.000 Einwohner-Stadt Maastricht im Süden der Niederlande. Maastricht, vermutlich älteste Stadt des Landes und schon zur Römerzeit mit einem Übergang über die Maas versehen, eine prächtige Studentenstadt mit vielen weitläufigen Parks und öffentlichen Plätzen, liegt in unmittelbarer Nähe zu Belgien, Luxemburg, Deutschland und Frankreich. Hier wurde der Ausnahmeschwimmer van der Hoogenband geboren, ebenso wie der Ausnahme-Kicker Boudewijn Zenden (*siehe Kapitel »Zen und Zenden«*), und auch Sophie Schmalhausen wohnte in der Hauptstadt Limburgs, was uns eher weniger vom Hocker risse, wüssten wir nicht, dass Frau Schmalhausen die ältere Schwester von Karl Marx war (ältere Semester neuerer deutscher Bundesländer wissen dies vermutlich sogar wirklich).

So richtig berühmt wurde Maastricht freilich erst im Februar 1992. Damals wurde hier per Vertrag die Gründung der Europäischen Union vollzogen. Gleichzeitig beinhaltete das Vertragswerk die Bestimmungen zur Schaffung der Europäischen Wirtschafts- und Währungsunion, einer gemeinsamen Außen- und Sicherheitspolitik und zur Installierung einer Unionsbürgerschaft. Seitdem wird jedem Schüler die Kenntnis des Namens Maastricht im Unterricht abverlangt.

In den letzten Jahren ist es wieder stiller um die Stadt geworden, auch wenn hier dann und wann noch kleinere Events der EU stattfinden, meist im »Gouvernement« der Provinzialregierung von Limburg, einem seltsamen Gebäudekomplex, der aussieht, als ob der Bauplan von einem hyperaktiven Kind entworfen wurde, dem nur eine Handvoll äußerst bizarrer Bauklötze zur Verfügung stand.

In ebendiesem Gouvernement hatte das europäische Parlament anlässlich der 50-jährigen Wiederkehr der EG-Gründung (und gleichzeitig des 15-Jahr-Jubiläums des Maastricht-Vertrages) im März 2007 eine besondere Konferenz anberaumt. Man wollte endlich, um den zerbröckelnden Zusammenhalt innerhalb der EU nach dem Verfassungs-Debakel wieder zu stärken, eine eigene EU-Fußballmannschaft gründen. Zu diesem Zweck wurde eine erlesene Runde von Experten aus allen Mitgliedsländern für ein Wochenende von Brüssel nach Maastricht abkommandiert. Zum Konferenzleiter war der niederländische Sozialdemokrat Rudi Kaadenberg ernannt worden, eine mächtige Erscheinung, die sogar einmal ein paar Spiele für die Reserve des AZ Alkmaar absolviert hatte. Zu Kaadenbergs Stellvertreter hatte man den

CSU-Politiker Curd Greiner bestimmt. Die Abgeordneten waren von Anfang an mit dem gebührenden Ernst bei der Sache, galt es doch zuerst – in altbewährter EU-Tradition – ein eigenes Regelwerk für hinkünftige Spiele zu finden, welche die neu zu formierende EU-Mannschaft gegen Teams ohne jeglichen EU-Bezug, also etwa Uganda oder die Schweiz, austragen sollte. Schon nach wenigen Stunden hatte man einen entscheidenden Durchbruch in der Frage des zulässigen Krümmungswinkels bei Bananenflanken gefunden. Dann aber geriet die Beratung mehr und mehr ins Stocken und man beschloss, die anderen dringlichen Regelfragen auf eine sommerliche Folgekonferenz an der französischen Riviera oder einer anderen standesgemäßen Örtlichkeit zu vertagen. Schließlich wollte man ja genug Zeit haben, um in Maastricht zumindest die dringlichste Aufgabe zu bewältigen, nämlich die zukünftigen Aufstellungsmodalitäten für das neue EU-Team festzulegen.

Die Alkoholvorräte am Konferenzort waren trotz maßvoller Rationierung längst aufgebraucht, so schlug Rudi Kaadenberg vor, die Beratung im Zentrum der Stadt, in einem Biergarten am schmucken *Onze Lieve Vrouweplein* vor der berühmten Basilika, fortzusetzen. Gesagt getan! Bald scharte sich die 25-köpfige Beratungsgruppe rund um ein paar Biertische unter schönen Buchenbäumen, die infolge des seltsamen Klimas schon zu dieser frühen Jahreszeit auszuschlagen begannen. Nach einem tüchtigen Schluck aus dem Bierglas meldete sich der Deutsche Curd Greiner als erster zu Wort:

»Liebe Freunde, es gilt nun eine Quotenregelung für unser neues strahlendes EU-Team zu finden. Prinzipiell ist es mir als echtem Europäer natürlich ein großes Anliegen, dass möglichst viele Mitgliedsländer in der Stammelf vertreten sind. Gleichzeitig muss ich aber natürlich darauf pochen, dass die europäischen Leitkulturen, also Deutschland und Frankreich, ihrer Bedeutung gemäß prominenter vertreten sind. Ich reklamiere für mein Land also den Torhüter, einen Mittelfeldspieler oder Verteidiger und zumindest einen Stürmer«.

Wenig überraschend pflichtete ihm der französische Vertreter, ein glühender Gaullist, sofort bei, wohingegen den anderen 23 Politikern der Mund ziemlich weit offen stand.

»Ihr Franzosen müsst froh sein, wenn ihr überhaupt einen Spieler in der Startelf habt! Ihr habt das Projekt Europa durch eure Ablehnung der Verfassung nachhaltig geschädigt. Wir Italiener dagegen haben mit überzeugender Mehrheit für Europa votiert!«

«Jetzt halt einmal das Maul, eitler Gockel«, sprach die britische Vertreterin gar nicht damenhaft, »wir Engländer haben unsere Ratifizierung der Verfassung zwar aufgeschoben, haben aber dafür den Fußball erfunden. Und es gibt nicht wenige unter uns, die meinen, dass wir im Prinzip auch Europa erfunden haben.«

»Die müssen dies aber zur nächtlichen Stunde im Pub meinen«, versuchte Kaadenberg die herandräuende allgemeine Verkrampfung mit einem kleinen Scherz aufzulockern. Dieser kam aber nicht besonders gut an.

«Ihr Briten habt ja nicht einmal den Euro eingeführt. Schätzt euch glücklich, wenn ihr einen einzigen Spieler stellen könnt«, sprach der belgische Vertreter, »wir Belgier hingegen waren von der Geburtsstunde der EG an dabei und reklamieren einen fixen Stammplatz für unser Land.«

«Wir auch!«, sprach der Luxemburger mit dünner Stimme, wurde aber von seinem Benelux-Kollegen Rudi Kaadenberg mit einem freundlichen Rempler rasch zum Schweigen gebracht.

Da erhob sich Don Navarro, ehemaliger Vizebürgermeister von Valencia: »Erst mit dem Eintritt Spaniens in die Gemeinschaft ist die vormalige EG so richtig in Tritt gekommen. Wir fordern einen spanischen Stürmer und aus atmosphärischen Gründen auch je einen Spieler aus Katalonien und dem Baskenland.«

«Die Diskussion läuft völlig falsch«, schrie hierauf die griechische Diskussionsteilnehmerin, »man muss auch auf die aktuellen sportlichen Gegebenheiten Rücksicht nehmen. Wir Griechen sind regierender Europameister. Selbstredend wollen wir den Kapitän stellen«.

«Und wir sind regierender Vize-Europameister«, pflichtete ihr der bis dahin stumm lauschende Portugiese bei, »ich stimme den Ausführungen meiner Vorrednerin vollauf zu!«.

Erstmals meldete sich der Österreicher Hans-Martin Peter zu Wort: »Ach, ihr Griechen und Portugiesen seid doch alle Nettoempfänger. Wir Österreicher hingegen sind fleißige Nettozahler. Deshalb gebührt uns ein sicherer Platz in der Mannschaft!«

Das allgemeine Gelächter lockerte für einen kurzen Moment die Situation wohltuend auf.

»Nun aber wieder im Ernst«, sprach Curd Greiner, «es wird langsam spät und wir haben noch gar nicht über die künftige Reservistenrolle unserer lieben nordischen Freunde und der neuen Beitrittsstaaten gesprochen!«

«Reservistenrolle?«, schrie Knut Hansson aus Schweden.

«Reservistenrolle?« Auch Hans Knutsen aus Dänemark war außer sich.

«Reeeeseeervisteeenrolleee?« Der Ungarin Katalin Körösi blieb beinahe die Spucke weg.

In osteuropäisch-blinder Eingespieltheit, die auch einer Mittelfeldachse nicht übel anstünde, sprangen gleichzeitig der tschechische, slowakische, rumänische, polnische und bulgarische Delegierte von ihren Sitzen auf und gossen das kostbare Innere ihrer Biergläser über die Spiegelglatze des deutschen Wortführers. Auch die gleichermaßen empörten Damen aus Slowenien, Malta, Zypern und dem Baltikum, die sich längere Zeit in einer Art Nebenabsprache eher der kommenden Sommermode gewidmet hatten, schnellten von ihren Korbsesseln empor und benetzten den teuren Dreireiher Curd Greiners und sicherheitshalber auch jenen Rudi Kaadenbergs mit den Restbeständen aus ihren Sektflöten.

Einzig der schon ziemlich alkoholisierte Finne, ein ehemaliger WM-Bronzmedaillengewinner in der Nordischen Kombination und späterer Sportminister und Meister in der Bier-Schnaps-Kombination, kicherte still in seinen Bierhumpen hinein.

Nun begann die Situation endgültig zu eskalieren. Jeder schrie sich die Seele aus dem Leibe, und es kam sogar zu einigen kleineren Handgreiflichkeiten.

«Ruhe, Ruhe«, schrie der verzweifelte niederländische Gastgeber Rudi Kaadenberg, »Ruhe, ihr seid doch schließlich alles ...« – in seiner Erregung verfiel er in seine holländische Muttersprache – »... alles *Volwassenen*!«

Dies brachte nun den Deutschen, der aufgrund der Bier- und Sektattacke ohnedies am Rande eines Nervenzusammenbruches stand und der im Wort »Volwassenen« eine üble Beleidigung, irgendwo zwischen »Volltrottel« und »Pisser« angesiedelt, sah, vollends auf die Palme.

»Volwassenen?«, wiederholte er brüllend. Sein Faustschlag mitten in Kaadenbergs Magengrube verfehlte seine Wirkung nicht. Mit diesem einen Schlage verwandelte sich eine einigermaßen zivilisierte Biergartenrunde in ein Knäuel lärmender, geifernder, gewaltbereiter und auch Gewalt ausübender Menschen. Länderübergreifend bekam jeder seine blauen Flecken verpasst, und auch die Damen mischten kräftig mit.

Ganz zu unterst lag Rudi Kaadenberg und rief immer und immer wieder mit tränenerstickter Stimme: »*Volwassenen* – das heißt doch *Erwachsene*! Ihr seid doch alles Erwachsene!« Aber das hörte im ohrenbetäubenden Getümmel der europäischen Radaubrüder und -schwestern wirklich niemand mehr.

Claus Farnberger, Gerald Simon

Andersrum

I

»›Noj Bruno je dobar prjiatelj!‹ – unser Bruno ist eigentlich ein klasser Kerl. Hat zwar seine Macken, ist aber fleißig!«

Gönnerhaft klopfte Slobodan Ivic dem muskulösen Schweizer im Blaugewand auf die Schulter. Nach der Gleichenfeier des Dubrovniker Krankenhauses hatte der Chef seine Untergebenen in ein beliebtes Restaurant direkt am Hafen geladen.

»Fast schon ein richtiger Kroate!«

Bruno Zwingli lächelte etwas säuerlich. Längst war er natürlich schon kroatischer Staatsbürger. Schon sein Vater war in den Siebzigerjahren von der Schweiz ins ehemalige Tito-Jugoslawien ausgewandert, um sich dort als kleiner Uhrmachergeselle zu verdingen, Bruno selbst war als Gastarbeiterkind bereits mit den kulturellen Gegebenheiten Dalmatiens aufgewachsen.

Unser Bruno trinkt schon fast Slibowitz wie unsereiner«, zwinkerte Ivic seinen ebenfalls anwesenden Freunden, dem Architekten Dr. Vujcko und dem Bankdirektor Petrovic, zu.

»Nur eines kann sich unser Bruno nicht abgewöhnen: Immer kochen in eigene Wohnung Schweizer Fondue. Immer stinken dann ganzes Zinshaus nach Käse. Dubrovniker Hausmeisterin dann böse. Was, Bruno?«[37]

Der Schweizer schluckte seinen aufkeimenden Ärger mit einem doppelten Kruškovac hinunter. In solchen Situationen konnte er den Moment nicht erwarten, wenn die Bauarbeitersaison zu Ende ging, er sein altes Automobil besteigen und sich auf den beschwerlichen Weg die Küstenstraße hinauf nach Mitteleuropa machen konnte, wenn er dann seine in der Schweiz verbliebenen, noch immer in einer bescheidenen Behausung am Züricher See lebenden Verwandten in die Arme schließen und ihnen Luxusartikel aus der neuen Heimat überreichen konnte, die er mit seinem sauer Ersparten erworben hatte.

Wie oft hatte er schon überlegt wieder ganz in die Schweiz zurückzukehren, doch die Vernunft hatte ihn stets daran gehindert. Erstens waren die Arbeitsplätze viel dünner gesät als im wohlhabenden Südkroatien und zweitens war das Lohnniveau dort ungleich niedriger.

Außerdem war Bruno in Dubrovnik wirklich unverzichtbar geworden. Schließlich war er der unbestrittene Star des drittklassigen »NK Zelena Medved«, wo auch noch drei weitere Schweizer Gastarbeiter spielten, und den die gegnerischen Fans deshalb verächtlich »NK Emmentaler« nannten.

»Sie sind halt sehr behäbig, diese Schweizer, aber kicken können sie«, lautete das generelle Urteil der eigenen Anhänger.

Wie er diese Vorurteile hasste, diese Arroganz ringsum, besonders an seinem Arbeitsplatz!

»Dobar Bruno«, lallte mittlerweile der Bauunternehmer Ivic, der selbstverständlich auch Präsident des »NK Zelena Medved« war.

Der gute Bruno gab das Strahlen seiner weißen Zähne preis und dachte an die fernen Ufer der Limmat. Nächstes Jahr, spätestens übernächstes, würde er diesen betulichen Krabben-Fressern endgültig Ade sagen. Und wie zur Bekräftigung ballte er seine Faust in der blauen Arbeiterhose.

II

Was den aus dem Ruhrgebiet stammenden Kalle Multhaup in die idyllische griechische Hafenstadt Kavala verschlagen hat, erzählt der gelernte Koch und Kellner aus Bottrop nicht so gerne. Obwohl die zahlreichen einheimischen Gäste seine deutschen Kneipe »Zum Ruhrpott« nicht nur wegen der ausgezeichneten Curry-Wurst, sondern auch wegen seines Witzes und seiner Schlagfertigkeit besuchen, schweigt Kalle sich hier weitgehend aus, und nur ganz selten, nach der offiziellen Sperrstunde, kann es sein, dass er sich den wenigen verbliebenen Gästen anvertraut.

»Ich war ’n richtiger Saftsack!« gesteht er dann und erzählt, wie er als junger Azubi bei einem Ausflug seiner Heimatstadt Bottrop in die englische Partnerstadt Blackpool kam, dort blieb und in erster Linie in Fußball-Hooligantum ausgebildet wurde. Zurück im Revier, dauerte es keinen Monat, bis er nicht nur im heimischen Jahnstadion des Bezirksligisten VfB Bottrop, sondern auch in der Veltins Arena auf Schalke und im Dortmunder Signal Iduna Park Platzverbot hatte. »Die Inselaffen hatten mir ganz schön was beigebracht«, resümiert Kalle dann und schüttelt verwundert über seine Jugendtorheiten den Kopf. Zusätzliche kleinere Kriminaldelikte ließen ihm das Pflaster in Deutschland immer heißer werden. »Dann hab ich mir gedenkt, hau hier nich so auffe Kacke, so toll bis auch wieda nich und bin weg.«

Geläutert und arbeitswillig kam er dann nach Kavala und verliebte sich spontan in die Hafenstadt in Nordgriechenland. »Dann war die Frage mach ich ´nen Zappelschuppen für Touristen oder lieber ´ne Ölbude mit C-Wurst und Negerpimmel[38]. Dann hab ich die kleine Kneipe hier gekriegt und einen auf Heimat gemacht, damit die Odysseuse hier ihren Urlaubserinnerungen im Ruhrpott auch unterm Jahr nachhängen können. Hier gibt’s auch bestes Pils, nicht dieses Urwaldmaggi was die sonst da ham.«

Und ihren Urlaubserinnerungen hängen die Griechen dann auch in Scharen bei Kalle nach, sogar aus Saloniki kommen die Gäste in seinen »Ruhrpott«. Die Vereinigung »Wir im Ruhrpott« hat Kalle offiziell als griechische Außenstelle anerkannt und ihm sogar gestattet, das Logo für seine Kneipe zu verwenden. Dann sitzen die Einheimischen wehmütig mit ihren Ruhrpott-Mützen und Ruhrpott-T-Shirts in Kalles Laden und schlürfen ihr Nescafe-Frappé aus schwarzen Ruhrpott-Tassen, die sie vorigen Sommer im Museums-Shop Zeche-Zollern in Dortmund erstanden haben.

»Kannst du dich noch erinnern, wie wir im Schnauferl durchs Ruhrgebiet gefahren sind. Von Duisburg-Nord über Oberhausen und zurück?«

»Mein schönstes Urlaubserlebnis war ja die Ausstellung »Der Wolkenmacher. Mein Vater auf Kokerei Zollverein«, herrliche Bilder, herrliche Atmosphäre, unvergleichbar.«

Auf die Frage, was denn sein Geheimnis für diesen großen Erfolg wäre, antwortet Kalle schlicht: »Ich glaub' ja, das ist der warme Kartoffelbrei, den ich zu der Currywurst serviere. Ich glaub ja, die halten dieses Skordalia nicht mehr aus, der Knoblauch kommt ihnen schon bei den Ohren raus!«

Wir schätzen Kalles Bescheidenheit, aber es wird wohl an seinem sympathischen Akzent liegen, mit dem er sein Griechisch veredelt und an seinen halblangen blonden Haaren, die es vor allem den bekannt freizügigen Griechinnen angetan haben.

III

In der Bosporus-Amateurliga ging es seit ehedem oft sehr ruppig zu. Die unterklassigen Mannschaften lieferten sich oft erbitterte Duelle, gegen die sich Fenerbahce gegen Galatasaray wie eine laue Aufführung zweier miteinander befreundeter Ballett-Riegen ausnahm. Die sportliche Vorherrschaft hatte hier in den vergangenen Jahrzehnten immer wieder gewechselt, in den letzten Jahren war aber zum Leidwesen der meisten Einheimischen ein ganz besonders seltsamer Club kometenhaft aufgestiegen: der »FC Swarovski Istanbul«, welcher Anfang der Neunzigerjahre von einer Kolonie von Reinigungskräften und Taxifahrern aus der mitteleuropäischen Provinz Tirol gegründet worden war.

Dieser Verein hatte eine treue und enthusiastische Anhängerschaft von einigen hundert Österreichern, die hier in Istanbul arbeiteten und kein Match, ja nicht einmal ein Training, ihres Teams ausließen.

»Immer wieder, immer wieder, immer wieder Österreich«, sangen diese Fans unermüdlich über die gesamte Matchlänge hinweg, mit schwerer, abendländischer Stimme. Ihre Bräute, die sie sich blutjung aus Alpendörfern in die Türkei holten und welche sich dann in christlichen Gotteshäusern verschleiert vor den Altar führen ließen, kochten derweilen scharfe Suppen und buken mürbe Obstkuchen, die sie am Buffet veräußerten.

Manche der Fußballbegeisterten vom »FC Swarovski Istanbul« hatten es im Berufsleben sogar zu bescheidenem Wohlstand gebracht. So gab es rund um Topkapi einige kleinere Restaurants mit okkzidentaler Küche, und auch die Zahl der Imbissbuden, wo man nicht-muselmanischen Touristen Schweinefleisch mit einer gräulich aussehenden Ummantelung, die aus Mehl, altem Weißbrot und Eiern zusammengebacken wurde, anbot, war in letzter Zeit stark angewachsen. Eine weitere Gruppe von Österreichern hatte Läden eröffnet, in denen sie aus Alpenkräutern gewonnenen, hochprozentigen Schnaps, bäuerliche Stickereien oder primitive Holzschnitzarbeiten feilboten.

Die meisten dieser deutschsprachigen Gastarbeiter schlugen sich aber mehr schlecht als recht durchs Leben, sie sprachen schlecht türkisch, waren selbst als Taxifahrer ortsunkundig und nahmen die Gebräuche des Landes eher widerwillig an.

Es schien als lebten sie mit ihren Familien in einer richtigen Parallelgesellschaft. Am Wochenende sahen sie sich via Satellit scheußliche Musiksendungen an. Dann wurden ganze Stadtteile Istanbuls mit furchtbarem Blechbläser-Gedröhne überzogen. Sonntags grillten sie in den Hinterhöfen Schweinefleisch und Würste, tranken Bier und Wein (den sie infolge ihrer Armut oft mit Sodawasser strecken mussten) und waren lautschallig bis in den Abend hinein.

Besonderes Temperament entwickelten die Vertreter aus dieser kulturellen Enklave, wenn eine große Fußballmannschaft aus der Heimat in Istanbul gastierte, der SK Rapid beispielsweise, der LASK oder gar der FC Tirol.

Wenn einer dieser Clubs im UI-Cup gegen Besiktas spielte, dann waren das in Wirklichkeit schwere Auswärtsspiele für das Heimteam. Nach dem Match feierten die Österreicher dann ihre Spieler stundenlang und veranstalteten kilometerlange Auto-Corsos, verstopften dadurch die Hauptrouten Istanbuls und reckten riesige rotweißrote Fahnen aus den Fenstern ihrer schrottreifen Mazdas, Opel Mantas und VW Golfs.

Wenn die feinen, alteingesessenen Großbürger der Stadt solcher Spektakel ansichtig wurden, dann schüttelten sie meist nachsichtig den Kopf.

»Eigentlich sind es ja ganz nette Leute«, raunten sie sich dann zu, »aber sie sind halt zu viele! In manchen Distrikten vernimmt man kein türkisches Wort mehr, und ihr morgendliches Gelärme übertönt dort schon den Weckruf des Muezzin. Aber was soll man machen, wir streben auf eine Multikulti-Gesellschaft zu. Das ist eben der Lauf der Zeit!«

[37] »In Kroatien redet der Kroate, wenn er kroatisch spricht und auf Deutsch wiedergegeben wird, nicht wie der Lukas Resetarits, wenn er den Branko Simic gibt«, meint unser Lektor Mauz.

[38] Currywurst und Blutwurst

Gerald Simon

53 plus 3 Skizzen zu den Mitgliedsverbänden der Union of European Football Associations (UEFA) oder wider die Schmähung des Zettelwissens

Albanien – *Federata Shqiptare e Futbollit (FSHF)*

Nachdem es dem ehemaligen albanischen Teamchef Hans-Peter Briegel nicht gelungen war, den gebürtigen Albaner und nunmehrigen österreichischen Teamspieler Ronald Gercaliu – der offensichtlich auf Grund einiger schadhafter interneuronaler Synapsen bei der Wiener Austria unterschrieben hat – für das albanische Nationalteam zu kapern, störte er frustriert eine Veranstaltung der Deutsch-Albanischen Freundschaftsgesellschaft in Berlin Charlottenburg. Briegel beschimpfte, volltrunken und mit einer Enver Hoxha-Maske verkleidet, den kosovo-albanischen Lyriker Bekim Morina und die gesamte Deutsch-Albanische Freundschaftsgesellschaft, von der er sich, aus unerfindlichen Gründen, im Stich gelassen fühlte. Briegel wurde überwältigt und in die Ausnüchterungszelle verfrachtet. Das war für die eilig herbeigerufenen Exekutivorgane gar nicht so einfach, weil der Ex-Zehnkämpfer sich nach Kräften wehrte und seinem früheren Kriegsnamen die *Walz aus der Pfalz* alle Ehre machte. In seiner Tasche fand man noch eine Skanderbeg-Maske und eine, die den aktuellen albanischen Teamchef Otto Baric darstellte. Was Briegel mit diesen Masken noch geplant hatte, liegt zur Stunde im Dunkeln. Kriminalpsychologen vermuten jedoch, dass hier eine Übersprungshandlung vorliegt, deren Ursache nicht nur im oberflächlich sichtbaren Fußballkonflikt gesucht werden kann.

Andorra – *Federació Andorrana de Futbol (FAF)*

Der Regierungschef von Andorra, Albert Pintat Santolària, trat erst kürzlich in einer Rede an die Nation dafür ein, den gesamten Wehretat des Landes – der im Jahr 1962 beispielsweise umgerechnet

10 Euro für das Beschaffen von Platzpatronen für feierliche Anlässe betrug – in die Nachwuchsausbildung der FAF zu investieren, um den Weg für eine erfolgreiche Qualifikation für die EURO 2012 zu ebnen.

Armenien – *Football Federation of Armenia*
Wie Radio Eriwan berichtete, führen Verantwortliche der Football Federation of Armenia das dürftige Abschneiden des Nationalteams bei diversen Qualifikationen auf die schier babylonische Sprachverwirrung in Armenien und die damit verbundenen Kommunikationsprobleme zwischen den Spielern zurück. Ab sofort darf im Team nicht mehr Armenisch, Kurmandji (Nord-Kurdisch), Russisch, Ukrainisch, Griechisch, Lomavren (Bosha), Aserbaidschanisch, Türkisch, Karatschai-Balkarisch, Georgisch (Kartuli, Grusinisch), Semitisch und Aramäisch gesprochen werden. Sämtliche Sprachen werden durch eine Art Fußball-Esperanto ersetzt, das sich aus allen im Land gesprochenen Idiomen zusammensetzt. Außerdem wurde den Spielern verboten, in Zukunft Vollbärte zu tragen, nachdem sich in der Liga die Gepflogenheit eingebürgert hatte, enteilende gegnerische Stürmer an den langen Bärten zurückzureißen, was natürlich auch international Gegner auf dumme Gedanken bringen könnte. Erlaubt sind lediglich dünne Oberlippenbärtchen.

Aserbaidschan – *Azərbaycan Futbol Federasiyaları Assosiasiyası (AFFA)*
Ílham Rasizadä, ein radikaler Moslem, regte in einem Brief an die AFFA an, ein Turnier unter den Ländern zu veranstalten, die geostrategisch unter dem so genannten *Schiitischen Halbmond* zusammengefasst werden. Dazu zählen der Iran und der Irak, Bahrein und der Libanon, Aserbaidschan und der Jemen. Syrien gehört zwar mangels einer schiitischen Bevölkerungsmehrheit eigentlich nicht dazu, weil das Land allerdings von einer kleinen schiitischen Elite geführt wird und enge Beziehungen zum Iran

unterhält, wird Syrien ebenfalls zum *Schiitischen Halbmond* gerechnet. Rasizadä war davon überzeugt, dass ein solches Turnier bald sogar der FIFA-Weltmeisterschaft den Rang ablaufen könnte. Da die Aserbaidschaner grundsätzlich nicht zum Radikalismus neigen, wurde von der AFFA diesem Vorschlag nicht näher getreten. Ílham Rasizadä war daraufhin so enttäuscht, dass er sich vor dem Tofig Bakramov Stadion in Baku mit einer Ballpumpe entleibte.

Belgien – *Koninklijke Belgische Voetbalbond (K.B.V.B.)/Union royale belge des sociétés de football association (URBSFA)*
Marcel Poirot, ein Comic-Student an der Kunsthochschule Saint-Luc in Brüssel, verfiel, nachdem sich die *Roten Teufel* nicht für das WM-Turnier 2006 qualifizieren konnten, nach etlichen hochprozentigen Abtei-Bieren in eine tiefe Depression. Sogar sein sonst so geliebtes Heimatland stellte er in Frage. Immer und immer behauptete er unter Tränen, dass Belgien außer Pommes Frites und Lucky Luke überhaupt nichts Nennenswertes hervorgebracht hätte.

Bosnien und Herzegowina – *Nogometni/Fudbalski Savez Bosne i Hercegovine (NFSBiH)*
Franz Ferdinand Komšić aus Sarajevo wurde nach dem österreichischen Thronfolger, der in Komšić' Geburtsstadt ermordet wurde, benannt. Nicht nur, dass Franz Ferdinand sein bisheriges Leben bereits unter diesem schrägen Humor seiner Eltern zu leiden hatte, musste er am 11. Oktober 2003 nach dem EM-Qualifikationsspiel gegen Dänemark auch noch einen fürchterlichen Alkoholexzess durchdulden. Die Bosnier hätten bei einem Sieg über die Dänen noch den Gruppensieg erreichen können, das magere 1:1 im heimischen Stadion in Sarajevo reichte dann nicht einmal für die Play Offs, sondern nur für den vierten Gruppenrang. Komši ernannte den, für eine etwaige Siegesfeier ins Stadion geschmuggelten, *Šljivovica* kurzerhand zum Seelentröster

und goss sich den ganzen Inhalt des Flachmannes in einem Zug hinter die Binde. Beim Verlassen des Stadions wurde er von der ganzen Wucht des Zwetschgenwassers erfasst und hinter einen Strauch geschleudert, wo er bis zum nächsten Morgen liegend verblieb.

Bulgarien – *Bulgarski Futbolen Sojus*
Die wichtigsten Feiertage Bulgariens sind der 3. März, der *Tag der Befreiung Bulgariens vom osmanischen Joch,* der 6. Mai, der *Tag der Tapferkeit und der bulgarischen Armee,* der 24. Mai, der *Tag der bulgarischen Aufklärung und Kultur und der slawischen Literatur* (der Tag ist eng mit der Entwicklung des kyrillischen Alphabets verknüpft) und der *Tag der Erweckung* am 1. November. Inoffiziell gibt es aber noch einen allgemeinen Trauertag am 21. Mai. Dieser Gedenktag geht auf das Jahr 1924 zurück, als Bulgarien das erste offizielle Länderspiel mit seiner Fußballnationalmannschaft bestritt. Das Spiel fand gegen Österreich in Wien statt und ging mit 0:6 verloren. An diesem Tag singen die zahlreichen traditionellen Frauen- und Männerchöre alljährlich traurige Balladen zu der tiefgestimmten *Kaba Gaida,* dem bulgarischen Dudelsack aus dem rhodopischen Gebirge.

Dänemark – *Dansk Boldspil-Union*
Seine erste Fanfahrt ins Ausland endete für Morten Fogh Jensen gleich mit einer schweren Verletzung. Der damals 19-jährige Jensen entfernte sich nach einem 1:1 *seiner Danish Dynamite* – Elf in Sarajevo gegen Bosnien und Herzegowina, was Dänemark den Gruppensieg in der EM-Qualifikationsgruppe 2 einbrachte und damit die direkte Qualifikation für die Europameisterschaft 2004 in Portugal, von seiner Gruppe, um hinter einem Strauch das Wasser seines Jubelrausches abzuschlagen. Bei der Verrichtung seines Geschäftes, der über die Maßen genossene Slibowitz ließ den jungen Burschen schwanken wie einen alten dänischen Fischkutter, stolperte er über einen auf dem Boden liegenden

Bosnier, brach sich den linken Arm und verlor für einige Minuten das Bewusstsein. Jensen wurde schließlich von seiner Gruppe einträchtig neben dem Bosnier liegend aufgefunden und ins nächste Krankenhaus gebracht. Den Bosnier hingegen musste man zurück lassen, nachdem er auch durch laute Zurufe nicht aus dem Schlaf zu reißen war.

Deutschland – *Deutscher Fußball-Bund (DFB)*
Nachdem Bundeskanzlerin Angela Merkel bei der Heim-WM 2006, speziell bei den Spielen der deutschen Nationalmannschaft eine Reihe von sanften Orgasmen durchlebte – was man unschwer an den Live-Fernsehbildern feststellen konnte – darf man gespannt sein, ob die EM 2008 in Österreich und der Schweiz für die deutsche Regierungschefin ein ähnlich befriedigendes Ergebnis zeitigen wird, oder ob sie sich, bei einem etwaigen vorzeitigen Ausscheiden des deutschen Teams in der Vorrunde, auf die irritierende Empfindung eines *Coitus interruptus* einstellen muss.

England – *The Football Association (FA)*
The Football Association (FA) wurde im Jahre 1863 gegründet. Davor gab es keine allgemein anerkannten gültigen Fußballregeln. Ab dem 26. Oktober bis Dezember trafen sich Vertreter folgender Clubs und Bildungseinrichtungen in der *Freemason's Tavern*, einem Pub in der Great Queen Street in London: Barnes, WO (War Office) Club, Crusaders, Forest of Leytonstone (wurde später zum Wanderers Football Club), N.N. (No Names) Club (aus Kilburn, einer Gegend im Norden Londons), Crystal Palace (hat keine Verbindung zum heutigen Crystal Palace Football Club), Blackheath Football Club, Percival House (Blackheath), Surbiton sowie die Blackheath Proprietary School; die Charterhouse School entsendete zwar einen Beobachter, lehnte das Angebot, der Vereinigung beizutreten, jedoch ab.

Beim letzten der insgesamt sechs Treffen kam es zu einem Eklat. Der erste Kassier der FA, der Repräsentant von Blackheath, zog die Mitgliedschaft seines Klubs bei der FA zurück. Grund dafür war die Streichung zweier entworfener Regeln in der vorhergehenden Sitzung. Die erste dieser Regeln hätte das Laufen mit dem Ball in der Hand erlaubt, die zweite das Verhindern eines solchen Laufs durch Treten des Gegners ins Schienbein, Beinstellen und Festhalten. Andere englische Rugby-Vereine folgten ihm und traten nicht der FA bei. Stattdessen gründeten sie 1871 die *Rugby Football Union* (RFU).

Übrigens: England ist nicht nur das Mutterland des Fußballs, sondern wahrscheinlich auch des Wettens. Wären Adam und Eva Engländer und Engländerin gewesen, würde ich darauf wetten, dass sie darauf gewettet hätten, welcher Sohn den anderen erschlagen wird. Mittlerweile treibt diese Leidenschaft aber auch seltsame Blüten. Eine besonders schöne Geschichte ist die folgende:

Ein als Elektriker beim Bau des neuen Wembley-Stadions beschäftigter Bauarbeiter traute seinen Augen nicht, als er bei seinem Weg zur Arbeit sah, dass der – nahe der Baustelle gelegene – Buchmacher Paddy Power eine Wette auf die nicht termingerechte Fertigstellung des neuen Stadions anbot. »Wir konnten unser Glück nicht fassen, als der Buchmacher die Wetten anbot. Wir haben dem förmlich die Tür eingetreten, um unsere Wetten zu platzieren«, sagte der Elektriker gegenüber der *Sun*. Obwohl die Wette bald gestoppt wurde – der Buchmacher wunderte sich anfangs noch über die vielen Kunden, in Blaumann und mit gelbem Schutzhelm, die alle dieselbe Wette spielten –, gelang es doch 60 Arbeitern eine Gesamtsumme von umgerechnet 15.000 Euro zu setzen. Das Stadion hätte zum Englischen Cupfinale 2006 fertig sein sollen. Dieses Finale wurde im Millenium Stadium zu Cardiff gespielt. Noch Fragen?

Estland – *Eesti Jalgpalli Liit*

Mart Poom, der aktuelle estnische Torhüter, erzielte am 20. September 2003 in der 90. Minute per Kopfball den Ausgleichstreffer von Sunderland gegen seinen Ex-Club Derby County. Dieser Treffer wurde von BBC Radio Five Live als *The best headed equaliser by a goalkeeper against his former club in the last minute. Ever!* beschrieben (auf Deutsch etwa: *Der beste Kopfball-Ausgleich eines Torwarts in der letzten Minute gegen seinen ehemaligen Verein, der beste aller Zeiten!*. Darüber hinaus wurde er im selben Jahr im Rahmen des 50-jährigen Jubiläums der UEFA als bester estnischer Fußballspieler der letzten 50 Jahre ausgezeichnet.

Färöer – *Fótbóltsamband Føroya (FSF)*
Die Färöer sind, wie Grönland, eine gleichberechtigte Nation innerhalb des Königreichs Dänemark, bereits seit 1948 weitgehend autonom und haben mit dem *Løgting* eines der ältesten Parlamente der Welt. Der Fußballverband heißt *Fótbóltssamband Føroya (FSF)* und ist seit 1988 Mitglied der UEFA. Nur England, Nordirland, Schottland und Wales genießen neben den Färöern das historische Recht, trotz fehlender staatlicher Souveränität Mitglied der UEFA zu sein. *Føroyaland*, wie die einheimischen Poeten ihr schönes Vaterland nennen, verfügt über eine äußerst starke Fußballnationalmannschaft, die 1991 im Rahmen einer EM-Qualifikation den Türken ein 1:1 abtrotzte und der Schweiz 2001 im Rahmen einer WM-Ausscheidung in Toftir nur 0:1 unterlag.

Finnland – *Suomen Palloliitto*
Finnland ist eines der wenigen Länder, in dem Fußball nicht der beliebteste Sport ist. Bemerkenswert ist in diesem Zusammenhang noch, dass die Finnen, einerseits aus Verbundenheit durch die gemeinsame Zugehörigkeit zum finno-ugrischen Sprachkreis und andererseits aufgrund ihrer bevorzugten Fortbewegungsart, wenn sie nach der Überfahrt auf einer Duty-free-Fähre estnischen Boden betreten, von den Einheimischen *unsere vierbeinigen Brüder* genannt werden.

Frankreich – *Fédération Française de Footbal (FFF)*
Bei der Fein-Justage seines Fan-Räuschchens beim WM Finale 2006 Italien gegen Frankreich verschätzte sich der als Saisonholzarbeiter im *Nationalpark Vanoise* beschäftige Jeanloup Dassault in der gerade noch verträglichen Menge Rotweins und verschlief die gesamte Verlängerung des Finalspieles samt der darauf folgenden Diskussionen im Freundeskreis. Nicht nur, dass Dassault am nächsten Tag nicht wusste, wer Weltmeister geworden war, verstand er auch lange die Aufregung nicht, die um Zinedine Zidane und Marco Materazzi gemacht wurde, weil er am nächsten Tag gleich wieder für Wochen in die Wälder seines Nationalparks zurückkehren musste. Heute noch hat er beträchtliche Wissenslücken, diesen Vorfall betreffend, die er aber in allfälligen Fußballdiskussionen, wenn darauf die Rede kommt, schamhaft zu verbergen sucht.

Georgien – *Sakartwelos Pechburtis Pederazis (SPP)*
Im August 2006 erzielte die georgische Fußballmannschaft gegen die Färöer mit 6:0 den höchsten Sieg in der gesamten Geschichte des einheimischen Fußballverbandes. Um diesen Erfolg gebührend zu begehen, wurde ein landestypisches Festmahl ausgerichtet, bei welchem dem aktuellen Teamchef Klaus Toppmöller die Ehre zu Teil wurde, bei der Festtafel als *Tamada* (Tischmeister) zu fungieren, der – der Tradition folgend – während der Mahlzeit dazu auserwählt ist, kunstvolle Trinksprüche auszubringen. Nach jedem Spruch wird das Glas vollständig geleert und nachgeschenkt. Wer nicht mehr trinken will, zeigt es, indem er das volle Glas stehen lässt. Mitgerissen von Toppmöllers Rheinländischem Humor und seiner Schlagfertigkeit, ließen die Festgäste kaum voll geschenkte Gläser zurück (in seiner Heimat nannte man Toppmöller schon in frühester Jugend den *Schalk von Bernkastel-Wittlich*). Absolute Highlights der Toppmöller'schen Reimkunst waren die Sprüche: *Alkohol macht die Birne hohl, Alkohol tötet langsam – wir haben Zeit*

und *Hoch de Tassä/ rin de Zingge/ morsche wern mer Kaffe tringge.*

Gegen den Kater am nächsten Morgen wurde *Chaschi*, eine starke Suppe aus Kutteln mit viel Knoblauch gereicht – für all jene, die sozusagen am Vorabend mit *Lischä verblischä* sind.

Gibraltar – *Gibraltar Football Association (außer Konkurrenz)*
Die Fußballnationalmannschaft von Gibraltar existiert schon seit 1895 und hat unter anderem beim FIFI Wild Cup 2006 in Hamburg den dritten Platz belegt. Bei diesem Kurzturnier starten Mannschaften, die von der FIFA nicht als Mitglieder anerkannt sind und somit nicht an der Qualifikation zum FIFA World Cup teilnehmen durften. Die teilnehmenden Länder 2006 waren die Türkische Republik Nordzypern, Sansibar, Grönland, die Republik St.Pauli, Tibet und eben Gibraltar.

Gibraltar hat ein eigenes Fußballstadion, in dem sämtliche Ligaspiele sowie Länderspiele ausgetragen werden. Am 8. Dezember 2006 wurde der Fußballverband von Gibraltar vorläufig als UEFA-Mitglied aufgenommen. Bemühungen, eigenständiges Mitglied der UEFA und der FIFA zu werden, scheiterten in der Vergangenheit immer wieder am Einspruch des spanischen Verbandes, sodass Gibraltar bisher noch nicht an offiziellen Turnieren teilnehmen konnte. Obwohl die Chancen, diesmal aufgenommen zu werden, sehr gut standen – immerhin war man ja bereits provisorisches Mitglied – wurde der Antrag auf Vollmitgliedschaft bei einer Abstimmung der UEFA am 26. Januar 2007 in Düsseldorf erneut abgelehnt. Damit ist Spanien die Sorge los, dass sich auch Katalonien und das Baskenland um die Mitgliedschaft bewerben. Dabei hatten die Spanier gar nicht – wie beispielsweise 2001 – mit dem Austritt aus der UEFA drohen müssen, damit der autonome Affenfelsen abgelehnt wird. Der Verdacht liegt nahe, dass dort und da weite Landstriche von Affen bevölkert sind. Für Österreich freilich wäre es aus sportlichen Überlegungen besser, Gibraltar wäre drinnen und Spanien nicht. Also, wir halten euch nicht auf, Señores!

Griechenland – *Hellenic Football Federation (HFF)*
Den elpizo tipota. Den fowumai tipota. Eimai eleftheros – Ich erhoffe nichts. Ich fürchte nichts. Ich bin frei. Immer wieder murmelte Konstantinos Ypsilantis – ein Tabakhändler aus Kavala – die Grabinschrift Nikos Kazantzakis' vor sich hin. *Ich erhoffe nichts. Ich fürchte nichts. Ich bin frei.* Inbrünstig, fast gebetsartig, immer wieder, vor Anpfiff des Europameisterschaftsfinales 2004 Portugal gegen Griechenland. Nach Ende des Spiels – der Ausgang ist bekannt – verlor Ypsilantis dann seine Freiheit und wurde Gefangener seines Jubels, den er bis in die frühen Morgenstunden ohne Alkohol mit seinen Freunden zelebrierte.

Irland – *Football Association of Ireland (FAI)*
John O'Casey – der in seiner Freizeit unterklassige Ligaspiele in der Provinz Munster als Schiedsrichter leitet – gesteht nach ein paar Pints gerne mit einem Augenzwinkern, dass er stolz darauf sei, dass er bereits von insgesamt sechzehn Vereinen bei den Schiedsrichterbesetzungen abgelehnt wurde. O'Casey gilt überhaupt als sehr selbstbewusst. Als Irland im März 2004 als erstes EU-Land ein umfassendes Rauchverbot in öffentlichen Gebäuden einführte, machte er sich einen Spaß daraus – selbst Nichtraucher – im Pub die verhinderten Raucher zu hänseln und mit ihnen den einen oder anderen Schabernack zu treiben. Dieses Vergnügen brachten John O'Casey sowohl zahlreiche Monokel- wie Brillenhämatome und den Verlust von insgesamt vier Schneidezähnen und des linken Ohrläppchens ein.

Island – *Knattspyrnusambands Íslands (KSI)*
Auf unerwarteten Widerstand stieß der isländische Architekt Ásgeir Ólafsson, als er vorschlug, das alte Laugardalsvöllur-Stadion zu schleifen und es durch ein neues modernes Stadion an anderer Stelle zu ersetzen. Einspruch erhob nämlich die *Elfenbeauftragte* des Bauamtes in Reykjavík Vigdís Ottodóttir. Laut ihren Aufzeichnungen würde es sich bei der geplanten Errichtungs-

stätte um einen überlieferten Elfenwohnort handeln. Damit hatte das Vorhaben keine Chance auf Genehmigung durch das Bauamt. Auch der fadenscheinigen Argumentation Ólafssons, *Lichtfeen* könnten bei der Reduzierung der Flutlichkosten durchaus nützlich sein, *Gnome* und *Trolle* gar als Stürmer eingesetzt werden, wurde nicht näher getreten. So entschied man schließlich, lediglich die Haupttribüne des Laugardalsvöllur-Stadions zu renovieren und zu vergrößern. Das wurde 2006 auch durchgeführt, und damit erreichte das Stadion seine heutige Kapazität von 17.000 Zuschauern. Die Wiedereröffnung der isländischen National-Arena war trotzdem ein rauschendes Fest, bei dem die althergebrachten Speisen wie sauer eingelegte Hammelhoden *(hrútspungar)*, Blut-, Leberwürste, Walspeck und schwarzgesengte Schafsköpfe *(svíð)* gereicht wurden.

Israel – *Israel Football Association (IFA)*
Aufgrund der Zweiten Intifada und die dadurch drohende Gefahr auf öffentlichen Plätzen und Veranstaltungen verlor der Beitar Jerusalem Football Club massiv an Zuschauerzuspruch. Das verschlechterte die ohnehin bedenkliche finanzielle Situation des Vereins dramatisch. Als Retter trat im August 2005 der russischstämmige Milliardär Arkadi Gaydamak auf, der Beitar kurzerhand aufkaufte. Dieser brüskierte die rechtsgerichteten Fans seines neuen Vereins gleich, indem er *Hapoel Bnei Sakhnin* – einem Club, der Araber, Juden und Ausländer beschäftigt – als diplomatische Geste 400.000 US-Dollar überwies. Der Ofen aber war endgültig aus, als Gaydamak ankündigte, den arabischen Spieler Abbas Suan verpflichten zu wollen. Das wurde durch massive Fanproteste verhindert. Schließlich zählen Fansongs wie *Tod allen Arabern!* und *Keine Araber, kein Terror!* zum Standardrepertoire der Anhänger, und man ist letzten Endes doch auch seinem Ruf verpflichtet. Beitar spielt im *Teddy-Kollek-Stadion*. Das 22.800 Zuschauer fassende Stadion ist wegen der hitzigen Stimmung unter dem Spitznamen *Gehinnom* (Hölle) bekannt.

Der berühmteste Vereins-Chant ist *Yerushalaim Milchama* was so viel *Jerusalem will den Krieg* bedeutet.

Italien – *Federazione Italiana Giuoco Calcio (FIGC)*
2. Juli 2000: In einer schmucken Familien-Ferienanlage in der Nähe von Reggio di Calabria, die in erster Linie von italienischen Feriengästen bevölkert war, rotteten sich bereits in den Nachmittagsstunden vor allem die Familienväter im Gemeinschaftsraum vor dem Fernsehgerät zusammen. Die Stimmung war ausgelassen, es stand das Europameisterschaftsfinale Frankreich gegen Italien in Rotterdam auf dem Programm. Mitten unter ihnen saß ein blasser Österreicher, dem wohlwollend von der Ansammlung dunkeläugiger, selbstbewusster Latin Lover die Aufstellung der voraussichtlich siegreichen italienischen Mannschaft im Speziellen und der Fußballsport im Allgemeinen erklärt wurden. Selbst als in der Halbzeit – Pausenstand 0:0 – ein paar versprengte dreifärbig bemalte französische Provokateure mit lauten *Allez, les bleus!*–Rufen den Raum stürmten und mit Wasser gefüllte Luftballons in die ebenfalls blaue Menschenansammlung warfen, wurde zwar kopfschüttelnd, aber gönnerhaft, darüber hinweg gesehen. In der 55. Minute erzielte Marco Delvecchio das 1:0 für Italien. Ab diesem Augenblick begann eine Party, die bis zur 90. Minute und kurz darüber hinaus anhielt. Schals und Kappen wurden permanent geschwenkt, der Lärmpegel hatte die Schmerzgrenze längst überschritten, zumindest die des blassen Österreichers, der insgeheim zu den Franzosen hielt, was er aber tunlichst für sich behielt. Dann erzielte Sylvain Wiltord Sekunden vor dem Ablauf der Nachspielzeit den Ausgleich für Frankreich, und dann war es das erste Mal still im Gemeinschaftsraum der Ferienanlage bei Reggio die Calabria, und man hatte kurz den Eindruck, die Zikaden in den umliegenden Gärten brüllten so laut wie Löwen in der Savanne. Beim Beginn der Verlängerung allerdings war die Zuversicht zurückgekehrt, und *Forza Italia*- und *Wir werden eure Schwestern vögeln, ihr verdammten Froschfresser*-Rufe schallten

wieder durch den Raum. Nach 13 Minuten war der Spuk dann endgültig vorbei, als David Trézéguet in der 103. Minute das Golden Goal erzielte und Frankreich damit zum Europameister machte. Der Lärm verstummte jählings, und die Situation gemahnte eher an einen kollektiven *Sudden Death*, und nicht an ein goldglänzendes Siegestor. Die Stille dauerte ein paar Minuten, bis die ersten geschockten Azzurri in der Lage waren sich zu erheben. Ihr Weg führte sie nach draußen zum *Marktplatz* der Ferienanlage, wo sich auch ein großer Springbrunnen befand, in dem eigentlich im Falle der Siegesfeier gemeinsam gebadet hätte werden sollen. Der blasse Österreicher stand nicht unzufrieden und ein wenig schadenfroh inmitten eines jämmerlichen Grüppchens von schluchzenden und plärrenden *Mammonis*, deren schwere Tränen das Wasser des Brunnens in eine brackige Brühe verwandelten, und er wusste, im Moment gab es kein Wort des Trostes, das dieses unsägliche Leid hätte lindern können.

Kärnten – *Neues Nationales Deutschkärntner Fußballbündnis (außer Konkurrenz)*
Der erste Fußballfan des Landes und Abspaltungsspezialist Jörg Haider arbeitet im Moment an einem spektakulären Coup. Nach walisischem, schottischem oder färöischem Vorbild wird das Bundesland Kärnten die Vollmitgliedschaft bei der FIFA beantragen, um in Zukunft mit einer eigenen Kärntner Nationalmannschaft an allen Bewerbsspielen teilnehmen zu können. Obwohl Gibraltar mit einem ähnlichen Ansuchen erst vor kurzem abgeblitzt ist, beurteilt Jörg Haider die Chancen für das Neue Nationale Deutschkärntner Fußballbündnis (NNDKFB) sehr gut: »Den Blatter, diesen Westentaschen-Napoleon, habe ich schon im Hosensack. Er soll nicht den Hl. Joseph spielen, wir wissen genau, dass er Dreck am Stecken hat und werden das auch zu gegebener Zeit ansprechen.« Als Kärntner Teamchef ist Walter »Schoko« Schachner vorgesehen, der schon seit längerem beim Landeshauptmann auf dem Schoß sitzt (wie man in Österreich

zu sagen pflegt und damit auch ganz etwas Bestimmtes meint). Außerdem hat Haider Schachner Schokoriegel auf Lebenszeit zugesagt, inspiriert durch das berühmte Vorbild Elvis Presleys, der bei Dreharbeiten, wenn er bockig wurde, stets mit einer Tafel Schokolade zum Weiterarbeiten überredet werden konnte. Alle wichtigen Positionen im Kärntner Fußballbündnis werden mit guten Freunden oder Verwandten Haiders besetzt, damit dort Personen am Werk sind, auf die sich der Landesvater auch verlassen kann. NNDKFB-Präsidentin wird seine Frau Claudia, die, nachdem man ihr die Fußballregeln erklärt hat, dem neuen Hobby durchaus etwas abgewinnen kann. Allerdings besteht sie als Hornmeisterin darauf, dass der Anhängerclub der Kärntner Nationalmannschaft in der Hauptsache aus der Jagdhornbläsergruppe Bärental bestehen muss. Das erste Ziel des neuen Verbandes ist die Qualifikation für die WM 2010 in Südafrika. »Und dann werden wir diesen arbeitsscheuen Zulu-Kaffern zeigen, was anständige Fußballspieler zu leisten im Stande sind«, gibt sich Dr. Haider selbstbewusst.

Kasachstan – *Football Union of Kazakhstan*
Nachdem man mit einem fulminanten 0:0 in Belgien und einem 1:1 in Aserbaidschan in die Ausscheidung für die EURO 2008 gestartet war, war die Hoffnung in der *Football Union of Kazakhstan* sehr groß, sich erstmals für ein großes Fußballereignis zu qualifizieren. Als größten Erfolg konnte man bislang lediglich auf einen imposanten 7:0 Auswärtssieg gegen Pakistan zurückblicken, aber der lag auch schon wieder fast 10 Jahre zurück. Vom Kaspischen Meer bis zur mongolischen Grenze wurde in den Wüsten und Steppen getanzt und in den Straßen der Hauptstadt Astana flossen die Getränke aus vergorener Kamel- und Stutenmilch in Strömen. Allerdings erhielten die tapferen Kasachen in den nächsten drei Spielen wieder einen großen Dämpfer: Gegen Polen, Finnland und Portugal konnte kein einziges Tor erzielt werden, und die Spiele gingen allesamt verloren. Gegen Serbien allerdings gab

es dann überraschend den ersten Sieg in einer wichtigen Qualifikation. Und es wurde wieder getanzt vom Kaspischen Meer bis zur Mongolei, und in den Straßen der Hauptstadt Astana flossen die Getränke…

Kroatien – *Hrvatski nogometni savez (HNS)*
Irgendwie ist es schon komisch: Die Republik Kroatien hat 4,5 Millionen Einwohner und ist im Augenblick der Drucklegung dieses Büchleins in der aktuellen FIFA-Weltrangliste auf Platz 11. Österreich hat fast doppelt so viele Einwohner und ist in der FIFA-Weltrangliste auf Platz 83. Besonders beschämend ist, dass das Potenzial an halbwegs guten Kickern in Kroatien so hoch sein dürfte, dass man es sich leisten kann, drittklassige Fußballer in die österreichische Bundesliga zu verkaufen, wo sie dann noch immer zu den absoluten Leistungsträgern bei ihren Vereinen zählen. Woran liegt das? Folgt man den etwas krausen Theorien von Starjournalist Peter Michael Lingens – der sich vor Jahren dazu verstieg zu behaupten, dass die Sprintstärke schwarzafrikanischer Leichtathleten auf ein verhältnismäßig längeres Fersenbein zurückzuführen ist – dann könnte man fast vermuten, dass die Kroaten den Österreichern gegenüber, auch irgendeinen körperlichen Vorteil haben. Vielleicht haben sie ja ein unsichtbares drittes Bein. Mit diesem getarnten Fuß gelingt es dann natürlich leicht, den Ball an den österreichischen Verteidigern vorbeizuspielen. Für diese Theorie spricht, dass die *Vatreni* (die Feurigen) – wie sie auch gerne genannt werden – bei der WM 1998 beispielsweise nur Frankreich, einem 60 Millionen-Volk, und Brasilien – gar 168 Millionen Einwohner – den Vortritt lassen mussten. Wer aus solch einem Menschenpotenzial schöpfen kann, braucht auch vor einem dreibeinigen Gegner keine Angst haben.

Lettland – *Latvijas Futbola Federācija (LFF)*
Der breiteste Wasserfall Europas – die *Ventas Rumba* – befindet sich nahe der Kleinstadt Kuldga in der historischen Landschaft

Kurland und erreicht dort eine Breite von 240 Metern. Der Wasserfall ist auch als der Ort bekannt, an dem sich *Lachse aus der Luft fangen lassen.* Bereits im 17. Jahrhundert wurde dort eine *Fangstation* errichtet, die aber wieder geschlossen wurde, als einer der kurländischen Erbherzöge beim Versuch, einen Lachs mit der Hand zu fangen, ins Wasser gestürzt und ertrunken war.

Erst kürzlich hat der lettische Torhüter Aleksandrs Kolinko bei einer Pressekonferenz vehement bestritten, direkt von diesem tollpatschigen Adeligen abzustammen. Kolinko erregte auch Aufsehen, als er, nachdem er bereits drei Jahre in England gespielt hatte, entlassen wurde, als er bei einem Spiel seines Teams nur auf der Ersatzbank saß und bei einem Treffer gegen sein Team Beifall klatschte.

Liechtenstein – *Liechtensteiner Fußballverband (LFV)*
Liechtenstein ist das Land mit den meisten olympischen Medaillengewinnern im Verhältnis zur Einwohnerzahl. Diesen erstaunlichen Umstand verdankt man wiederum zur Gänze genau drei Familien, den Familien Konzett, Frommelt und Wenzel. Fachleuten ist nun bereits klar, dass die Medaillen sämtlich im alpinen Schilauf errungen wurden. Es besteht also für das Fürstentum in vielen Sportarten enormer Aufholbedarf, so auch im Fußball, dem beliebtesten Sport der Liechtensteiner. Sogar gegen Österreich hat man eine erbärmliche Länderspielbilanz – 5 Spiele, 5 Niederlagen, Torverhältnis 1:22. Und das will was heißen. Da brennt der Hut!

Litauen – *Lietuvos Futbolo Federacija (LFF)*
Zu einer schönen grenzüberschreitenden Fanaktion kam es zwischen dem eingefleischten Austria Wien-Fan Mag. Christian Bauer und seinem norddeutschen Pendant Claas Föhrenberg vom Hamburger Sportverein. Sie beantragten nämlich bei der litauischen Regierung, dass der – einst bei beiden Vereinen tätige – Litauer Valdas Ivanauskas neben dem Heiligen Kasimir

gleichwertig als zweiter Landespatron anerkannt wird. Die Initiative ging von Bauer[39] aus, als er beim ziellosen Surfen im Internet auf den Heiligen Kasimir stieß. Kasimir – aufgrund eines Keuschheitsgelübdes unverheiratet geblieben – starb während einer Reise an Entkräftung als Folge exzessiven Fastens. Dieses Schicksal rührte Bauer offensichtlich, der selbst ein militanter Verfechter der F.X. Mayer–Fastenkur ist. Die Verbindung zu Valdas Ivanauskas bleibt unklar und ist wahrscheinlich auch nur als Fan der Wiener Austria hundertprozentig zu verstehen – Keuschheit kann jedenfalls ausgeschlossen werden. Der oben erwähnte Antrag liegt jedenfalls zur Stunde bei Ministerpräsident Gediminas Kirkilas.

Luxemburg – *Fédération Luxembourgeoise de Football (FLF)*
Während bereits viermal ein Vertreter aus dem *Groussherzogtum Lëtzebuerg* die Tour de France für sich entscheiden konnte, gleichen die Darbietungen des Luxemburgischen Fußballteams leider immer noch eher der *Echternacher Springprozession* – einer religiösen Prozession, die jedes Jahr am Dienstag nach Pfingsten in Echternach stattfindet. Die Teilnehmer *springen* zu Polkamelodien in Reihen durch die Straßen der Stadt bis zur Echternacher Basilika mit dem Grab des Heiligen Willibrord.

Malta – *Malta Football Association (MFA)*
Obwohl die maltesische Fußballnationalmannschaft weltweit die einzige ist, die täglich zusammen trainiert, konnte von 62 WM-Qualifikationsspielen bisher nur ein einziges gewonnen werden (1:0 gegen Estland, 1993). Ganz schlimm erwischte es Malta aber bei der EM-Vorausscheidung 1984 am 21.12.1983, als man gegen Spanien 1:12 unterlag. Das aber war gut für die Spanier, weil man genau einen Sieg mit 11 Toren Differenz benötigte, um sich zu qualifizieren. Gott sei Dank – aus spanischer Sicht – konnte man nach einem mageren 3:1 zur Halbzeit nach der Pause noch

9 Tore erzielen. Die schwachen Niederländer brachten es vier Tage zuvor nur zu einem 5:0 Erfolg und schieden mit gleicher Punkteanzahl und Tordifferenz aufgrund der weniger erzielten Tore völlig verdient aus.

Mazedonien – *Fudbalska Federacija na Makedonija (FFM)*
Seit Anfang der Neunzigerjahre ist Mazedonien von UNO und EU unter dem Namen *Former Yugoslav Republic of Macedonia (FYROM)* anerkannt. Das dürfte einen 158 Zentimeter großen Musiker aus Minneapolis inspiriert haben, sich fürderhin *The Artist formerly known as Prince* (*TAFKAP*) zu nennen. Während bei Mazedonien ein historischer Namensstreit mit Griechenland (beansprucht den historischen Namen für seine Provinz Makedonien) zu Grunde liegt, kann es sich bei Prince lediglich um eine akute Verwechslungsangst mit Saint-Exupérys *Der kleine Prinz* gehandelt haben. Egal, *TAFKAP* ist wieder Prince, und *FYROM* wird vielleicht bald Mazedonien sein. Zum Sportlichen: Der größte Sohn Mazedoniens ist Darko Pančev, der 1991 nicht nur den Goldenen Schuh für den erfolgreichsten Torschützen in Europa erhielt, sondern auch mit seinem Verein Roter Stern Belgrad im selben Jahr den Europapokal der Landesmeister gewann (ab 1992: UEFA Champions League).

Moldawien – *Federația Moldovenească de Fotbal (FMF)*
Als Russland im März 2006 unter fadenscheinigen Gründen ein Weinembargo über Moldawien verhängte, verlor der ohnehin zur Schwermut neigende Winzer Vadim Bologan aus dem Anbaugebiet Codru mit einem Schlag über 80 Prozent seines Absatzmarktes. Aus schierer Angst, er könnte auf seinem Merlot sitzen bleiben, begann er ihn peu à peu selbst auszutrinken. Das war zwar kein Mittel gegen seine Depressionen, aber es verbesserte deren Qualität. Auch die Darbietungen der moldawischen Fußballnationalmannschaft in der Qualifikationsgruppe 3 für die EURO 2008 waren für Bologan kein ausreichender Grund, mit dem Saufen aufzuhören.

Montenegro – *Fudbalski Savez Crne Gore (FSCG)*
Im Gegensatz zu Gibraltar wurde Montenegro am 26. Jänner 2007 von der UEFA als Mitglied aufgenommen. Sollte die FIFA diesem Beispiel folgen, können die *Sokoli* (die tapferen Falken) an der Qualifikation für die WM 2010 in Südafrika teilnehmen. FSCG-Präsident Dejan Savićević zeigte sich begeistert. Für Österreich jedoch bedeutet das einen weiteren ernstzunehmenden Gegner für zukünftige Qualifikationen. Bei derselben UEFA-Sitzung wurde auch die Aufstockung der EM-Teilnehmer von 16 auf 24 beschlossen. Das wieder gefiel Franz Beckenbauer – dem Unfehlbaren – nicht, und er meinte, da könne man ja gleich alle Mitgliedsländer bei der EM teilnehmen lassen. So unrecht hat der Kaiser hier gar nicht. Bei nunmehr 53 Mitgliedsverbänden könnte man die Europameisterschaft im KO-System durchführen. Ausgehend von einem 64er-Raster (mit elf gesetzten Teams mit Freilos in der ersten Runde) wäre der ganze Zinnober in sechs Spieltagen erledigt und es bliebe mehr Zeit, sich anschließend wieder um vernünftigere Dinge kümmern zu können. Sogar mittelkleine Tennisturniere – wie jenes in St.Pölten – werden mit einem 64er-Raster gespielt, und man ist in einer Woche fertig.

Niederlande – *Koninklijke Nederlandse Voetbalbond (KNVB)*
Wie man aus gewöhnlich gut informierten Kreisen weiß, ist der niederländische Bondscoach Marco van Basten vor einem Länderspiel gegen England einer Empfehlung Herman von Veens gefolgt und hat Clarence Seedorf in den niederländischen Kader berufen. Na, dass sich da nicht ein präjudizieller Irrwitz in der Fußballwelt breit macht! Wolfgang Ambros empfiehlt nach einer Sauftour dringend die Reaktivierung der Ogris-Brüder. *Schokoriegel nur auf weißen Laken und nicht auf dem grünen Rasen,* meint Dieter Bohlen und spricht sich dezidiert für ausschließlich weißhäutige deutsche Nationalspieler aus. DJ Bobo weiß zwar nicht, was die EURO 2008 ist, findet es aber prima, dass die großen runden Häuser in Basel, Bern, Genf und Zürich modernisiert und ausgebaut werden.

Nordirland – *Irish Football Association (IFA)*
Pelé – der allgemein als der beste Fußballer aller Zeiten gilt – hält nun seinerseits den nordirischen Paradealkoholiker George Best für den besten Spieler der Welt. Best – der es beispielsweise für sein erklärtes Spielziel gegen die Niederlande hielt, Johan Cruyff den Ball zwischen den Beinen durchzuschieben, was ihm prompt gelang – bedankte sich auf seine Art: *Wenn ich hässlich wäre, wäre ich heute berühmter als Pelé.* Immerhin wurde nach seinem Tod der beim Belfast Harbour gelegene Belfast City Airport in *George Best Belfast City Airport* umbenannt. Gestorben ist Best schließlich an einem Multiorganversagen, so etwas wie der Jackpot der Todesursachen.

Norwegen – *Norges Fotballforbund (NFF)*
Dass in Norwegen die Eisbären rudelweise auf der Straße herumlaufen, ist wohl ein Mythos, trotzdem kann es natürlich bitter kalt werden. Das musste der Nachwuchsflitzer Geirr Sæverud buchstäblich am eigenen Leibe erfahren. Beim Versuch seinem großen Vorbild Ernst Wilhelm – genannt *Ernie* – Wittig, dem wohl berühmtesten Flitzer Deutschlands, der seinen nackten bodygebuildeten Körper im Dortmunder Westfalenstadion sogar einmal 76.400 Menschen präsentierte – nachzueifern, zog er sich eine schwere Lungenentzündung zu, als er beim vorentscheidenden Meisterschaftsspiel der norwegischen Frauenfußballliga *Toppligen* zwischen Kolbotn IL und Trondheims-Ørn SK im Adamskostüm über das Fußballfeld galoppierte. Nicht nur dass Sæverud anschließend schwer erkrankte und seine Flitzerambitionen auf die nächste Saison verschieben musste, wurde er von den interessiert zusehenden Fußballdamen auch noch mitleidig belächelt, weil sich die eisige Kälte auch nicht gerade vorteilhaft auf seine Gesamterscheinung auswirkte.

Österreich – *Österreichischer Fußballbund (ÖFB)*
Österreich ist, vor allem neben Finnland, eines der wenigen Län-

der, in dem Fußball nicht der beliebteste Sport ist. Der beliebteste Sport in Österreich ist der Schilauf, der jedoch wieder außerhalb von Österreich kaum jemanden interessiert. Seit Jahrzehnten werden Vertreter der alpinen Landjugend, die imstande sind, halbwegs schnell und möglichst sturzfrei auf zwei Brettern von ihrem Bergbauernhof ins Dorfwirtshaus im Tal rutschen können, zu internationalen Triumphatoren der österreichischen Nation hochstilisiert. Das ist ein wenig so wie der Umstand, dass sich die Gewinner der American Football-Meisterschaft als *Weltmeister* bezeichnen, obwohl sie ausschließlich gegen Teams eines einzigen Staates gespielt haben. Von den Vertretern anderer Kulturkreise werden Schiläufer mehrheitlich für fußentstellte Mutanten eines Reaktorunfalls gehalten. Für diese Theorie spricht auch die deftige Erotik unserer Schidamen, die eher an sennende Geierwallys erinnern, im Gegensatz zu den mondänen Modelfiguren beispielsweise der amerikanischen Skimädchen. Bei uns Volkssport, in den USA eine Upper-Class-Marotte.

Polen – *Polski Związek Piłki Nożnej (PZPN)*
Wir wollen ja hier kein albernes Klischee von stehlenden und bestechlichen Polen bedienen, aber es ist ein Faktum, dass die polnische *Ekstraklasa* – die erste Liga – von einem Manipulationsskandal erschüttert wird, gegen den die deutsche Hoyzer-Geschichte eine Jugendtorheit genannt werden muss. Außerdem gibt es in Polen eine ekelhafte Hooligan-Szene, und durch den schlechten Besuch in den Stadien wird das Bild auf den Stadionrängen auch noch durch diese meist rechtsgerichteten Raufbolde bestimmt, denen es sogar hin und wieder gelingt, Kettensägen mit ins Stadioninnere zu nehmen. Und das finden wir einfach nur Scheiße!

Portugal – *Federação Portuguesa de Futebol (FPF)*
Am Beispiel José Mourinhos sieht man, dass man weder Profifußballer noch Trainer sein muss, um in diesem Metier etwas

zu erreichen. Offensichtlich genügt es, Sohn eines Spielers und Trainers (Félix Mourinho) zu sein. So taucht José mit 27 Jahren plötzlich – völlig unbeeinflusst von theoretischem Wissen und praktischer Erfahrung – als Co-Trainer von Estrela Amadora und bei AD Ovarense auf. Wenig später wechselt er zu Sporting Lissabon, offiziell als Co-Trainer, in Wirklichkeit aber als Übersetzer für Bobby Robson (bis zu diesem Zeitpunkt ist Mourinhos einzige Qualifikation für den Trainerjob die Muttersprache). Robson wechselt zu Barcelona und will auch dort nicht auf seinen Dolmetsch verzichten. Hier bildet sich Mourinho das erste Mal weiter: Er lernt katalanisch! Und, schwuppdiwupp, urplötzlich ist er hauptverantwortlicher Trainer bei Benfica Lissabon und schließlich beim FC Porto, mit dem er allerdings 2003 den UEFA-Cup und 2004 die Championsleague gewinnt. Nun nutzt er die Gunst der Stunde und unterschreibt gleich darauf beim FC Chelsea, einer Mannschaft mit einem Spielerkader, bei dem man elf Namen Woche für Woche blind aus einem Hut ziehen könnte und man würde trotzdem englischer Meister werden. Im Wesentlichen fällt Mourinho weniger durch fußballtaktische Meisterleistungen als mit unbedachten Äußerungen und Anschuldigungen in der Öffentlichkeit auf. So beendete er indirekt die Schiedsrichterkarriere eines schwedischen Starschiedsrichters, indem er ihm Bestechlichkeit vorwarf. Für unerlaubte Abwerbegespräche mit Ashley Cole vom FC Arsenal musste er 450.000 Euro Strafe bezahlen. Was wir immer schon vermutet haben, bestätigt sich hier sehr deutlich: Um ein erfolgreicher Trainer oder Funktionär zu sein, genügt an sich schon eine ordentliche, narzisstische Persönlichkeitsstörung, am besten im Verein mit einer gut gehenden Vetternwirtschaft.

Rumänien – *Federația Română de Fotbal (FRF)*
Der eloquente und visionäre Eventguru Iosif Baldrianu – immerhin skizzierte er die ersten Ideen zu einem Dinosaurier-Park im Bezirk *Hunedoara* in der Region *Transilvania,* unmittelbar nach-

dem er von einem Fossilienfund in dieser Gegend gehört hatte – lässt nun mit dem Konzept eines Dracula-Themenparks bei *Sighişoara* aufhorchen. Im Gegensatz zum Saurier-Park, der gute Chancen auf Umsetzung hat, stößt sein zweites touristisches Großprojekt bei der Bevölkerung auf wenig Gegenliebe und wird bislang von einer Bürgerinitiative verhindert. Selbst eine geschickte PR-Kampagne Baldrianus mit dem Kernslogan *Untote machen den Mädchen Beine* zeitigt noch nicht das gewünschte Ergebnis. Erst vor kurzem verließ Iosif Baldrianu wutschnaubend eine Versammlung dieser Bürgerinitiative mit einer kryptischen Andeutung. *Treibt nicht die Nägel in den Sarg Draculas!* bellte er unheilvoll hervor und rauschte mit seinem Ferrari davon. Dem Vernehmen nach hat sich Baldrianu danach aber schnell wieder beruhigt und beschäftigt sich bereits wieder intensiv mit seinem eigentlichen Lieblingsgroßprojekt: Baldrianu plant den Palast des Parlamentes (*Palatul Parlamentului*) – nach dem Pentagon das zweitgrößte Gebäude der Welt – in ein 315.000 Zuseher fassendes Fußballstadion umzubauen. Auf dem hexagonalen Spielfeld mit einer Gesamtfläche von 3,24 Hektar können dann – an die Regeln des bekannten Brettspieles Halma angelehnt – sechs Mannschaften gleichzeitig gegeneinander antreten.

Russland – *Rossijski Futbolni Sojus (RFS)*
Es war selbst für Moskauer Verhältnisse ein sehr kalter End-Septembertag 2006, als das Damen-WM-Qualifikationspiel zwischen Russland und der Schweiz angepfiffen wurde. Plötzlich löste sich nach dem Münzwurf ein Schatten aus den Zuseherrängen und bewegte sich mit voller Sprintgeschwindigkeit auf den Mittelkreis zu. Bald war klar, dass die Person vollkommen unbekleidet war. Es war zu beobachten, dass immer jene Damen, die er passierte, sofort die Köpfe zusammensteckten und eifrig miteinander zu tuscheln begannen. Mutigere zeigten sogar mit der ausgestreckten Hand unmissverständlich zur Körpermitte des Läufers. Die kleine amüsante Episode wurde vom russischen Ordnerdienst beendet,

der den Flitzer kurzerhand einfing und abführte. Im Nachhinein stellte sich heraus, dass es sich bei dem Spinner um einen einschlägig bekannten Norweger namens Geirr Sæverud handelte, der ganz offensichtlich unter einer nicht ganz auskurierten Lungenkrankheit litt. Interessant war auch, dass er gar nicht ganz nackt gewesen war, denn um seine Leibesmitte trug er eine Art pelzgefütterte Attrappe oder Prothese von beeindruckender Größe. Das allerdings konnten die beiden Damenmannschaften noch nicht wissen, als das Spiel endlich angepfiffen wurde. Die Russinnen dürften dadurch etwas weniger aus der Konzentration gebracht worden sein als die Schweizerinnen, denn sie gewannen glatt mit 2:0. Bei den Vernehmungen gab Sæverud darüber hinaus entmutigt an, dass er sein Tätigkeitsgebiet in Zukunft in wärmere Gefilde verlegen wolle und außerdem plane, bei seinen Flitzer-Auftritten einen Trainingsanzug zu tragen.

San Marino – *Federazione Sammarinese Giuoco Calcio (FSGC)*
Ungefähr zehn Prozent aller fußball-fähigen Männer San Marinos sind auch Fußballer (ungefähr 1000 Aktive), das heißt, die Chance in das heimische Nationalteam zu kommen ist ungefähr sechshundertmal höher wie in Österreich, obwohl momentan geunkt wird, dass jeder, der das wolle, auch tatsächlich im österreichischen Team spielen könne. San Marino feierte seinen höchsten Sieg in einem Freundschaftsspiel gegen Liechtenstein mit 1:0, was insofern auch leicht zu merken ist, weil es bislang der einzige Sieg einer Auswahl San Marinos ist. Die höchste Niederlage der Verbandsgeschichte setzte es daheim gegen die Deutschen mit 0:13, was wieder Wasser auf die Mühlen jener sein wird, die meinen, Deutsche seien grundsätzlich gnaden- und humorlos.

Schottland – *The Scottish Football Association (SFA)*
Algernoon MacCallum – *chief* des MacCallum-Clans – handelte nach den Buchstaben seines Clanmottos *in ardua tendit* (so viel wie: er hat schwierige Dinge versucht), als er vorschlug, die

schottische Fußballnationalmannschaft nicht mehr in den üblichen Dressen, sondern in original schottischen Kilts – und zwar getragen nach streng schottischer Tradition ohne Unterbekleidung – auf das Feld zu schicken. Als ein diesbezüglicher Antrag von der FIFA mit dem Hinweis, dass die Kameruner bereits wegen ärmelloser Trikots hart bestraft wurden, abgeschmettert wurde, begann der tapfere Schotte einen erbitterten Kleinkrieg gegen den Weltfußballverband, der bis heute nicht beigelegt ist. Offenbar hat Algernoon Mac Callum seinen Mut und seine Zielstrebigkeit von seinem direkten Vorfahren Zachary MacCallum of Poltalloch geerbt, der im 17. Jahrhundert für seine Stärke im ganzen Land bekannt war. Während seines Kampfes gegen Sir Alexander MacDonald tötete er sieben Männer, bevor er Sir Alexander erreichte. Als er sich anschickte, seinen achten und wichtigsten Mann – nämlich Sir Alexander selbst – zu töten, wurde er von hinten von einem feigen Feind mit einer Sense niedergemäht. Dieses Schicksal jedenfalls wird Algernoon MacCallum erspart bleiben. In der heutigen Zeit fällt man niemand mehr in den Rücken, und schon gar nicht bei der FIFA.

Schweden – *Svenska Fotbollförbundet (SFF)*
Nachdem der FC Chelsea gegen Barcelona im Championsleague-Achtelfinale verloren hatte, warf Chelsea-Trainer José Mourinho dem schwedischen Schiedsrichter Anders Frisk vor, er hätte Barcelona-Trainer Rijkaard in der Halbzeit in seiner Kabine empfangen und unterstellte diesem dadurch Bestechlichkeit. Daraufhin überhäuften einige Chelsea Fan-Arschlöcher Anders Frisk und dessen Familie mit Morddrohungen. *Ich habe meine Tochter aus Angst den Briefkasten nicht mehr öffnen lassen,* meinte ein geschockter Frisk und spricht von den 16 schlimmsten Tagen seiner Karriere. Konsequent beendete einer der aktuell besten FIFA-Schiedsrichter seine Karriere mit sofortiger Wirkung. José Mourinho jedoch erwog gegen Volker Roth, den Vorsitzenden des DFB-Schiedsrichterausschusses, rechtliche Schritte, weil ihn

dieser in einer schwedischen Tageszeitung als *Feind des Fußballs* bezeichnet hatte. Genau, Señor José, man muss sich wirklich nicht alles gefallen lassen!

Schweiz – *Schweizerischer Fussballverband (SFV)*
Woran liegt es nur, dass zahlreiche internationale Institutionen ihren Sitz in der Schweiz haben? Nicht weniger als fünf Sonderorganisationen der UNO, als bekannteste sei hier die WHO erwähnt, befinden sich allein in Genf. Weiters sind auch weit wichtigere, wie die Internationale Eishockey-Föderation, das Internationale Olympische Komitee, die FIFA, und schließlich sogar die UEFA in der Schweiz untergebracht. Warum ist das so? Wir wissen es nicht[40]. Aber wir weisen darauf hin, dass dieses Land von Menschen bewohnt wird, die zu Frühlingsbeginn im Rahmen des *Zürcher Sechseläuten* pünktlich um 18:00 Uhr seit Jahrhunderten einen Schneemann namens *Böögg* anzünden. Der Kopf des künstlichen Schneemannes ist mit Feuerwerkskörpern gefüllt, und je schneller der *Böögg* seinen Kopf verliert, umso schöner wird der Sommer. 2006 dauerte es zehn Minuten und 28 Sekunden, bis es dem Schneemann die Birne zerfetzte, was im guten langjährigen Durchschnitt lag. Und die Lebewesen, die dieses Land bewohnen, glauben auch noch daran. Ernstzunehmende Wissenschaftler fertigen statistische Analysen an, die einen Zusammenhang zwischen einem explodierenden Schneemannkopf und der Qualität des folgenden Sommers herstellen. Und jetzt müssen wir mit diesen Menschen gemeinsam eine Fußballeuropameisterschaft ausrichten. Wir sagen das nur, damit nachher keiner kommt und sagt, wir hätten nichts gesagt.

Serbien – *Fudbalski Savez Srbije (FSS)*
Es ist ein offenes Geheimnis, nachdem in den unterklassigen österreichischen Ligen Profifußball offiziell untersagt ist, dass die angeheuerten Ausländer (und nicht nur die) mit Proforma-Jobs bei den Sponsorfirmen versorgt werden. Die Kicker sind dann

zwar bei diesem Betrieb ganz regulär angestellt und sozialversichert, aber nur sehr selten an ihrem Arbeitsplatz zu finden. Željko Brena, vom ASV Schrems als junger Bursche verpflichtet, von Serbien nach Österreich gekommen, ging einen ungewöhnlichen Weg, indem er auch seinen Job bei der Granitfirma Widy ernst nahm und eine Karriere in der Berufswelt, abseits des Fußballs, anstrebte. Zum Ende seiner Fußballerkarriere hatte Brena es bereits bis zum Vorarbeiter gebracht, was ihn zum Vorgesetzten einiger – auch österreichischer – Mitarbeiter machte. Über genau deren Arbeitsmoral ließ er einmal bei einer so genannten Stehpartie nach einem Maiumgang an der Schank des Gasthauses *Zum Waldviertler Sepp* mit einem Augenzwinkern verlauten, dass die Österreicher zum Unterschied zu den Serben – den 1. Mai deshalb als *Tag der Arbeit* bezeichneten, weil sie nur an diesem einen Tag gewillt wären zu arbeiten, wenn sie nicht gerade an einem Maiaufmarsch teilnehmen müssten. Diese, mit einem Augenzwinkern vorgebrachte Einschätzung der rotweißroten Einstellung zur beruflichen Tätigkeit, bekam der Notstandsempfänger Manfred Urz – der als Hobby-Balkanologe jedoch weit über die Grenzen Niederösterreichs hinaus einen guten Ruf genoss – offensichtlich in die falsche Kehle, warnte Brena vor dem 28. Juni, dem serbischen Feiertag *Vidovdan* – dem Tag, der für das Vaterland gefallenen Serben – und verabreichte ihm ohne weitere Vorwarnung einen kräftigen Faustschlag. Das anschließende Gerangel zwischen dem Steinmetz Brena und dem untrainierten, alkoholabhängigen Sozialschmarotzer Urz war bereits in der ersten Runde entschieden. Seltsamerweise verlor durch diesen kleinen Vorfall der durchaus beliebte Ex-Fußballer ein paar Imagepunkte in der Schremser Gesellschaft, wohingegen für Urz weitgehend Verständnis aufgebracht wurde.

Slowakei – *Slovenský futbalový zväz (SFZ)*
Fußballfan und Sozialromantiker Róbert Mikloš widmet einen Gutteil seiner Freizeit der Vorbereitung eines auf den ersten Blick

seltsam anmutenden Länderspieles. Nachdem ihm aufgefallen war, dass die Slowakei und die DDR nie gleichzeitig als eigenständige Staaten existiert haben, war ihm auch sofort klar, dass es auch nie ein Länderspiel zwischen diesen beiden Staaten gegeben hat. Sein Lebenstraum ist eine Begegnung zwischen dem slowakischen Nationalteam und einer Auswahl der *neuen Bundesländer* Deutschlands. Während der slowakische Teamchef Ján Kocian geneigt ist, für diesen sympathischen Spinner in einer Vorbereitungsphase eine Ausnahme zu machen, stößt Mikloš beim Deutschen Fußballbund bislang auf taube Ohren.

Slowenien – *Nogometna zveza Slovenije (NZS)*
Obwohl Slavko Avsenik als Skispringer im Teamkader von Slowenien war, erlangte er erst Weltgeltung durch die Gründung seines *Original Oberkrainer Quintetts*, mit dem er mehr als 36 Millionen Tonträger verkaufte. Als bekanntestes Musikstück gilt das *Trompetenecho*, das auch Titellied des *Musikantenstadls* war. Avsenik blieb dem Sport ewig verbunden und arbeitete in den letzten Jahren fieberhaft an einer Fanhymne für das slowenische Fußballnationalteam. Nachdem der Gitarrist Leo Ponikvar († 1992), Fred Rauch († 1997), der Hornist und Bassist Mik Soss († 2004), aber vor allem der Trompeter Franc Košir († 1991) nicht mehr zur Verfügung standen, musste Avsenik erkennen, dass ihm für sein ehrgeiziges Vorhaben einzig und allein der Klarinettist Albin Rudan verblieb. So verwarf Avsenik alle Versuche und änderte kurzerhand den Titel *Trompetenecho* in *Klarinettenecho*, schrieb einen passenden Text dazu, der sich an der *Zdravljica* – der slowenischen Nationalhymne, was seltsamerweise eigentlich *Trinkspruch* bedeutet – orientiert. Das neue Arrangement besteht aus Klarinette, Pianoakkordeon und Avseniks brüchig gewordener Stimme. Im Slowenischen Fußballverband überlegt man zur Stunde eine diplomatische Vorgehensweise, die es ermöglicht, einerseits, das grauenhafte Alterswerk Avseniks abzulehnen und, andererseits, den verdienten Mann damit nicht allzu sehr zu kränken.

Spanien – *Real Federación Española de Fútbol (RFEF)*
Bis zum Jahre 1975 durften Frauen in Spanien ohne Einverständnis des Ehemannes kein Konto eröffnen, keine Arbeit annehmen und keinen Reisepass beantragen. Diese Methode ist natürlich besonders raffiniert, denn sie bedeutet: keine Kohle, kein Job und nicht abhauen können. Doch bereits 1981 war der Spuk dann endgültig vorbei, und die Gleichberechtigung der Geschlechter wurde festgeschrieben. Und von diesem Augenblick an wurde selbstverständlich alles anders. Schon Anfang 1983 fand das erste offizielle Länderspiel der spanischen Damennationalmannschaft statt und – *hast du's nicht gesehen* – ein weiteres gutes Jahr später gab es auch schon eines in der Schweiz. Bis dahin dürften dann wohl doch genügend Spielerinnen über einen Reisepass verfügt haben.

Tschechien – *Českomoravský Fotbalový Svaz (MFS)*
Was will man von einem Volk, bei dem die höchste Spielklasse im Fußball *Gambrinus-Liga* heißt, schon anderes erwarten, als dass es auch punkto Bierkonsum nach den letzten offiziellen Zahlen der WHO an erster Stelle liegt. Und das mit fast 200 Litern pro Kopf und Jahr (Säuglinge und Greisinnen mit eingerechnet). Das haben wir erwartet! Wenn man nicht wüsste, dass sich das Wiener Dialektwort *tschechern* vom Hebräischen *schochar* (= trinken) herleitet, könnte man auch da einen unmittelbaren Zusammenhang vermuten. Überraschend jedoch, dass in einer Art Superkombination, wenn man Bier- und Weinkonsum addiert, Luxemburg unangefochten an der Spitze liegt und Österreich – weniger überraschend – noch den respektablen dritten Platz erreicht. Dritte Welt-Länder kommen erst an vorderer Stelle in die Wertung, wenn man auch noch den Spirituosenverbrauch dazuzählt.

Türkei – *Türkiye Futbol Federasyonu (TFF)*
Der, sogar für die Landesgepflogenheiten, über die Maßen patriar-

chalische und darüber hinaus noch krankhaft eifersüchtige Yılmaz Fikret schloss seine Frau Woche für Woche für die Dauer seines Matchbesuches von Fenerbahçe Istanbul im 5. Stock ihrer gemeinsamen Plattenbauwohnung ein, um ihr während seiner Abwesenheit keine Möglichkeit zum Fremdgehen zu eröffnen. Fanden die Spiele der türkischen Süper Lig im heimischen Şükrü-Saraçoğlu-Stadion statt, war er nach ungefähr 3 Stunden zurück, bei Auswärtspartien, vor allem wenn es nach Rize, oder zum ebenfalls über 1000 Kilometer entfernten Klub Trabzonspor ging, dementsprechend später. Nie hatte Fikret Zweifel ob seines Tuns, und seine Frau fügte sich wortlos in dieses Wochenendritual. Deshalb fiel Fikret auch aus allen Wolken, als er sich eines Samstagabends seiner Wohnadresse näherte und bereits von weitem die zusammengeknüpften Laken vom kleinen Balkon seiner Wohnung wehen sah. Als er atemlos und mit rasendem Herzen in die kleine Bleibe stürzte, war seine Frau natürlich verschwunden. Der Nachbar tröstete den Gebrochenen, dass ihm gar nicht um diese Schlampe Leid zu tun brauchte, diese hätte sich Samstag für Samstag auf dem kleinen Balkon entblößt und im Laufe der Zeit schon ein richtiges Stammpublikum angezogen. Yılmaz Fikret, dem gläubigen Muslim, blieb nicht einmal der Alkohol als Seelentröster. Der Nachbar jedoch kehrte in seine Wohnung zurück, umarmte Frau Fikret und schilderte ihr wieder einmal in den buntesten Farben wie schön das gemeinsame Leben bereits ab morgen in Düsseldorf sein werde.

Ukraine – *Federazija Futbolu Ukrajiny (FFU)*
Oksana Sabuschko, die wohl bekannteste ukrainische Schriftstellerin, verfasste unter anderem die *Feldversuche über ukrainischen Sex,* die sehr schnell zur Bibel der Feministinnen wurden. Allerdings hat sie auch noch eine Seite, die sie nach Möglichkeit der Öffentlichkeit verschweigt: Sie ist eine leidenschaftliche, aber geheime Verehrerin der – momentan beim FC Chelsea engagierten

– Stürmerikone Andrij Mykolajowytsch Schewtschenko. Nicht nur, dass sie seine fußballerischen Qualitäten schätzt, fühlt sie sich auch auf eine rätselhafte erotische Art und Weise stark zu dem gut 15 Jahre Jüngeren hingezogen. Um ihrem Idol besonders zu huldigen, plante sie eine Wand ihres Arbeitszimmers in Kiew komplett mit einer zur WM 2006 erschienenen Briefmarke mit dem Konterfei Schewtschenkos zu tapezieren. Das angesprochene Postwertzeichen ist mit einem Wert von zwei ukrainischen Hryvna und 50 Kopeken nominiert, das heißt, Sabuschko musste umgerechnet ungefähr 4000 Euro in ihre Schewtschenko-Hommage investieren. Aus Angst, ihre Zunge könnte beim Befeuchten der Marken eintrocknen und den Dienst aufkündigen, hatte sie mehrere Flaschen des ukrainischen Nationalgetränkes *Perzowka* – ein wohlschmeckender Chiliwodka – eingelagert, mit dem sie in regelmäßigen Abständen ihre Zunge tränkte. Nachdem sie ungefähr 5000 Schewtschenkos hinten abgeleckt und an die Wand geklebt hatte, war der Chiliwodka mit den Gummierungen der Sondermarken bereits eine unheilvolle Allianz eingegangen, die Oksana eine leichte Übelkeit verursachte. Nach weiteren 2000 Marken musste Sabuschko den poetischen Vorgang abbrechen, weil sie sich auf die ungefähr 3000 verbliebenen Schewtschenkos übergab. Das allein wäre nicht so schlimm gewesen, aber leider klebten die vollgekotzten Postwertzeichen zu einem unbrauchbaren Klumpen zusammen. Aus Kostengründen – Schriftsteller zählen auch in der Ukraine nicht zu den Großverdienern – blieb dieses Werk einer konkreten und visuellen Liebespoesie bislang unvollendet.

Ungarn – *Magyar Labdarúgó Szövetség (MLS)*
Obwohl es sich bei der kleinen Geschichte vom Großvater, der meint, Österreich und Ungarn wären nicht Länderspielgegner, sondern stellten eine einzige Nationalmannschaft, um einen albernen, oft (meist von anbiedernden Nichtfußballfans) zitierten Kalauer handelt, steckt doch eine tiefe und erschütternde

Wahrheit darin. Eine Auswahl, aus Österreichern und Ungarn gebildet, würde dieselbe Rolle im Spitzenfußball spielen wie die beiden getrennten Teams im Moment. Nämlich gar keine! In der aktuellen FIFA-Weltrangliste (Juni 2007) liegt Österreich auf Rang 83 und Ungarn auf Rang 66. Der praktischen Erfahrung von Vereinsfusionen folgend, nämlich, dass nicht das bestmögliche Ergebnis, sondern immer das schlechtmöglichste Ergebnis erzielt wird, würde sich ein gemeinsames Team Österreich/Ungarn bei Addition der Weltranglistenplätze zwischen den Rängen 140 und 160 aufhalten. Das entspräche der Spielstärke von Sri Lanka, der Dominikanischen Republik oder den Seychellen.

Vatikan *(außer Konkurrenz)*
Zuerst die gute Nachricht: Der kleinste Staat der Welt hat eine eigene Fußball-Nationalmannschaft und sogar eine Liga mit 16 Mannschaften. Jetzt die schlechte Nachricht: Er ist kein Mitglied der UEFA. Das könnte vielleicht daran liegen, dass aus Personalmangel die Ligateilnehmer mit vier Feldspielern und einem Tormann gegeneinander antreten, was bei internationalen Begegnungen ein kleiner Startnachteil sein könnte. Die Nationalmannschaft nimmt auch nicht an den Turnieren für Nicht-FIFA-Mitglieder – wie etwa dem, bereits unter Gibraltar erwähnten, FIFI Wild Cup – teil. Das liegt daran, dass es zuwenig vatikanische Staatsbürger gibt. Die Angehörigen der Schweizergarde sind zahlenmäßig nicht genug, und die Schweizergardisten selbst sind nicht so lange entbehrlich, um so ein Turnier zu spielen. Und bei der zweiten infrage kommenden Gruppe – den Kardinälen mit Wohnsitz Rom – liegt die Nachwuchsarbeit ziemlich im Argen. Wahrlich ich sage euch, es ist Zeit den Zölibat fahren zu lassen und lasset die Kindlein zu euch kommen und wehret ihnen nicht, denn solcher ist das Reich Blatters. Für's erste würde es wahrscheinlich schon reichen, die außerliturgischen Fehltritte anzuerkennen, anders wird das nichts.

Wales – *Football Association of Wales (FAW)*
Bei der WM 1958 in Schweden feierten die *Dragons* – so nennt sich das walisische Nationalteam – ihren größten Erfolg der Verbandsgeschichte, als sie erst im Viertelfinale gegen den späteren Weltmeister Brasilien mit 0:1 ausschieden. Der Modus sah damals bei Punktegleichheit in den Vorrundengruppen ein Entscheidungsspiel vor, und genau das passierte Wales, das noch einmal gegen Ungarn antreten musste und 2:1 gewann. Allerdings hatte man vor dem Spiel gegen Brasilien nicht einmal 48 Stunden für Regeneration und Ortswechsel. Dasselbe Schicksal ereilte auch noch die Sowjetunion und Nordirland, die ebenfalls eine leichte Beute der ausgeruhten Franzosen und Schweden wurden. Wer weiß, unter anderen Durchführungsbestimmungen, vielleicht hätte der Weltmeister 1958 Wales geheißen...

Weißrussland – *Belarus Football Federation (BFF)*
In Minsk beginnt's, dachte sich wohl der Kunststudent Uladzimir Wygotski und verließ Orscha, seine geliebte Heimatstadt am Dnepr, um in der Hauptstadt die Symbolik in den Werken seines ungleich berühmteren Landsmannes Marc Chagall (eigentlich Moishe Zakharovich Shagalov) zu studieren. Doch wie das oft in einem Studentenleben passiert, Chagall-Kuh, Chagall-Hahn, Chagall-Geiger und ausschließlich gemalte nackte Brüste waren für Wygotski nicht tages- und schon gar nicht abendfüllend. Er geriet in schlechte Gesellschaft und schlug sich die Nächte mit den Anhängern von Dinamo Minsk um die Ohren. Heftig vom Fußballvirus angekränkelt, hängte er sein ohnehin brotloses Studium an den Nagel und nutzt heute sein beachtliches zeichnerisches Talent nur mehr, um Spielszenen seines geliebten Vereins zu verewigen, die sporadisch in einem Fanzine der Blau-Weißen erscheinen.

Zypern – *Cyprus Football Association (CFA)*
Im Zuge einer Einladung zur Hochzeit eines zypriotischen Torhüters und einer österreichischen Krankenschwester auf Zypern

gelang es dem älteren der beiden Autoren das letzte fußballerische Highlight seiner Amateurkarriere zu setzen. Beim Spiel einer zypriotischen Auswahl des Torhüters und einer österreichischen Auswahl der geladenen Hochzeitsgäste bereitete er beim 4:0 Sieg einen Treffer vor und erzielte einen weiteren selbst. Unser einbeiniger griechisch-österreichische Coach zeigte sich begeistert und meinte, er wäre sehr stolz auf seine Mannschaft. Gestört wurde das Match nur durch einen Skandinavier namens Geier Scheverüd, oder so ähnlich, den man am Abend zuvor in einer Taverne kennen gelernt hatte. Obwohl er in keinem der beiden Teams aufgestellt war, rannte er doch hin und wieder scheinbar vollkommen unmotiviert quer über das gesamte Spielfeld. Man schenkte ihm weiter keine sonderliche Beachtung und führte es auf eine erkleckliche Menge Restalkohol vom Vorabend zurück. Merkwürdig war nur, dass er trotz der hohen Temperaturen – das Thermometer zeigt 32°C im Schatten – schweres, dunkelblaues Militärdrillichzeug trug. Das mag auch der Grund gewesen sein, dass er gegen Ende des Spieles bei seinem letzten Auftritt im Mittelkreis kollabierte und kurz ärztlich versorgt werden musste.

[39] Christian Bauer ist auch sonst ein sehr optimistischer Mensch, dem es gelingt, auch in der größten Katastrophe noch etwas Positives zu erkennen. Eine Eigenschaft, die man zwingend als Austria Wien-Fan mit sich bringen muss, um nicht bereits nach kurzer Zeit völlig vor die Hunde zu gehen. Als Illustration dieser bewundernswerten Fähigkeit Bauers mag hier diese kleine Begebenheit dienen: Der ältere der beiden Autoren wurde mitten in der Vorfreude auf ein Trainingslager mit dem SC Gmünd in Kroatien – bei dem es mitunter auch einmal in Funktionärskreisen feucht-fröhlich zugehen kann – durch einen Fieberblitz niedergestreckt, musste eine Woche lang mit einer schweren Grippe das Bett hüten und konnte so nicht an diesem Trainingslager teilnehmen. Als er dieses – mehr tot als lebendig – Christian Bauer mitteilte, meinte jener, dass diese schwere Krankheit immer noch die weit gesündere Variante wäre als am Trainingslager gesund teilzunehmen.

[40] Das heißt, wir wissen das schon, aber wir sagen es nicht!

Anhang

Claus Farnberger, Gerald Simon

Die 11 Gebote der Fanmeile

Unentwegt ändert sicht bekanntlicher Weise unsere Sprache. Alte Wörter werden vergessen (Hagestolz, Kalfaktor, Jungfernschaft, BZÖ), dafür kommen jährlich neue Begriffe hinzu. Einer der populärsten Neologismen ist mit Sicherheit der Begriff »Fanmeile«. Noch vor gar nicht allzu langer Zeit hätten wir damals noch Unwissenden die Fanmeile vermutlich mit einer nicht enden wollenden Schlange von kollektiven Harndrang verspürenden Fußballbegeisterten assoziiert, die vor der Kassa eines Stadions bange-fatalistisch darauf wartet, bis endgültig der Rollbalken herunter geht.

Mittlerweile sind wir klüger! Spätestens seit 2006 wissen wir, dass die Fanmeile zum unverzichtbaren Einkaufs- und Aktions-Boulevard begeisterter Fußballanhänger aus aller Welt geworden ist. Die Fanmeilen-Lustwandler wollen möglichst nahe am Geschehen sein, auch wenn sie oft meilenweit von der Möglichkeit entfernt sind, eines der raren Tickets zu ergattern.

Die Fanmeile ist beinahe ein sakraler Ort! Mag es dort auch möglicherweise gedrängt zugehen, stinken und in den Augen kleingeistiger Spießer sogar ungemütlich sein – die Anziehungskraft wird von Kennern als enorm eingeschätzt. In Wien beispielsweise, wo jeder angehende Würstelstandbesitzer monatelang dauernde Behördenwege und Kommissionierungsprozesse abwarten muss, ehe er seine Käsekrainer in die Menge hungriger Nachtschwärmer und Afterwork-Absacker schmeißen darf, sind die Stadtverweser nicht einmal davor zurückgeschreckt, für die Dauer der EM 2008 das mondän-kulturelle Ringareal vor dem

Burgtheater in eine Fanmeile umzuwidmen. Tausende Theaterbeflissene werden sich in dieser Zeit wohl ihren Weg zu ihren plüschroten Stammlogen durch eine unüberschaubare Schar von schwitzenden, erwartungsfrohen und grölenden Bewunderern des Fußballsports bahnen müssen. Das bietet freilich auch die Chance zum ultimativen Informationsaustausch über die Grenzen der Kunstgattungen hinweg:

»Wer spielt heute die Hauptrolle?«, wird dann wohl jemand vor dem Langos-Stand am Wiener Rathausplatz fragen. *»Andi Ivanschitz«*, wird dann der vermutlich etwas weniger elegant gekleidete Gesprächspartner antworten. *»Kommt der vom Reinhardt-Seminar?« »Nein, ursprünglich vom ASK Baumgarten!«*

Die Missverständnisse werden aber auch in die andere Richtung gehen: *»Regie führt heute der Turrini«*, wird wohl eine abendberobte Dame mit Perlenkette ihrem rotbackigen und leicht nach Bierblume duftenden Gegenüber an der umgeleiteten Straßenbahnhaltestelle des D-Wagens freimütig eröffnen. *»Lass die Italiener mal außen vor«*, wird dieser dann mit zentraldeutschem Esprit kontern, *»der Michael Ballack wird den ollen Turrini heute alle machen«*. Die ratlose Dame wird hernach im ehrwürdigen Burgtheater minutenlang vergeblich im Programmheftchen nach einem Protagonisten namens Ballack suchen.

Sei es wie es sei! Die Fanmeile, was sagen wir – die hunderten Fanmeilen, die alsbald Österreich und die gesamte zivilisierte Schweiz durchweben werden, halten jede Menge Herausforderungen und sogar Gefahren für jene bereit, die sie unbedarft und unvorbereitet betreten. Gottlob haben die Autoren dieses Fanfachbuches zur rechten Zeit ein entsprechendes Regelwerk empfangen: die elf Gebote in der Fanmeile. Diese wurden uns eines Tages im Zuge einer kleinen Wirtshaustour, nach einem brennenden Doornkaat, in unseren Geist eingepflanzt (woraufhin Gerald Simon, der Ältere, mindestens ebenso grau wurde wie einst Moses-Darsteller Charlton Heston bei ähnlicher Gelegenheit). Natürlich dürfen diese elf Gebote auch Ihnen nicht vorenthalten werden. Lesen Sie langsam, höchstens ein Gebot pro Tag, memorieren Sie dieses danach immer wieder, ehe Sie sich das nächste vornehmen. Dann wird Ihnen dieser vermeintliche Dschungel innerhalb unserer modernen Fußballzivilisation wie ein überschaubares und Kraft spendendes Lustgärtlein vorkommen ...

1. Gebot: Missbrauche die Fanmeile nicht als Aufreißzone!

Gehe deinen andersgeschlechtlichen (oder auch gleichgeschlechtlichen) Mitmenschen nicht mit Anzüglichkeiten, plumpen Annäherungsversuchen, kläglicher Sexprotzerei oder gar exhibitionistischen Entblößungen auf den Wecker. Du kannst ohnehin keinen Treffer landen, denn die Personen in der Fanmeile beweisen Geschmack, schon allein deshalb, weil sie sich dort aufhalten. Wie lange hast du eine Partnerin gesucht, die deinen Fanwahnsinn mitträgt. Hast du eine gefunden? Eben! Verscheuche also diese respektgebietenden Wesen, die einen löblichen Entwicklungsprozess hinter sich haben, nicht mit ultrabarbarischer und sexistischer Anmache. Denke lieber darüber nach, warum dein Partner dich nicht begleitet.

2. Gebot: Lass dir nicht alles andrehen!

Unter viele durchaus ehrbare Händler und Marktstandler[41] werden sich leider auch gleichermaßen dubiose wie skrupellose Geschäftemacher und Glücksritter mischen, die es nur auf dein sauer zusammengespartes EM-Budget abgesehen haben. Sei also auf der Hut und unterziehe die feilgebotene Ware einer gründlichen Prüfung. Ein teurer Sweater mit der Aufschrift »EURO 2009« hat vielleicht eine weite Anreise aus einer asiatischen Kindermanufaktur hinter sich, ist aber so authentisch wie eine Adidas-Trainingsjacke mit zwei Streifen. Weiters sei vor dem Ankauf von eckigen Fußbällen, angestaubten Radfahrerwimpel und lebensgroßen Kalle Rumenigge-Büsten gewarnt. Nicht einmal ein schnödes Stadtmäpplein kann man bedenkenlos kaufen: Allein der Umstand, dass sich ein dickes blaues Flüsslein durch den Plan schlängelt, ist noch lange kein hinreichender Grund dafür, sich anstelle einer Wien-Karte einen Guide aus anderen Donaustädten wie Bratislava, Belgrad oder Budapest aufschwatzen zu lassen. Besonders meide jedoch Stand Nummer 9 auf der Wiener Ringstraße, wo ein gut gekleideter, älterer, grauhaariger Herr versuchen wird, frisch retuschierte Hans Krankl-Autogrammkarten mit der Zusatzaufschrift »Der wahre Teamchef« unters Volk zu bringen.

3. Gebot: Du bist nicht auf dem Oktoberfest!
Sei des Umstandes gewahr, dass das angebotene Bier in der Regel weitaus heftigere Wirkungen zeitigt als das bayerische Wiesn-Geschlader. Halte dich an autochthone Biersorten wie beispielsweise Hürlimann, Eichhof und Feldschlösschen (Schweiz), oder Zwettler, Schremser oder Ottakringer Sechzehnerblech (Österreich). Meide internationale Altbestände wie Löwenbräu (von der WM 2006 übrig geblieben) oder gar Amstel und Heineken (Relikte von der EURO 2000).

4. Gebot: Kaufe in der Fanmeile keine Eintrittskarten!
Solche Geschäfte nähren nur die fetten Börsen der Schwarzhändler. Billets für die EURO 2008 sind zu einem geringen Manipulationsaufschlag von 500 % über die Webadresse www.fussballfan.at zu beziehen. Du kannst auch telefonisch bestellen, frage nach Frau Farnberger oder Frau Simon.

5. Gebot: Trainiere rechtzeitig Blase und Beckenbodenmuskulatur!
Zwar werden sich die kommunalen Organisatoren bemühen, eine ausreichende Anzahl von Urinoirs und Plumpsklos bereit zu stellen, es steht aber zu befürchten, dass im Bedarfsfalle die Schlange Untrainierter länger sein kann als eine gesamte Spielhälfte und dein Geschäft bei einem in der Ferne aufbrandenden Torjubel – vor lauter Aufregung – dennoch in die Hose geht.

6. Gebot: Blamiere dich nicht durch hinterwäldlerische Ignoranz!
Du wirst in der Fanmeile viele internationale Fans treffen! Sprich also beispielsweise nie einen dunkelhäutigen Fußballglobetrotter mit radebrechendem Englisch folgenden Inhalts an: »We in Europe, what make you here?« Informiere Dich auch rechtzeitig über die jüngere Geschichte der europäischen Staaten. Ein flapsiges »Ihr Jugoslawen müsst zusammenhalten« würde wahrscheinlich eine längere Diskussion mit unklarem Ausgang nach sich ziehen. Auch ein erstauntes, gegenüber dem neu gewonnenen Freund aus Kiew geäußertes: »Wusste gar nicht, dass sich die UdSSR qualifiziert hat«, hätte wahrscheinlich eine, durch die eben noch gemeinsam geleerte Wodkaflasche verursachte, Beule zur Folge. Außerdem kommen Slowenen und Slowaken nicht aus demselben Land.

7. Gebot: Koste die landestypischen Spezialitäten!
Am Bekömmlichsten sind immer noch die Produkte aus der Region. Ernähre dich also je nach Standort entweder von Wiener Schnitzel, Tiroler Knödel, Salzburger Nockerl oder Kärntner Reindling. Spiegelbildlich für unsere Schweizer Freunde und österreichischen Legionäre seien Aal au madère nach Basler Art, Berner Rösti, Wandersaibling aus dem Genfer See und Züri Gschnätzlets sehr empfohlen. Dazu unbedingt, je nach Laune und Verfassung, Biere und G'spritzte (saure Schorlen).

8. Gebot: Singe, auch in der Fanmeile!
Selbst wenn einem die Singstimme ausschließlich zum Rindfleischessen gegeben ist, hier darf jeder so laut er will, aber – Vorsicht! – nicht alles was er will. Vollkommen unbedenklich sind das Grölen von »Immer wieder Österreich«, dem »Kufsteinlied«, »Heidi«, »Von Luzern auf Weggis zu«, »I am from Austria« und der Österreichischen bzw. Schweizerischen Bundeshymne. Als bedenklich bis nachgerade gefährlich einzustufen ist das Absingen von Gassenhauern, die in den Gastgeberländern nur mäßig populär sind, wie »Oh du schöner Westerwald« oder »Wenn ich

König von Deutschland wär´«. Diese könnten die leichtsinnigen Sänger in den Verdacht bringen, die Bedeutung der Veranstalter-Staaten untergraben zu wollen.

Aber trotzdem – nicht den Mut verlieren! Dass böse Menschen keine Lieder hätten, ist ein albernes Klischee, das einer praktischen Überprüfung nicht standhält.

9. Gebot: Nächtige nie in der Fanmeile!
Du würdest die hohe Erwartungshaltung der örtlichen, stets besucherfreundlich knapp kalkulierenden Beherberbungsbetriebe enttäuschen. Schlafen ist während der EM 2008 ohnedies nicht vorgesehen, es sei denn, du hast Deinen Partner dabei (wiederhole in diesem Zusammenhang übrigens Gebot Nr. 1).

10. Gebot: Vermeide Provokationen gegenüber Ordnungshütern!
Lege gegenüber den Exekutivbeamten ein gewinnendes Auftreten an den Tag! Zu vermeidende Reizwörter: *Kottan, Abrakadabra, a Kiberer is ka Haberer, Mistelbacher und Haut die Bullen flach wie Stullen.* Das archaische *Wir grüßen diiiiieee – Gendarmeriiiiieee* wird hingegen erfahrungsgemäß bereits mit einem nachsichtigen Schmunzeln seitens der Ordnungshüter quittiert. Solltest du – aus welchen Gründen auch immer – von einem Exekutivorgan angesprochen werden, beginne deine kommunikative Erwiderung stets mit einer kleinen freundschaftlichen Umarmung. Sollte berittene Polizei im Einsatz sein, niemals das Pferd füttern und nie angesichts herabfallender Rossäpfel den Reiter dafür verantwortlich machen. Zu etwaigen Drogensuchhunden sagt man, vielleicht auch noch durch ein fußballerisches Erfolgserlebnis gut gelaunt, nicht »Waldi«, und man versuche auch nicht, sie zu streicheln – auch wenn man selbst vielleicht Hundebesitzer ist.

11. Gebot: Tappe nicht in die Vorstadtfalle!
Reisender, abschließend sei dir noch eines gesagt: sei vorsichtig! Nicht alles, was dir als Fanmeile angedient wird, ist auch

eine solche. Mache dich geografisch schlau, bevor du deine Reise antrittst. Auch wenn dir in St. Veit an der Glan, Bümpliz, Salzburg-Anif oder Rüschlikon mit herzzerreißendem Charme beteuert wird, du seiest schon am Ziel, schau dich genau um, und rechne stets mit der Möglichkeit einer tückischen Finte provinzieller Geschäftemacher, die dich fernab des Geschehens einfangen wollen.

Erst wenn du knöcheltief in leeren Plastikbechern, Erbrochenem und den Leibern von dessen Hinterlassern watest, bist du wirklich am Ziel!

[41] österreichisch Koberer [kowara]: Wirt, Cafetier; Hurenwirt, Kuppler, Chef eines übel beleumdeten Etablissements. <jidd. kowo: Schlafkammer> (Quelle: www.piefke.at – Lexikon; größtenteils entnommen aus: Wolfgang Teuschl, »Wiener Dialekt Lexikon«, Verlag Karl Schwarzer)

Claus Farnberger

Public-Viewing: nicht live dabei, aber das wenigstens nicht allein

Und wieder einmal hat sich ein Wort angloamerikanischen Ursprungs in unserem deutschen Sprachgebrauch eingenistet! Die Wächter, die schon bei der Ausweisung des Wort-Immigranten »Handy« zugunsten der Rettung des viel schneidigeren heimischen Idioms »Handtelefon« kläglich versagten, und die auch den »Laptop« in den Schoß der deutschen Muttersprache schlüpfen ließen, haben wieder einmal Mist gebaut (Stattdessen haben sie ihre Zeit damit verplempert, deutsch-slowenische Ortstafeln aus der deutsch-slowenisch-kärntnerischen Heimaterde zu reißen).

Jetzt ist es jedenfalls passiert: Wieder hat sich solch ein lästiger Begriff aus dem MTV-Ausland hierzulande etabliert: »Public-Viewing« – was soviel wie »öffentliches Ansehen« bedeutet. Das hat aber nichts mit dem »öffentlichen Ansehen« zu tun, das wir alle zum Leidwesen unserer Eltern niemals erworben haben, sondern vielmehr mit einem Phänomen unserer Gesellschaft, das nur unter sozio-historischen Dumpfbacken als Erfindung der Gegenwart gilt.

Schon bei den beliebten Steinigungen (Altes Testament) und den ebenfalls gerne besuchten Hexenverbrennungen (Neues Testament) war »Public-Viewing« voll angesagt. Die Religion hatte – wie bei so vielen Errungenschaften der Moderne – auch hier eine Vorreiterrolle inne.

Die Segnungen der Französischen Revolution bereicherte die immer reifer werdende Menschheit um schnittige Guillotine-Events, die ebenfalls unter breiter öffentlicher Anteilnahme vonstatten gingen (Hier rollte übrigens erstmals die Kugel, freilich noch in Form des vom Hals herunterkollernden Monarchenkopfes).

Lange Jahrhunderte war der Erfolg von Großveranstaltungen (egal ob Gladiatorenkämpfe, Wagenrennen, Reden von Propheten und Diktatoren und natürlich auch Fußballspiele) einzig und allein darin begründet, dass diese von vielen gleichzeitig am selben Ort befindlichen Menschen konsumiert wurden.

Mit dem Siegeszug der elektronischen Massenmedien wurde schlagartig alles anders! Zuerst schienen die Dinge noch im Lot: In den Kino-Wochenschauen lief alles nach altem Muster ab. Das räumliche Abrücken der Unterhaltungsquelle verhinderte noch nicht die öffentlichen Zusammenkünfte. Gemeinsam verfolgte man die von links nach rechts (also vermeintlich nach vorne) fahrenden Panzer, während diese in Wirklichkeit längst von rechts nach links fuhren.

Dann aber kam der Fernseher, und damit entstand auch das Paradoxon der öffentlichen Vereinsamung. Auch hier war die Entwicklung schleichend: In den Fünfziger- und Sechzigerjahren scharten sich noch ganze Familienclans um die raren Fernsehgeräte, in den Siebzigerjahren störten höchstens ungebeten ins Wohnzimmer schneiende Nachbarn ohne eigenen TV-Anschluss die kernfamiliäre Idylle. Doch selbst der Halbkreis der Familie vor dem Fernseher wurde immer kleiner. In den Achtzigern fächerte sich das Fernsehpublikum in lauter »Musikantenstadl« schauende Ehepaare auf, ehe der allgemeine Wohlstand in den Haushalten den Erwerb eines zweiten Gerätes erlaubte, woraufhin selbst die Eheleute unabhängig voneinander fernsehen konnten. Damit war die völlige Individualisierung erreicht. Als schließlich noch das »Zapping«[42] erfunden wurde, war jeder zivilisierte Erdenbürger in absoluter Einsamkeit bei allen Ereignissen gleichzeitig anwesend.

Doch in all diesen seltsamen Jahrzehnten bewahrten sich trotzige Eigenbrötler immer wieder eine unbeirrte Sympathie für Zusammenrottungen fernab der Glotze. Beliebt waren und sind hier beispielsweise Demonstrationen. Egal ob es der Weltfrieden, die Einführung von Studiengebühren, die Ausführung von Rinderschlachtungen im Dienste der Kultur, die Ausfuhr von Berge-Panzern oder die Einfuhr hysterischer Wiener Opernball-

Besucherinnen war, immer wieder gab es etwas, wofür oder wogegen es sich gemeinsam aufzutreten lohnte. Parallel dazu entwickelten sich trotz televisionärer Globalisierung bzw. globalisierter Televisionisierung auch die öffentlich abgehaltenen kulturellen Massenveranstaltungen konsequent weiter. Menschen der Neuzeit wie Mick Jagger, Karol Wojtyla oder jener immer blasser werdende Lebensgefährte des Affen »Bubbles«, dessen Name mir gerade nicht einfällt, hauchten, krächzten und segneten sich in die Herzen ihres Live-Publikums.

Und natürlich der Fußball! Auch wenn die Fernseh-Übertragungen immer perfekter wurden und die Zahl der eingesetzten Kameras bei jedem Duell zweier Bundesliga-Nachzügler längst die Zahl der eingesetzten Spieler übersteigt, ist das wahre »Live-Erlebnis« eben nur vor Ort zu genießen. Zu recht halten eingefleischte Fans die Beobachtung eines Spiels ihres Vereins via TV für eine Verirrung ersten Ranges, die nur mit autoerotischen Cyber Sex-Übungen gleichgesetzt werden kann.

Diese Geschichte wäre jetzt eigentlich zu einem unversöhnlichen Ende gekommen, wenn es nicht einen weiteren evolutionären Meilenstein gegeben hätte – »Public-Viewing« eben! Hierbei handelt es sich um einen klugen Kompromiss: Man ist zwar nicht live dabei, aber das wenigstens nicht allein. Erste Ansätze des »Public-Viewings« reichen weit in die Medien-Steinzeit zurück. Schon beim Wunder von Bern, während der 74-er und 78-er WM oder beim wilden Patscherkofel-Ritt des eidottergelben Franz Klammer bei Olympia 1976 in Innsbruck versammelten sich ganze Dutzendschaften beim Wirten ums Eck, um gemeinsam vor dem Fernseher zumindest einen winzigen atmosphärischen Abklatsch des eigentlichen Spektakels zu erhaschen. Mit den Möglichkeiten der modernen Technik erweiterte sich auch die Dimension des »Public-Viewings«. Besonders die Erfindung eines speziellen Gerätes, die eigentlich historisch bislang viel zuwenig gewürdigt wurde und die in Wirklichkeit in einem Atemzug mit jener der Nähmaschine, der Mikrowelle und der Bierdose genannt werden müsste, setzte ganz neue Maßstäbe: Der »Beamer« (»Strahler«, wie unsere Retter der deutschen Sprache sagen würden) machte vieles einfacher. Auf einmal war es möglich, das gewohnte mickrige Viereck des Fernsehers x-fach zu projizieren und so die Zahl der Zuschauer schier beliebig zu erweitern. Noch während der Weltmeisterschaft 1998 war dies aber ein recht teures Unterfangen. Ich erinnere mich, dass mein Co-Autor und ich damals einen solchen Beamer mieteten, um die Waldviertler Bevölkerung an den neuen Segnungen des »Public-Viewings« Anteil haben zu lassen (völlig uneigennützig natürlich). Damals überstieg die Monatsmiete dieses Zauberkästchens noch unser beider Monatslohn, heute gehört solch ein »Beamer« längst zum Standardrepertoire von Christkindeln, die für die Beschenkung verwöhnt-gelangweilter Diplomatenkinder und Hofratsenkeln zuständig sind.

Im Prinzip ist auch der Beamer mittlerweile in Massenproduktion gegangen. Heute meint kein Würstelstandbetreiber in Zeiten großer Fußballturniere mehr ohne Großleinwandübertragung auszukommen, selbst wenn dann im Endeffekt meist nur die armen fetten Würstchen innerhalb und außerhalb der Bude zusehen. Längst ist während Welt- und Europameisterschaften das diesbezügliche Angebot in den öffentlichen Parks, auf den Marktplätzen und in den Einkaufszentren unüberschaubar geworden. Konnten bei der WM 2006 in Deutschland insgesamt 3,2 Millionen Zuschauer die Spiele live in den Stadien verfolgen, so beteiligten sich in dieser Zeit gigantische 14 Millionen (was in etwa der Gesamteinwohnerzahl von Österreich und der Schweiz entspricht) am »Public-Viewing«. Auch bei der EM 2008 werden in den beiden Ausrichterländern jeweils zwei Millionen »Public-Viewer« erwartet. Findige Gastronomen, die sich zeitgerecht einen Beamer für solch eine Großleinwand-Fete gesichert haben, lachen bereits über ihre Kollegen, die für teures Geld die Möglichkeit erkauften, in den Stadien streng limitiertes Bier zu veräußern. Übereifrige Organisatoren planen bereits seit Monaten den Einsatz von sogenannten »Wellenbrechern« bei »Public-Viewing«-Veranstaltungen mit einer Beteiligung von über 10.000 Zuschauern. Dabei handelt es sich um Gitterbarrieren, die den Fluß der Welle hemmen sollen, ähnlich wie das im Hafengelände zum Schutze der Bevölkerung aufgebaute Gemäuer die Wogen des Ozeans stoppen soll. Was also 1986 in Mexiko als »La Ola« erstmals aufschäumte, wird nun auf irgendwelchen Wiesen in Wien-Leopoldstadt oder an der Basler Peripherie abebben.

Irgendwie zum Brechen, oder?

Abermals droht diese Geschichte zu einem unversöhnlichen Ende zu kommen, deshalb schnell noch ein auflockernder Schlenkerer zu einer Spezialform des »Public Viewings« – der Peep-Show. Auch dort betrachten mehrere Leute gemeinsam und zwecks Entspannung die Darbietungen begnadeter Körper. Doch ist es dort eher ungewöhnlich, dass sich die eifrigen Beobachter bei den Höhepunkten der Veranstaltung spontan um den Hals fallen und das Resultat lautstark bejubeln. Dies bleibt dem Fußball vorbehalten – und das ist gut so!

[42] Zapping: auch so ein schlimmes fremdländisches Wort, das die Hüter der deutschen Muttersprache durchgehen ließen – aber möglicherweise liegt das daran, dass das englische »zap« unter anderem soviel wie »Schmiss« heißt.

Gerald Simon

Was bringen Maskottchen schon – außer Glück?

Ein Maskottchen oder die Maskotte (aus dem Französischen: Mascotte, bzw. Provenzalischen: Mascoto, Masco = Hexe) bezeichnet zumeist einen Glücksbringer, ein Püppchen, ein Amulett für eine Personengruppe oder ein Erkennungszeichen für ein Unternehmen, eine Stadt, Region, Veranstaltung oder einen Sportverein. Maskottchen bilden oft eine Basis für Motivations- oder Werbekampagnen. Soweit klärt uns die neue letzte bildungsbürgerliche Instanz *Wikipedia* über Herkunft und Bedeutung des Begriffes Maskottchen auf. Seit der Fußball-WM 1966 in England, als plötzlich Willie, ein Löwe, in den britischen Union Jack gehüllt auf den grünen Plan trat und den Gastgebern prompt den Titel bescherte, sind Maskottchen auch ein fixer Bestandteil bei fußballerischen Großereignissen. Mittlerweile werden renommierte Kreativagenturen mit der Entwicklung der putzigen Symbolfiguren beauftragt, die inzwischen ja vom simplen Glücksbringer zu einem verkaufsfördernden Wirtschaftsfaktor geworden sind. Trotzdem sind die Maskottchen peinlich im Aussehen geblieben und die Namen einfallslos wie eh und je. Auffallend auch, wie klischeehaft sich die einzelnen Veranstalterländer darstellen. Im Folgenden beschäftigen wir uns mit der Geschichte der WM- und EM-Maskottchen, werfen den einen oder anderen Blick auf andere Kontinente und widmen uns abschließend den beiden Maskottchen der EURO 2008 *Trix und Flix.*

Wir hätten Ihnen, geneigte Leserin, geneigter Leser, gerne die Figürchen und Bildchen auch in Abbildungen näher gebracht. Diesbezügliche Anfragen, ob wir das denn überhaupt dürfen, wurden weder von UEFA noch von FIFA beantwortet. Auf solche Weise nicht einmal ignoriert, verweisen wir unterstützend auf die tolle Homepage von Aleksandr Vernik – einem russischstämmigen Amerikaner – mit der Adresse *www.aldaver.com.* Auf dieser sensationellen

Website finden Sie nicht nur alle Abbildungen der im Folgenden beschriebenen Fußball-Maskottchen, sondern darüber hinaus auch noch alle Maskottchen der Olympischen Sommer- wie Winterspiele und anderer Sportevents. Dämliches Dauergrinsen beim Betrachter, unterbrochen durch spontanes Gegacker, ist garantiert. Alle anderen, die sich auf ihre eigene Vorstellungskraft verlassen wollen, seien herzlich eingeladen sich zu erinnern. Auch hier ist das eine oder andere Aha-Erlebnis durchaus nicht ausgeschlossen.

World Cup Willie
Mit dem bereits angesprochenen *World Cup Willie* hat 1966 in England alles begonnen. Willie ist ein englischer Löwe und kommt in England zumindest auf den Trikots der englischen Spieler vor – und da gleich dreimal (*Three Lions*). Möglicherweise ist Willie ja auch eine elegante Anspielung auf die ehemaligen britischen Kolonien in Afrika. Egal – wie gesagt, den Gastgebern brachte er Glück, und die *Wingless Wonders* (weil Teamchef Alf Ramsey seine Mannschaft ohne echte Flügelstürmer spielen ließ), angeführt von Kapitän Bobby Moore, holten das erste und bisher einzige Mal den Titel für England.

Juanito
Voll auf das Kindchenschema setzten die Mexikaner 1970. *Juanito* hieß der kleine Junge – wie soll ein mexikanischer Knabe auch anders heißen – mit dem extragroßen Sombrero. Das dürfte entschieden die falsche Wahl gewesen sein: Während Willie den Engländern vier Jahre zuvor Löwenkräfte verlieh, dürfte Juanito eher dem Klischee des schlafenden Mexikaners vor Western-Saloons entsprochen haben, denn für die veranstaltenden *Los Tricolores* war bereits nach der Vorrunde Schluss.

Tip und Tap
Eine beachtliche Vorreiterrolle spielten die Deutschen bei ihrer Heim-WM 1974. Nicht nur, dass mit *Tip und Tap* die Anzahl

der kleinen Jungen gegenüber der letzten WM unerschrocken verdoppelt wurde, wurde auch subtil auf ein ewiges Tabuthema im Fußball eingegangen: auf die Homosexualität! Die roten Pausbäckchen weisen auf Erhitzung und vorangegangene körperliche Anstrengung hin (ob vom Fußballspiel oder nicht bleibt verschämt im Dunklen). Ein mutiger – von den biederen Deutschen vielleicht nicht ganz erwarteter – Ansatz, der aber jedenfalls der deutschen Nationalelf den zweiten WM-Titel nach 1954 einbrachte.

Gauchito

Wieder halbiert wurde die Anzahl der Knaben 1978 in Argentinien. *Gauchito* – ein kleiner Gaucho, was sonst? – war der Glücksbringer der Spieler der argentinischen Nationalmannschaft, die überraschenderweise auch *Gauchos* genannt werden. Auf sexuelle Anspielungen wurde hier weitgehend verzichtet, allerdings bleibt unklar, was der kleine Racker wirklich mit seiner Lederpeitsche vorhatte, die er, während er mit dem Ball jonglierte, in seiner rechten Hand trug. Jedenfalls peitschte er das Heimteam zum Weltmeistertitel.

Naranjito

Völlig aus der Art schlug das Maskottchen der WM in Spanien 1982. *Naranjito* – die sprechende Orange – konnte an die Erfolge seiner Vorgänger nicht anknüpfen, die heimische *La Fúria* schied in der Finalrunde aus. Offenbar genügt es nicht, gerade noch der Muttersprache mächtigen Südfrüchten einen Ball in die Hand zu drücken.

Pique

Von einer Orange ist es nicht weit zu einer feurigen Pfefferschote, mochten sich wohl die Veranstalter in Mexico 1986 gedacht haben. *Pique* hieß das Gemüse, das wieder mit einem extragroßen Sombrero versehen wurde, und er sollte es besser machen als 14 Jahre zuvor *Juanito*. Aber wieder konnte er den großen Wunsch der Mexikaner nach einem Weltmeistertitel nicht erfüllen. Vielleicht liegt es wirklich am Sombrero.

Ciao
Das kommt davon, wenn man einen Kubisten mit einem Ball konfrontiert. Der abstrakte *Ciao* sorgte in Italien 1990 für eine der schlechtesten Fußballweltmeisterschaften, was das technische Niveau betrifft. Für die *Squadra Azzurra* reichte es zumindest für einen 3. Rang im eigenen Land. Aber moderne Kunst und Fußball bilden offenbar keine erfolgreiche Allianz.

Striker
Endlich wieder ein Tier, auch wenn es nur ein Hund ist. *Striker* war das Maskottchen bei der WM 1994 in den USA. Immerhin brachte er die US-Boys bis ins Achtelfinale, nachdem sie vier Jahre zuvor bereits in der Vorrunde gescheitert waren und sich davor 32 Jahre am Stück überhaupt nicht für eine WM qualifizieren hatten können.

Footix
1998 in Frankreich erinnerte sich die Grande Nation offensichtlich ihrer gallischen Wurzeln und ließ *Footix*, den Hahn, kräftig krähen. Asterix und Obelix lassen grüßen, jedoch brauchten *Les Bleus* keinen Zaubertrank, um daheim Weltmeister zu werden.

Spheriks
2002, Japan und Südkorea: Genau zu jener Zeit quälten die Kinder des älteren der beiden Autoren denselben mit Pokémons in allen Variationen und Lebenslagen. *Ato, Nik* und *Kaz* – gemeinsam auch *Spheriks* genannt – erinnern ihn frappant an jene und sind ihm deshalb zutiefst zuwider. Verholfen haben diese eher an mutierte Gummibärchen gemahnenden Missgeburten Brasilien zum fünften Weltmeistertitel.

Goleo
Komischerweise können wir uns an das letzte Maskottchen bei der bislang letzten WM 2006 in Deutschland am allerwenigsten erinnern. Das mag auch ein wenig daran liegen, dass die Vertriebsfirma *Goleos* bereits vor der WM, auf Grund von Absatzschwierigkeiten, in Konkurs ging. *Goleo* – Gott sei Dank wieder ein Löwe – dürfte dadurch so gut wie nie in Erscheinung getreten sein. Dabei hält er in seinen Händen einen Geistesblitz seiner Erschaffer: *Pille,* einen sprechenden Ball. Dieselben verpassten ihm auch noch eine eigene *Vita.* Angeblich erhielt er seinen Namen dadurch, weil ihn sein *Vater* immer beim Fußballspielen mit: »Go, Leo, Go!« anfeuerte. Da haben sich die Schöpfer wirklich selbst übertroffen! Kein Wunder, denn dabei handelte es sich um hochqualifizierte Mitarbeiter der Jim Henson Company, die immerhin auch die Muppets (mit Kermit und Miss Piggy) und die Sesamstraße hervorgebracht haben. Über die Tatsache, dass *Goleo* zwar mit einem Leiberl, aber ohne Hose ausgestattet wurde, könnte ich nur Vermutungen anstellen, aber zwingen Sie mich bitte nicht dazu.

Soweit die Glücksbringer des wichtigsten Fußball-Turniers. Bevor wir uns mit dem eigentlichen Thema dieses Buches beschäftigen – mit den Europameisterschaften, und hier speziell mit der EURO 2008 in Österreich und der Schweiz – wollen wir noch einen kurzen Blick auf andere Kontinente werfen, damit wir nicht frühzeitig der Selbstzerfleischung anheim fallen und nach altem menschlichen Muster denken, dass nämlich woanders alles viel besser sei.

Überraschend ist hier an erste Stelle, dass es beim Asia-Cup, also einer Weltgegend, die uns mit hochqualitativen Animationsfilmen bereits soviel Freude geschenkt hat, erst seit dem Turnier im Libanon im Jahre 2000 ein Maskottchen gibt. Wer erinnert sich nicht gerne an *Wickie und die starken Männer, Biene Maja* oder *Pinoccio,* Sternstunden der japanischen Trickfilmtechnik.

Nour und Bei Bei

Aber dafür war das erste Maskottchen gleich ein Knaller, nämlich *Nour*, der Spatz. In den Händen hält er den unvermeidlichen Fußball, was auch gleich der Hauptunterschied zu seinem Nachfolger beim Asia-Cup in der Volksrepublik China 2004, dem Affen *Bei Bei*, ist. Der steht nämlich mit dem Fuß auf dem Ball. Das wiederum legt die Vermutung nahe, dass *Nour* ein Torhüter ist, während es sich bei *Bei Bei* um einen traditionellen Feldspieler handelt. Auffällig ist überhaupt, dass Torhüter als Maskottchen-Motiv schwer unterrepräsentiert sind. Grundsätzlich lässt sich auch noch festhalten, dass Affen wesentlich bessere Glücksbringer sind als Spatzen: Während der Libanon 2000 sang- und klanglos in der Vorrunde ausschied, kam China 2004 immerhin bis ins Finale.

Fofo

Lohnend auch ein Blick auf den *schwarzen Kontinent* mit seinem African Cup of Nations: Dieses Turnier findet ja im Unterschied zu den anderen kontinentalen Großveranstaltungen alle zwei Jahre statt. Was für den Fan eine erfreuliche Tatsache sein mag, öffnet natürlich einem inflationären Maskottchenaufkommen Tür und Tor. Unter einer imposanten Menagerie von Fußball spielenden Adlern, Leoparden, Löwen und Nilpferden sticht vor allem *Fofo*, ein Fußball mit landestypischem, feschem Hut aus Burkina Faso aus dem Jahre 1998, hervor. *Fofo* war kein Schmafu, die einheimischen Hengste (*Les Étalons*) konnten mit dem vierten Platz den größten Erfolg in ihrer Geschichte feiern.

Croconile

Ganz ohne Glücks-Getier kommen wir aber auch hier nicht aus: Ein besonders nettes kam beim bislang letzten Afrika-Cup 2006 in Ägypten zum Einsatz: *Croconile* – der phantasievolle Name weist sogar noch dezent auf den Abstammungs-Fluss der kickenden Riesenechse hin – brachte dem ägyptischen Nationalteam mit dem fünften Titel gleich auch die Ehre ein, alleiniger Rekordtitelträger zu sein, vor Ghana und Kamerun mit je vier Championaten. Hier sei besonders auf den interessanten landestypischen Kopf- und Halsschmuck des Nilkrokodils hingewiesen.

Ameriko
Zum Abschluss unseres exotischen Streifzugs – bevor wir uns angsterfüllt den europäischen Maskottchen zuwenden – widmen wir uns noch kurz der Copa America. Hier lohnt – neben den üblichen kickenden Gürteltieren, Igeln – und natürlich Stieren – *Ameriko* eine nähere Betrachtung. Das Maskottchen des Turniers von 2001 in Kolumbien ist ein Außerirdischer vom Planeten *Ko*. Seine eigenartige Hautfarbe, die hervorquellenden großen Augen und sein insgesamt etwas überdrehtes Wesen dürfen nicht auf den Konsum von schlechten kolumbianischen Drogen zurückgeführt werden. Dieser bleibt ausschließlich seinem kreativen Spiritus Rector vorbehalten.

Choclito
Ein wahres – vorläufiges – Highlight, ehe wir uns jetzt aber wirklich mit den europäischen Schöpfungen befassen, stellt aber das Maskottchen Ecuadors 1993 dar. *Choclito* ist ein Kukuruz-Kolben. Aber warum soll ein Pop Corn-Rohling nicht mit einem Fußball jonglieren können, wenn es auch ein Nilpferd kann? Eben! Immerhin holte das Heimteam Ecuadors den vierten Platz.

Nach dieser erhellenden Bildungsreise in Sachen Glücksbringer durch alle Gegenden dieser Erde wenden wir uns nun endgültig Europa zu, der abendländischen Kultur und seinen herausragenden Schöpfungen.

Pinoccio
Seltsamerweise tauchte das erste EM-Maskottchen erst 14 Jahre nach dem ersten WM-Maskottchen auf, und zwar 1980 in Italien, und da gleich mit einem absoluten Heuler: *Pinoccio*! Erstens ist es

eine ausgezeichnete Idee gleich eine bekannte Figur zu nehmen, um eine etwaige Plagiatsdiskussion erst gar nicht herumkommen zu können, und zweitens dürfte der kleine verlogene Holzkopf eine deuteroskopische Vorausschau auf die Wahl Joseph Blatters zum FIFA-Präsidenten gewesen sein. Jedenfalls hat der putzige kleine Knabe den Gastgebern Holzbeine beschert. Die Heimischen erreichten mit einem einzigen geschossenen Tor – *italianlike* – zwar das kleine Finale, das sie aber im Elfmeterschießen gegen die damalige Tschechoslowakei mit 9:8 verloren. Der vierte Platz muss für die erfolgsverwöhnten *Azzurri* als Misserfolg gewertet werden. Interessant ist auch, dass dieser *Pinoccio* auf seiner langen Lügennase die Landesfarben von Italien trägt.

Peno

Frankreich 1984: Das kommt uns aber jetzt bekannt vor. Der Hahn (*Gallus gallus domesticus*) in Frankreich hat Tradition. Nur dass er 1984 nicht *Footix* sondern *Peno* hieß. Ansonsten unterschieden sie sich kaum: roter Kamm, blaue Kleidung, Ball in der Hand. Allerdings muss man zugeben, dass die Rechnung mit dem hyperaktiven Hahn, der scheinbar nimmersatt und nimmermüde von einer Henne zur anderen steigt, voll aufgegangen ist: Die Franzosen holten ihren ersten Europameistertitel.

Bernie

Eine neue interessante Tiergattung wurde von den Deutschen 1988 eingeführt: *Bernie*, der Hase. Abgesehen von seiner Schnelligkeit, hat der Hase doch gemeinhin keine Eigenschaften, die den großen deutschen Tugenden zugerechnet werden könnten. So geschah es auch, dass die Heimischen ausgerechnet gegen den großen Rivalen und späteren Europameister Niederlande im Halbfinale scheiterten, nicht zuletzt deshalb, weil Jürgen Kohler in der 89. Minute gegen Marco von Basten hasenfüßig attackierte und diesem dadurch den Siegestreffer zum 2:1 ermöglichte.

N.N. (nomen nescio)
Gar nichts gelernt haben daraus 1992 die Schweden. Sie übernahmen den Hasen von den Deutschen und gaben ihm nicht einmal einen eigenen Namen. Kein Wunder, dass ihre Nationalmannschaft ebenfalls im Halbfinale scheitern musste. Interessanterweise gegen die Deutschen, die nun ihrerseits mit einem Tor in der 89. Minute die Partie für sich entschieden. Das nun als besonders ausgeklügelte teutonische taktische Leistung, unter Zuhilfenahme eines Hasen-Maskottchens, zu sehen, ist absurd, umso mehr, als das Endspiel gegen die Dänen 2:0 verloren ging.

Goaliath
Was dem Franzosen sein Hahn ist, ist dem Engländer sein Löwe. 1996 machte man sich auch wieder die Mühe einen Namen zu finden, und der fiel mit *Goaliath* gleich wieder sehr spektakulär aus, weil er auch noch ein Wortspiel beinhaltet. Haben Sie es erkannt? Aber wieder erwischte es den Gastgeber im Halbfinale, als Gareth Southgate gar nicht lionhearted den entscheidenden Elfmeter im Penaltyschießen gegen den späteren Europameister Deutschland versemmelte.

Benelucky
Schwierig wird es immer, wenn es zwei Gastgeberländer gibt. Elegant lösten dieses Problem Belgien und die Niederlande 2000. Die Figur an sich ist ein Löweteufel oder ein Teufelslöwe, aber – Achtung! – der Name: *Benelucky*, da ist alles drinnen, wovon ein Creative Director gerade noch zu träumen im Stande ist. Lassen Sie es wirken! Das Wortspiel ist vielschichtiger, als man auf dem ersten Blick vermuten könnte. Für die beiden Gastgeber war's Wurscht, weil *lucky* war einzig und allein Frankreich.

Kinas
Portugal 2004 brachte uns endlich wieder einen Knaben. *Kinas*, der portugiesische Junge, sollte den veranstaltenden Portugiesen

endlich einen großen Fußballtitel einbringen. Wie wir uns noch recht deutlich erinnern, brachte diese EM einen der größten Außenseitersiege der Geschichte. Griechenland wurde Europameister, das Land der antiken Knabenliebe.

Trix und Flix

Nun aber endlich zu den aktuellen Maskottchen der EURO 2008 in Österreich und der Schweiz: *Trix und Flix* heißen die Glückszwillinge. Um den Vorwürfen einer albernen Namenswahl zu entgehen, ließ man die Fans über Internet abstimmen. Und damit gar nichts schief gehen konnte, beschränkte man die Auswahlmöglichkeiten von vornherein auf drei. Neben dem gekürten Namenspaar standen noch *Flitz und Bitz* und *Zagi und Zigi* zur Disposition. Auf alle drei Möglichkeiten verteilte sich das Publikumsvotum zu etwa einem Drittel, *Trix und Flix* hatten knapp die Nase vorn. Was darauf schließen lässt, dass alle Vorschläge gleich genial waren, zwei aber auf der Strecke bleiben mussten. Welch Vergeudung von kreativem Potenzial! *Man kann es ein bisschen mit einer Geburtsanzeige vergleichen, bei der man zuerst denkt, Jessas, wie kann man sein Kind nur so taufen, aber wenn es erwachsen wird, wächst einem der Name ans Herz,* zeigte sich Christian Mutschler, der Schweizer Turnierdirektor, ebenfalls restlos von der Namenswahl überzeugt.

Die beiden Maskottchen, aus einem alpinen Fantasie-Dorf mit den Nummern 20 und 08, weisen also nebeneinander stehend auf das Veranstaltungsjahr 2008 hin, aber das ist Ihnen, geneigte Leser und -innen, bestimmt bereits aufgefallen. Sollten sich die beiden Figuren einmal durch einen unglücklichen Umstand oder ungeplante Trunkenheit verkehrt herum zusammenstellen, ist der Schaden nicht sehr groß, weil im Jahre 820 lediglich der Ort Sulzburg im Schwarzwald erstmals urkundlich erwähnt wurde, was nicht weiter zu Verwechslungen mit der Europameisterschaft führen wird.

Die beiden als Fußballer gekleideten (das überrascht) Maskottchen sind in den Nationalfarben der Ausrichterländer gekleidet. Hier war den Schöpfern das Glück hold, denn beide Nationen haben Rot und Weiß als Symbolfarben. Schier unumschiffbar wäre wahrscheinlich eine türkise oder gar rosa Klippe gewesen. Die knallroten und gezackten Frisuren erinnern an das Logo der EURO und an die, für beide Länder typischen, alpinen Bergketten. Der Typ mit der Nummer 08 ist der seriöse, kontrollierte Charakter, der mit der Nummer 20 der kreative, rebellische – das erkennt man an den heruntergerollten Stutzen. Das sind sehr schöne Allegorien auf die schlampige und nachlässige Schweiz und das akkurate und gewissenhafte Österreich.

Entwickelt wurden die Symbolfiguren von *Warner Bros. Consumer Products*. Sechs Monate oder 4000 Arbeitsstunden wurde über deren Entwicklung gebrütet. Vielleicht hätte man die Zeit besser nutzen können als sie ausschließlich mit dem Lesen von *Fix und Foxi*–Heften zu verbringen. *Sollte es zu einer Plagiatsklage kommen, sehen wir ihr gelassen entgegen,* sagte nun wiederum der österreichische Turnierdirektor Christian Schmölzer kaltblütig, ohne mit der Wimper zu zucken. Wahrscheinlich auch deshalb, weil der Kauka-Verlag bereits vermeldet hatte auf eine Klage auf jeden Fall zu verzichten. Aber halten wir uns mit unserem Spott zurück, angeblich sind über 100 andere Varianten verworfen worden. Da muss man aber auch wieder sagen, dass wir uns angesichts der Sieger-Variante nicht eine einzige verworfene freiwillig ansehen würden.

Wem *Trix und Flix* schlussendlich Glück bringen werden, steht zu diesem Zeitpunkt in den Sternen. Nach dem fälligen österreichischen Europameistertitel, hat sich der ältere der beiden Autoren entschlossen, als Wiedergutmachung für das Leid, das er allen Maskottchen zugefügt hat, in seinem Wohnzimmer eine großflächige *Trix und Flix*–Fototapete zu affichieren. So, und jetzt weiß das auch die Fußballfanfrau.

Wenn wir jetzt noch abschließend eine nicht ganz wissenschaftliche Auswertung der beschriebenen Maskottchen vornehmen, sehen wir, dass die Glücksbringer sechs- von vierundzwanzigmal dem Gastgeber auch den Titel gebracht haben. Weitere neunmal schnitt der Veranstalter sehr gut oder sogar mit der besten Platzierung seiner Geschichte ab. Neunmal ging die Mission auch völlig in die Hose. Das heißt, die Wahrscheinlichkeit, dass der Heimmannschaft der Titel oder zumindest eine ausgezeichnete Platzierung beschieden ist, beträgt 62,5 Prozent. Angesichts solcher Fakten könnte man sozusagen durchaus einen etwas esoterischen Effet bekommen und sich dadurch in sehr luftige, abergläubische Höhen schrauben. Menschen, die eher auf dem Boden der Tatsachen stehen bleiben, weisen dann lediglich trocken und phantasielos auf den Bonus des Heimvorteils hin.

Schluss

Claus Farnberger, Gerald Simon
Das Festbankett im Schweizerhaus

Schon lange vor der Europameisterschaft 2008 galt der Wiener Prater als eine der größten europäischen Stätten für alle nur denkbaren Lustbarkeiten. Erst tummelten sich auf dem weitläufigen Wiesen- und Au-Gelände abwechselnd jagende Monarchen samt zugehörigem Hofstaat und Wilderer, ehe die Habsburger auch den gemeinen Untertanen Zutritt gewährten.

In den darauf folgenden Jahrzehnten wurde das bald hoch frequentierte Areal auch zum Knotenpunkt der Vergnügungsindustrie. Es entstand der so genannte *Wurstelprater*, ein gigantischer Rummelplatz, der lange vor Disneyland die modernen Zerstreuungsmöglichkeiten unserer heutigen Freizeit- und Genussgesellschaft aufzeigte. Patron dieses Wurstelpraters wurde der sogenannte Calafati, der *Große Chineser*, zum Wahrzeichen der ganzen Umgebung, ja der ganzen Stadt, wurde das Riesenrad. Dort nimmt auch heute noch so manche Hochzeit ihren Anfang, und mit Wehmut erinnert man sich Jahre später daran, spätestens dann, wenn sich nämlich die Ehe im Kreis zu drehen beginnt.

Für die österreichische Fußballwelt gibt es noch ein weiteres Wahrzeichen – nein, nicht den *Watschenmann* – sondern das Praterstadion, das nach dem Tode unseres größten Lehrmeisters bekanntlich Ernst-Happel-Stadion heißt und selbstverständlich zum Austragungsort des EM-Finales 2008 gekürt wurde. Nur wenige hundert Meter weit davon entfernt befindet sich – mitten im Prater – eine andere wichtige Institution: das Schweizerhaus.

Während im Stadion nur alle heiligen Zeiten – also bei den raren hierher vergebenen Champions-League-Finali und eben während der EM – Fußball der Spitzenklasse zu sehen ist, werden im Schweizerhaus seit Jahrzehnten an jedem einzelnen Sommertag sportliche Spitzenleistungen geboten.

Hier operieren die flinksten Kellner der Welt (gegen die sich österreichische Flügelflitzer wie gebratene Wachteln ausnehmen), hier agieren die tüchtigsten und hastigsten Biertrinker des Erdballs, hier werden an einem einzigen Tag so viele Schweinsstelzen verzehrt, dass die Spirituosenindustrie kaum mit der unterstützenden Magenbitter-Produktion nachkommt.

Kein Wunder, dass gerade vor und nach Veranstaltungen im nahen Stadion tausende Sportbegeisterte diese sympathische Gaststätte aufsuchen, der es gelungen ist – trotz Massenbetriebes – ihren Qualitätsstandard über Jahrzehnte hindurch unverändert hoch zu halten.

Ein nettes Kuriosum rund um das österreichisch-schweizerische EM-Projekt ist freilich, dass sich das Schweizerhaus weder in Zürich, Basel noch in Bern, sondern eben im österreichischen Wien befindet (während ein Österreicherhaus allenfalls an ehemaligen Olympiaorten als verwaiste Hinterlassenschaft der Wirtschaftslobbyisten zu finden ist).

Egal, in Wahrheit hat das Schweizerhaus mit der Schweiz ohnedies nicht viel zu tun. Niemals wurde dieses entgegen der landläufigen Volksmeinung von einem Eidgenossen geführt. Der Name sollte auf die gepflegte Gastlichkeit und den gastronomischen Reichtum hinweisen, den man unserem EURO-Mitveranstalter früher nachgesagt hatte. Vielmehr hat das Schweizerhaus mit Wien selbst zu tun: So sind die einzelnen Rayone der Servier-Kellner mit Namen von Wiener Gemeindebezirken oder zumindest Bezirksteilen versehen. Da liegt die Innere Stadt neben der Leopoldstadt, Erdberg neben der Wieden und Hietzing neben Hütteldorf – ganz so wie in der wirklichen Stadtgeographie.

Wahrhaft skurril jedoch wurde es im Verlaufe des EM-Turniers, als sich just die beiden Gastgeberländer als große Überraschungsteams herauskristallisierten und die Finalpaarung schließlich Österreich gegen die Schweiz lautete. Das Ergebnis ist bekannt – für alle, die es trotzdem noch nicht wissen: Österreich gewann mit 2:1 (0:1). Die groß angelegte Siegesfeier des Österreichischen Fußballbundes fand am Tag nach dem Finale just in jenem erwähnten Schweizerhaus statt.

Der Auflauf der Prominenz und der Adabeis war gewaltig. Selbst der EU-Grande Rudi Kaadenberg war erschienen. Mit seinen europäischen Politikerkollegen (manche waren nach der vorjährigen Keilerei noch rekonvaleszent) begann er sogleich eifrig, von der noch immer anstehenden Aufgabe der Gründung eines EU-Teams zu schwärmen, der man – ganz im Geiste Maastrichts – ja schon ein gutes Stück näher gekommen war. Curd Greiner hatte sich übrigens aus der Politik verabschiedet und bekleidete nunmehr einen lukrativen Vorstandsposten beim FC Bayern München.

Leider fehlten die beiden Autoren Claus Farnberger und Gerald Simon. Diesen war die ehrenvolle Aufgabe übertragen worden, in der Halbzeitpause des Finalspiels den kulturellen Showblock zu gestalten. Dieser war etwas aus dem Ruder gelaufen, als Simon nämlich begonnen hatte, auf Grund des knappen Rückstandes in der Pause rätselhafte Schamanengesänge anzustimmen, die Farnberger anfangs noch auf einem Alphorn begleitet hatte. Später, als die Mannschaften wieder aufs Spielfeld zurückgekehrt waren, hatte Farnberger versucht den Schweizer Trainer Köbi Kuhn, unter stetigem markerschütterndem – fast indianischem – Anfeuerungsgebrüll von Simon, mit seinem Alphorn zu erwischen und niederzuschlagen. Da den beiden untrainierten Schlaffis bald die Luft ausging – Simon vom Brüllen, Farnberger vom Laufen – konnten die beiden elegant und mit verhältnismäßig wenig Aufsehen von den beiden Maskottchen Trix und Flix auf ihre Plätze zurückbegleitet werden. Seit dem Schlusspfiff hatte man sie jedoch nicht mehr gesehen, und selbst ihre Frauen – obwohl bereits an einiges gewöhnt – machten sich ernsthafte Sorgen und befürchteten, dass den beiden etwas noch

Schlimmeres als der österreichische Europameistertitel zugestoßen sein könnte. (Etwas abgefedert wurde das Fehlen der Autoren durch die Präsenz des Schweizer Schriftstellers Richard Reich, dem aufgrund seines Vorwortes für das Buch »Europameister: Österreich« kurz zuvor der begehrte Ingeborg Bachmann-Preis zuerkannt worden war).

Zwei weitere Ausfälle betrafen den Bosnier Franz Ferdinand Komšić und den Dänen Morten Fogh Jensen, die ihr Wiedersehen bereits im Vorfeld der Feierlichkeiten mit dem, von Franz Ferdinand mitgebrachten, Šlijvovica ausgiebig gefeiert hatten. Überzeugt es doch noch ins Schweizerhaus zu schaffen, waren die beiden auch wirklich noch in den Prater gekommen, hier jedoch drehten sie bereits die fünfte Runde mit der Liliput-Bahn, einträchtig nebeneinander sitzend, Kopf an Kopf, ihren Rausch ausschlafend. Umso überraschender war es, dass Jim the Butcher und Dr. Arthur Schienbein-Schützer anwesend waren und in einem stillen Eckchen mit einem Gläschen Dürnsteiner Riesling auf die Befreiung von Richard Löwenherz anstießen.

Auch sonst waren alle erschienen, die Rang und Namen hatten. Angela Merkel, die sich, vom Abschneiden des deutschen Teams enttäuscht, nun wirklich nicht mehr mit sanften Ekstasen zufrieden geben wollte, hielt sich auffällig oft in der Nähe von Hans-Peter Briegel auf, der heute mit einer täuschend echten Hickersberger-Maske erschienen war, was dem richtigen Teamtrainer gegen zwei Uhr früh, als er Briegel auf dem Pissoir begegnete, einen kurzen Schock bescheren sollte. Der bedeutende Fußballexperte Mag. Christian Bauer lehnte mit dem deutschen Teamchef Jogi Löw lässig am Tresen, sein Gesicht hatte aufgrund des exzessiven Budweiser-Konsums bereits die Vereinsfarben seines Lieblingsklubs Austria Magna angenommen, tiefviolette Flecken auf weißem Grund. Andreas Herzog, der gerade seinen Master of Science in *Esoterik und Emotionalem Vampirismus* in Angriff genommen hatte, war in ein Gespräch mit einer blonden Psychotherapeutin vertieft, die er offensichtlich bereits duzte.

Klaus Toppmöller, der georgische Teamchef, unterhielt eine ganze Tischgesellschaft mit seinem ausgelassenen Rheinländischen Humor, während der irische Schiedsrichter John O'Casey vor der Gaststätte Jeanloup Dassault solange mit Ohrfeigen versorgte, bis dieser zugab, dass er keine Ahnung hätte, was sich damals im WM-Finale mit Zidane und Materazzi wirklich zugetragen hatte. Danach stattete ihn O'Casey mit den notwendigen Informationen aus, damit er zumindest einen Small-Talk zum Thema führen konnte, und die Beiden gingen nach drinnen, um ein paar Budweiser zu nehmen. Ab und zu rannte ein junger Norweger mit einem blauen Drillich-Anzug wie von einer Tarantel gestochen durch den weiträumigen Biergarten, ihm wurde aber weiters keine Beachtung geschenkt. Manchmal stolperte er über eines der Maskottchen (Trix oder Flix), denen man die Europameisterschaftsfeiern bereits stark anmerkte. Die meiste Zeit kugelten sie am Boden herum, schaukelten auf dem Rücken wie antiquierte Löschwiegen und mussten mehrmals von hilfreichen Festgästen wieder auf die Beine gestellt werden, was sich allerdings stets nur als kurzfristig wirkende Maßnahme erwies.

Iosif Baldrianu hatte sich an die isländische Elfenbeauftragte Vigdís Ottodóttir herangemacht und ihr einiges über sein neuestes Projekt *Europa heizt mit der Energie der Geysire* erzählt. Ottodóttir hatte ihm zumindest bereits zugesagt, seine Ideen dem Bauamt von Reykjavík vorzustellen. Das seltsamste Paar jedoch schien sich am Allerbesten zu amüsieren: Der furchtlose Schotte Algernoon MacCallum – im traditionellen Kilt – und die ukrainische Schriftstellerin Oksana Sabuschko – in der unvermeidlichen Transparentbluse – hatten alles ringsum vergessen und schleckten sich bei jedem Schnäpschen, anstatt sich zuzuprosten, gegenseitig über das Gesicht.

Still in einer Ecke saß der Portugiese Joao und löffelte verdrossen seine Original Prager Kuttelflecksuppe. Auf die Fertigstellung seines Azulejo-Mosaiks musste er nun mindestens weitere vier Jahre warten, zumal sein Team diesmal völlig versagt hatte. Munterer ging es zwei Tische weiter vorne zu, wo sich die Brüder Luc und Lucca wieder einmal über irgendetwas in die Haare geraten waren und sich gerade mit brennheißen Kartoffelpuffern bewarfen.

Keinen Zutritt zum weitläufigen Lokalgarten hatte der deutsche Meteorologe Albert Hahn erhalten, welcher der geschlossenen Anstalt offensichtlich entkommen war und nun vor dem Schweizerhaus eine Einmann-Demonstration für die Eingliederung des gesamten Pratergebietes in den Nationalpark Donau-Auen abhielt. (Seine Stelle im Irrenhaus hatte im Übrigen Hyppolith Gottesagger eingenommen, der seinem Traum allzu freimütig einem befreundeten Arzt wiedergegeben hatte und zudem über einen stetigen Alphornton in seinem linken Ohr klagte).

Plötzlich kam es zu einem unerfreulichen Zwischenfall. Ein elegant gekleideter grauhaariger älterer Herr – der bereits zuvor unangenehm aufgefallen war, weil er lautstark protestierte, weil er keinen Sitzplatz mehr im Rayon Hütteldorf ergattert hatte – begann wie ein Verrückter mit einem Ball zu jonglieren, immer schneller, immer mehr, bis er vor Erschöpfung leblos zusammenbrach. In aller Eile wurde er nach draußen befördert und an Ort und Stelle reanimiert. Als er wieder zu sich kam, wusste er nichts mehr, seine Vergangenheit betreffend. Ein erlöstes, entspanntes Lächeln spielte um seine Lippen, und man sah ihn den ganzen Abend nur mehr mit der rassigen Spanierin Carmenzita, die das Messerattentat gottlob überstanden hatte, tanzen – und das schien ihm wirklich Spaß zu machen. Später sollte er dann, gemeinsam mit seiner Partnerin Carmenzita, *Dancing Star* der gleichnamigen, überaus erfolgreichen ORF-Show werden und endlich die Anerkennung des Publikums erhalten, die er sich verdient hatte, seinen wahren Fähigkeiten entsprechend.

Das allgemeine Gemurmel, Gelächter, Geschmause und Gelöffel wurde durch abruptes Stillschweigen ersetzt, als unvermittelt die frischgebackene Europameister-Elf, begleitet von ÖFB-Präsident Stickler und den Klängen des Radetzky-Marsches, den Garten des Schweizerhauses betrat. Die Spieler, alle die Goldmedaille um den

Hals, gruppierten sich, halb freudetrunken, halb trunken, rund um das aufgestellte Rednerpult (in der Reihe dahinter versammelten sich die unterlegenen Spieler der Schweizer Nati, diese allerdings nur trunken). Der Erfolgstrainer Josef Hickersberger hatte schwer am Siegerpokal zu tragen, da dieser bis zum Rand mit Grünem Veltliner angefüllt worden war. Hickersberger stellte den Pott ab, trat zum Mikrophon, bedankte sich in gewohnt unaufgeregter Weise bei allen Helfern, die zum Triumph beigetragen hatten und versprach solange Teamchef zu bleiben, bis er endlich den Erzfeind Färöer Inseln auf fremden Felde bezwungen hatte.

Dann folgte ein langatmiger Showblock, an dessen Ende den beiden verdienten Musikanten DJ Ötzi und Hansi Hinterseer das Goldenen Verdienstkreuz der Republik Österreich überreicht wurde – und zwar von Hinterseers schifahrerischem Ex-Kollegen und jetzigem Rauchfangkehrermeister Werner Grissmann, der vor dem Finale nur symbolisch geopfert worden war, das aber auch nur deshalb, weil sich die Geschäftsleitung des Schweizerhauses geweigerte hatte, ihn bei der Siegesfeier zu verkochen.

In diesem Augenblick fielen die Maskottchen Trix und Flix endgültig um, besorgte Rettungskräfte schälten aus den Kostümen die Autoren Farnberger und Simon, die aber sofort wieder in tiefe Siegesagonie stürzten. Was mit den Personen geschehen war, die ursprünglich in den Kostümen steckten, blieb lange Zeit im Dunkeln. Ihre Odyssee zu beschreiben, nachdem sie auf nicht gerade freiwillige Art und Weise ihre Verkleidungen losgeworden waren, würde allerdings den Rahmen dieser kleinen Geschichte bei Weitem sprengen.

Zuallerletzt drängte sich der EU-Politiker Rudi Kaadenberg ans Rednerpult:

»Es war ein schönes Turnier mit vielen Überraschungen! Man hat gesehen, meine Damen und Herren – Europa bringt den Fußball zusammen!« Und nach einer Schrecksekunde, nachdem er die wenig erquickten Gesichter ringsum gemustert hatte, beeilte er sich anzufügen: »Besser gesagt: Fußball bringt Europa zusammen!«

Claus Farnberger, Gerald Simon

Manifest zur Reproletarisierung des Fußballsports

(inspiriert durch H.C. Artmann und Peter Plener)

Fußball ist ein einfaches Spiel, was gar nicht so einfach ist allen deutlich zu machen. Lange war Fußball ein Spiel für die einfachen Leute, und vielen Vertretern höherer Schichten galt die Ausübung dieses Sportes geradezu als verabscheuungswürdig. Es ist noch gar nicht so lange her, da hätten väterfürchtige Söhne ihren Erzeugern lieber einen Hühnerdiebstahl gestanden als die Ballesterei mit dem Fetzenlaberl. Fußball war das Schmuddelkind unter den Ballsportarten. Die High-Society spielte Tennis, Billard und Krockett, die Minderbemittelten jagten dem Fußball nach und standen gesellschaftlich daneben. Da es schon immer mehr Minderbemittelte gab als Nichtminderbemittelte, war der Fußball aber stets populärer als andere Modesporterscheinungen. Das erkannten auch jene, die ihn verachteten, und da sie ihn verachteten, suchten sie ihn in ihrer Verachtung auch auszubeuten. Es ließ sich prächtig Kapital daraus schlagen, wie sie sehr bald erkannten. Sie putzten das Schmuddelkind zu einer attraktiven Braut auf, um welche plötzlich auch Politik, High-Society und Hochkultur herumscharwänzelten. Die Minderbemittelten standen abermals daneben und manchmal auch neben dem Stadion.

Deshalb also rufen wir auf:

Wir protestieren mit allem Nachdruck
gegen alle trittbrettfahrenden Schöngeister von eigenen Gnaden,
die aus gegebenem Anlass den Fußballsport
plötzlich zu ihrer einzigen Leidenschaft erklären
und in den Mittelpunkt ihrer schauderhaften,
ipsistischen und verbalistischen Ergüsse rücken.

Es ist eine bodenlose Unverschämtheit
und ein empörender Vorwitz sondergleichen
von diesen – gleichermaßen dummdreisten
Schnöseln wie rotzfrechen Gfrastsackeln –,
die all die Jahre, eigentlich seit jeher,
bei der bloßen Erwähnung des Wortes »Fußball«
Nasen, Labien und Skrotum rümpften,
unseren geliebten Sport zu einem Vehikel
ihrer dünkelhaften Selbstsucht zu machen.

Aber wir kennen sie alle!

All jene, die uns bereits vor Jahrzehnten
aus Literaturzirkeln warfen,
weil wir uns gleichermaßen für
Bälle und Belletristik interessierten.
All jene, die plötzlich mit Sammelalben
von Sportliteraten auf den Plan treten.
All jene, die den deutschsprachigen Buchmarkt
mit zweifelhaften, wie schlechten Geruch verströmenden,
entbehrlichen Machwerken überfluten.
All jene, die die VIP-Bereiche der Stadien
für Gesichtsbäder nutzen,
anstatt unser Land zu regieren.
All jene dubiosen Förderer und Unterstützer,
die zwar mit einem Fuß auf dem
grünen Rasen, mit dem
anderen jedoch bereits im Gefängnis stehen.

Freunde, wir rufen Euch alle auf:
Werft sie aus den Logen der Stadien
und sperrt sie wieder in die Straßenkäfige
oder verbannt sie wieder auf die Wiesen
hinter unseren Häusern!

Mästet sie mit wabbeliger Käsekrainer,
anstelle von Shrimpscocktails und Wachteleiern!
Füllt sie mit warmem Dosenbier ab,
anstelle von eisgekühltem Winzersekt!

Reißt den Fußballsport aus den Händen
dieser Schickimicki-Highsnobiety und
überantwortet ihn wieder den starken
Armen des Stehplatzes!

Wir brauchen Erdung, aber keine Totengräber!
Wir brauchen Authentizität, aber keinen Mammon-Autismus!
Wir brauchen Fußballspieler, aber keine Kinder-Millionäre!
Wir brauchen Fußballfans, aber keine abgehobenen Sportvoyeure!
Wir brauchen Euch!

gegeben im Juni 2007 in Gmünd und Wien

Eine Alltagsfibel von Leidenden für Leidende. Im Mittelpunkt steht jemand, der eigentlich immer im Vordergrund stehen sollte – der Fan. Dessen Denken, Fühlen, Hoffen und Bangen ...

Claus Farnberger/Gerald Simon
Beruf Fußballfan – Eine Passion
literarische Doppelpässe

Fußballfan zu sein, ist in erster Linie die unaufhörliche Leidensgeschichte persönlicher Rückschläge. Es ist eine Tatsache, dass jener Verein, auf den man Woche für Woche besonderes Augenmerk legt, schlechter spielt, schlechter geführt wird und überhaupt weniger erfolgreich ist als jeder andere Verein derselben Liga oder Qualifikationsgruppe.

So alt wie der Fußball selbst ist das krampfhafte Bemühen der so genannten Fachkundigen, die armen Spieler in einzelne Kategorien zu pressen und ihnen Klischees zu verpassen, von denen sie ihre ganze Laufbahn lang nicht mehr loskommen.

In sträflicher Art und Weise wurde es bisher verabsäumt, eine nähere Bestimmung der verschiedenen Arten von Fußballfans vorzunehmen.

218 Seiten, gebunden,
SU, 13,5 x 21 cm
EUR 19,80 | SFr 35,20
ISBN 3-85485-145-6

molden
www.molden.at